LA BIBLE

Zéro Sucre

LA BIBLE

Zéro Sucre

POUR CUISINER SANS SUCRE RAFFINÉ

INDISPENSABLE
TESTÉ 3 FOIS
SUCCÈS GARANTI

MARABOUT

Sommaire

Une vie SANS SUCRE

LES RECETTES DE CET OUVRAGE NE CONTIENNENT PAS DE SUCRES RAFFINÉS AJOUTÉS, MAIS ELLES N'EXCLUENT PAS LES SUCRES NON RAFFINÉS ET LES SUCRES NATURELLEMENT PRÉSENTS DANS LES ALIMENTS.

Un bref coup d'œil à la liste des ingrédients sur les emballages suffit à donner une idée de la variété des formes que peut prendre le sucre. Vous y verrez des sirops (sirop de riz brun), des mélasses, du sirop d'agave, de la mélasse raffinée, du jus de canne, du rapadura, du sucre de coco, mais aussi du dextrose, du glucose, du saccharose, de la maltodextrine et du maltose.

Édulcorants naturels

De tous les édulcorants, le miel est le plus naturel. Il peut avoir une origine unique ou provenir d'un mélange de plusieurs sources. Le miel fait partie de l'alimentation des hommes depuis l'époque des chasseurs-cueilleurs. Le sirop d'érable est un sucre également, et tout comme le miel, il n'est pas raffiné. D'un point de vue culinaire, le sirop d'érable et le miel apportent une saveur délicieuse aux recettes. Néanmoins, si vous suivez un régime sans sucre, vous devrez vous en passer. Les autres substituts naturels au saccharose comprennent le sorbitol (utilisé dans les chewing-gums et les bonbons sans sucre), le xylitol, le stévia ou le fruit du moine. Tous sont naturellement sucrés, peu caloriques, n'élèvent pas les taux de sucre dans le sang et n'abîment pas les dents. Pour plus d'informations, voir la page 8.

Les fruits et légumes

Si l'on souhaite être en meilleure santé et améliorer son mode d'alimentation, il est important de comprendre la différence entre les sucres naturels et les sucres ajoutés. Les fruits et les légumes sont riches en fibres et contiennent des antioxydants, des vitamines, des minéraux et des phytonutriments qui sont bénéfiques à notre santé. Ils jouent un rôle essentiel dans notre alimentation. Pour garantir une meilleure nutrition, il importe de choisir un large éventail de sources végétales.

Prenez du recul

Ne faites pas du sucre une obsession. Un régime associe plusieurs éléments importants, n'en blâmer qu'un seul s'avère risqué, et peut vous faire oublier d'autres aspects tout aussi essentiels. À la place, essayez de réduire, ou, si vous préférez, de supprimer complètement les aliments comprenant des sucres raffinés ajoutés : les bonbons, les biscuits, les gâteaux et les sodas, étant donné qu'ils ne présentent peu ou pas du tout de valeur nutritionnelle.

Alimentation saine

Les recettes de cet ouvrage suivent une approche globale. Il s'agit de manger des aliments entiers (sous leur forme brute) issus de différents groupes d'aliments. Nous nous sommes attaqués à tous les types de plats ordinaires dans lesquels les sucres raffinés sont parfois inutilement présents – depuis les incontournables pâtisseries jusqu'aux marinades plus inattendues, en passant par les vinaigrettes et autres sauces. En nous servant de sucres non raffinés et d'aliments entiers, nous avons élaboré des petits déjeuners succulents, des plats principaux, des mets à préparer à l'avance, des en-cas et des gourmandises que toute la famille adorera – et personne ne remarquera ce qui manque.

REMPLACER CECI	PAR CELA
granola	flocons d'avoine
mayonnaise allégée	mayonnaise entière
jus d'orange	oranges
yaourts aux fruits	yaourt nature
pain blanc	pain complet
barre de céréales	1 poignée de noisettes
ketchup	moutarde
vinaigrette toute faite	huile d'olive + jus de citron
chaï latte du commerce	thés ordinaires
boissons énergisantes	eau minérale
boissons chocolatées	cacao maigre
chocolat au lait	chocolat noir à 85 %
sauce tomate pour pâtes	passata

les substituts DU SUCRE

SUCRE DE COCO

Le sucre de coco n'est pas élaboré à partir de le la chair de noix de coco, mais de la sève des fleurs de cocotiers. Celle-ci est récoltée puis bouillie afin de faire évaporer l'eau qu'elle contient, pour ne garder que le sucre, qui ressemble à du sucre brut ou de la vergeoise. Il a le même petit goût de caramel. Il apporte le même nombre de calories que le sucre blanc.

Sirop de riz brun (malté)

CE SIROP EST PRÉPARÉ EN FAISANT FERMENTER DE LA FARINE DE RIZ BRUN AVEC DES ENZYMES AFIN DE TRANSFORMER L'AMIDON EN SUCRES. LA PRÉPARATION EST FILTRÉE AFIN DE RETIRER TOUTE L'EAU ET D'OBTENIR UN SIROP ÉPAIS, AU GOÛT SUCRÉ. VOUS LE TROUVEREZ DANS LES MAGASINS BIO ET LES SUPERMARCHÉS. IL NE CONTIENT PAS DE FRUCTOSE ET CONSTITUE UNE ALTERNATIVE VEGAN AU MIEL.

Sirop d'agave

Le sirop d'agave est un édulcorant produit à partir de l'agave, une variété de succulente aux feuilles épaisses et charnues, originaire du Mexique et d'Afrique du Sud. Il possède un IG faible en raison de sa forte teneur en fructose, qui peut être dangereux lorsqu'il est consommé en grandes quantités. Il constitue une alternative vegan au miel.

SIROP DE YACON

IL PROVIENT DES RACINES DU YACON, CONTIENT UN FORT POURCENTAGE DE FRUCTO-OLIGOSACCHARIDES QUI NE SONT PAS DIGÉRÉS, DONC IL NE COMPORTE QU'UN TIERS DES CALORIES DU SUCRE. NE CONVIENT PAS À LA CUISSON.

Sirop d'orge malté ou malt d'orge

Édulcorant fabriqué avec des grains d'orge germés (maltés). Sirop brun foncé, non raffiné au goût malté, mais il n'est pas aussi sucré que le miel ou le sucre blanc. Faible en glucose, en fructose et en sucrose.

STÉVIA

LA STÉVIA EST FABRIQUÉE À PARTIR DES FEUILLES D'UNE PLANTE, VENDUE SOUS FORME DE POUDRE BLANCHE. PRODUIT EXTRÊMEMENT RAFFINÉ. ELLE A UN EFFET TRÈS RÉDUIT SUR LE TAUX DE GLUCOSE SANGUIN. ELLE N'APPORTE AUCUNE CALORIE.

Miel cru

Le miel est le sucre le plus naturel qui soit. Les miels de fleurs purs ont un IG faible, alors que les miels issus de mélanges (moins chers) ont un IG élevé. Si vous souhaitez un miel à IG faible, achetez du miel d'acacia ou d'eucalyptus.

SIROP D'ÉRABLE PUR

Le sirop d'érable pur est obtenu par concentration de la sève de l'érable. Le véritable sirop d'érable est bien plus parfumé et contient de nombreux nutriments et antioxydants. Avec son IG faible, il est idéal pour les personnes qui doivent contrôler leur glycémie.

SIROP DE RIZ BRUN
Sucre de coco
Sirop d'agave
SIROP DE YACON
Sirop d'orge malté
Miel cru
STÉVIA
SIROP D'ÉRABLE PUR

Le plein d'énergie

POUR BIEN DÉMARRER LA JOURNÉE

Smoothies AU BOUILLON D'OS

L'IDÉE D'UTILISER DU BOUILLON DANS UN SMOOTHIE PEUT SEMBLER BIZARRE À PREMIÈRE VUE VOIRE PEU ATTRAYANTE. LA CONGÉLATION NEUTRALISE LA SAVEUR DU BOUILLON ET N'AJOUTE PAS DE GOÛT DE VIANDE AU SMOOTHIE. LES ADEPTES DU BOUILLON D'OS ESTIMENT QUE LA GÉLATINE NATURELLE (COLLAGÈNE), LES ACIDES AMINÉS ET LES MINÉRAUX D'UN BOUILLON FAIT MAISON CONTRIBUENT À UNE BONNE SANTÉ INTESTINALE. MALGRÉ LE FAIT QU'IL N'EXISTE AUCUNE ÉTUDE CORROBORANT CET ARGUMENT, BOIRE DU BOUILLON EST UNE PRATIQUE ANCESTRALE DANS DE NOMBREUSES CULTURES. MÊME SI VOUS DÉCIDEZ D'OMETTRE LE BOUILLON, CES RECETTES VOUS PERMETTRONT DE CONCOCTER DE DÉLICIEUX SMOOTHIES AUX FRUITS.

préparation 5 minutes pour 2 personnes

SMOOTHIE FRAMBOISES & CACAO

» 270 ml de lait de coco en boîte
» 150 g de framboises surgelées
» 2 glaçons de bouillon d'os de bœuf congelé (voir page 121)
» 1 c. à s. de sirop d'érable pur
» 1 c. à c. de poudre de cacao
» framboises surgelées pour servir

1 Mixez les ingrédients jusqu'à obtenir une consistance homogène.
2 Versez le mélange dans 2 petits verres. Agrémentez de framboises au moment de servir.

préparation 5 minutes pour 2 personnes

SMOOTHIE MANGUE, SIROP D'ÉRABLE & MESQUITE

» 250 ml de lait d'amande
» 1 grosse mangue (430 g), pelée, hachée, congelée
» 2 glaçons de bouillon d'os de bœuf congelé (voir page 121)
» 1 c. à s. de sirop d'érable pur
» 1 c. à c. de poudre de mesquite (voir page 295)
» tranches de mangue pour servir

1 Mixez les ingrédients jusqu'à obtenir une consistance homogène.
2 Versez le mélange dans 2 petits verres. Agrémentez de tranches de mangue au moment de servir.

préparation + cuisson 20 minutes pour 4 personnes

Pancakes à la banane
GRANOLA GRILLÉ

Prenez une longueur d'avance pour ce petit déjeuner en préparant le granola 2 ou 3 jours plus tôt ; il se conserve 2 semaines dans un pot hermétique.

» 2 bananes très mûres (400 g), écrasées
» 4 œufs
» 60 ml de lait d'amande
» ½ c. à c. de cannelle
» 75 g de farine
» ½ c. à c. de bicarbonate de soude
» 2 c. à s. d'huile de coco
» 2 bananes (400 g) coupées dans la longueur
» 95 g de yaourt de coco sans sucre
» 2 c. à s. de pulpe de fruit de la Passion

GRANOLA GRILLÉ

» ½ c. à c. d'huile de coco
» 2 c. à s. de flocons de noix de coco
» 2 c. à s. de noix de pécan hachées
» 2 c. à s. de graines de courge
» ¼ de c. à c. de cannelle
» 1 c. à c. de sirop d'érable pur

1 Préparez le granola grillé.
2 Battez les bananes écrasées, les œufs et le lait d'amande dans un saladier. Versez la cannelle, la farine et le bicarbonate de soude, et mélangez bien.
3 Faites chauffer 2 cuillerées à café d'huile de coco dans une grande poêle à feu moyen. Faites cuire les pancakes par quatre. Versez 2 cuillerées à soupe de pâte par pancake et laissez cuire 1 minute jusqu'à ce que des bulles apparaissent à la surface. Retournez les pancakes à l'aide d'une spatule et laissez cuire 30 secondes. Disposez-les sur une assiette et recouvrez pour les maintenir au chaud. Répétez l'opération 3 fois avec le reste d'huile de coco et de pâte pour confectionner 16 pancakes au total.
4 Disposez des tranches de banane sur le dessus des pancakes, ajoutez le yaourt et le fruit de la Passion. Servez avec du granola grillé.
granola grillé Faites chauffer l'huile de coco dans une petite poêle à feu moyen-vif. Faites griller les flocons de noix de coco, les noix de pécan, les graines de courge et la cannelle en remuant pendant 2 minutes. Ajoutez le sirop d'érable et laissez cuire 1 minute en remuant. Retirez le granola de la poêle et laissez refroidir.

préparation + cuisson 35 minutes pour 4 personnes

Breakfast bowl TRÈS NOURRISSANT

« AU PETIT DÉJEUNER MANGEZ COMME UN ROI, AU DÉJEUNER COMME UN PRINCE ET AU DÎNER COMME UN PAUVRE. » CE DICTON EST PLEIN DE SAGESSE. IL EST PROUVÉ QU'UN PETIT DÉJEUNER COPIEUX AIDE À MAINTENIR UN BON TAUX DE SUCRE DANS LE SANG TOUT AU LONG DE LA JOURNÉE.

» 200 g de quinoa blanc, rincé
» 430 ml d'eau
» 4 œufs, les coquilles bien nettoyées
» 170 g d'asperges parées
» 1 c. à s. d'huile d'olive vierge extra
» 2 c. à s. de dukkah à la pistache (voir l'astuce)
» 300 g de jeunes feuilles d'épinard, bien lavées
» 1 avocat (250 g), en fines tranches

SAUCE AU TAHINI

» 70 g de tahini complet
» 1 c. à s. d'huile d'olive vierge extra
» 60 ml de jus de citron
» 2 c. à s. d'eau

1 Versez le quinoa et l'eau dans une casserole, portez à ébullition. Mettez sur feu doux et faites mijoter 12 minutes à couvert. Retirez du feu ; laissez reposer 5 minutes à couvert.
2 Faites cuire les œufs dans de l'eau bouillante 6 minutes pour des œufs mollets ou à votre convenance. Retirez les œufs avec une écumoire ; faites-les refroidir sous l'eau du robinet.
Faites de nouveau bouillir l'eau et faites cuire les asperges 3 minutes puis égouttez-les.
Coupez les asperges en deux dans le sens de la longueur.
3 Préparez la sauce au tahini.
4 Écalez les œufs, disposez-les dans un saladier, versez dessus un filet d'huile. Mettez le dukkah dans un petit saladier ; enrobez les œufs de dukkah en les faisant rouler dedans.
5 Servez le quinoa avec les asperges, les épinards, l'avocat et les œufs ; versez un filet de sauce au tahini et assaisonnez.
sauce au tahini Battez tous les ingrédients dans un petit saladier jusqu'à ce que le tout soit bien mélangé et donne une émulsion ; assaisonnez.

astuce Vous trouverez différents dukkah dans les supermarchés et les épiceries fines ; pour cette recette, toutes les variétés conviennent. Vous pouvez aussi enrober les œufs de graines de sésame grillées avec un peu de cumin moulu. On est souvent pressé le matin, alors pesez et préparez vos ingrédients la veille. Pour aller plus vite, préparez la sauce au tahini et faites cuire les œufs la veille au soir ; conservez-les au réfrigérateur.

préparation + cuisson 40 minutes (+ refroidissement) pour 8 personnes

Granola TOUT VERT

CETTE ASSOCIATION DE GRAINES ET DE FRUITS À COQUE, AVEC UNE DOSE ÉQUILIBRÉE DE CHOU KALE, PROCURE TOUT UN ÉVENTAIL DE NUTRIMENTS.

» 100 g de chou kale frisé
» ½ c. à c. d'huile de coco fondue
» 2 c. à c. de cannelle
» 140 g de graines de tournesol
» 55 g de graines de chia blanc
» 300 g de graines de courge
» 140 g d'amandes en bâtonnets
» 170 g de sarrasin cru
» 3 c. à c. de poudre de spiruline (voir page 250)
» 1 c. à c. d'extrait de vanille pur
» 60 ml d'huile de coco fondue supplémentaire
» 60 ml de sirop d'érable pur

1 Préchauffez le four à 180 °C. Tapissez 3 grandes plaques de papier cuisson.
2 Détachez les feuilles du chou des tiges ; jetez les tiges. Disposez le chou sur une des plaques, versez dessus un filet d'huile de coco et saupoudrez de 1 cuillerée à café de cannelle. Faites cuire 15 minutes au four, en remuant à mi-cuisson : le chou doit être croustillant. Une fois que le chou est suffisamment refroidi, émiettez-le à la main.
3 Versez les graines, les amandes et le sarrasin dans un grand saladier ; saupoudrez de spiruline et du reste de cannelle. Mélangez la vanille avec l'huile de coco supplémentaire, versez sur le mélange des graines avec un filet de sirop d'érable. Mélangez l'ensemble pour bien enrober les graines. Étalez le mélange uniformément sur les autres plaques.
4 Faites griller 20 minutes, en remuant à mi-cuisson. Laissez refroidir. Mélangez le chou émietté avec les graines.

astuce Vous pouvez faire fondre l'huile de coco au micro-ondes ; ou bien placez un bol d'huile de coco dans un saladier rempli avec un peu d'eau bouillante puis remuez jusqu'à ce que l'huile soit fondue.

idée Prenez du granola vert au déjeuner avec 80 ml de lait d'amande, ½ poire coupée en fines tranches et ½ kiwi. Ou bien, gardez-en un pot à portée de main sur votre bureau pour faire face au coup de barre de l'après-midi.

conservation Le granola vert se conserve 1 mois dans le placard, dans un récipient hermétique.

préparation + cuisson 1 h 15 (+ réfrigération) pour 4 personnes

Pancakes betterave & cacao

CONFITURE DE FRAMBOISES & CHIA

LA CONFITURE AUX GRAINES DE CHIA EST UNE ALTERNATIVE FORMIDABLE AUX CONFITURES AU SUCRE DE CANNE ÉTANT DONNÉ QUE LES PROPRIÉTÉS NATURELLES D'ÉPAISSISSEMENT DES GRAINES SUPPOSENT QUE LE RAPPORT D'ÉGALITÉ HABITUEL SUCRE/FRUIT DES CONFITURES N'A PAS BESOIN D'ÊTRE RESPECTÉ. UNE QUANTITÉ MINIMALE DE PURE VIA® SUFFIT POUR REMPLACER LE SUCRE.

» 2 petites betteraves (200 g) pelées
» 250 ml de mélange de lait de coco et de boisson de riz
» 2 œufs légèrement battus
» 2 c. à s. de poudre cristallisée Pure Via®
» 225 g de farine
» 2 c. à c. de levure chimique
» 25 g de poudre de cacao
» 2 c. à s. de grué de cacao
» 1 c. à s. d'huile de coco à température ambiante
» 190 g de yaourt de coco sans sucre ou de yaourt grec
» 1 c. à s. de grué de cacao supplémentaire
» 125 g de framboises fraîches

CONFITURE DE FRAMBOISES AUX GRAINES DE CHIA

» 1 c. à s. de poudre cristallisée Pure Via®
» 150 g de framboises surgelées, décongelées
» 2 c. à s. d'eau
» 2 c. à s. de graines de chia blanc

1 Préchauffez le four à 200 °C.
2 Préparez la confiture de framboises aux graines de chia.
3 Enveloppez chaque betterave dans du papier d'aluminium, disposez-les sur une plaque et enfournez 40 minutes. Laissez-les refroidir puis coupez-les grossièrement.
4 Mixez les betteraves pour obtenir une purée lisse ; versez-la dans un saladier. Puis mixez 125 ml de purée de betterave avec le mélange lait de coco-boisson de riz. Ajoutez les œufs, le Pure Via®, la farine tamisée, la levure et le cacao ; mixez jusqu'à ce qu'une pâte lisse commence à se former. Versez la pâte dans un pot et ajoutez le grué de cacao.
5 En procédant par lots, faites chauffer 1 cuillerée à café d'huile de coco dans une poêle à feu doux. Faites cuire les pancakes deux par deux. Versez 80 ml de pâte par pancake. Faites cuire 3 minutes sur une face et 1 minute sur l'autre. Répétez l'opération pour faire 8 pancakes au total.
6 Servez les pancakes avec du yaourt, de la confiture, du grué de cacao et des framboises.
confiture de framboises aux graines de chia Passez le Pure Via® au moulin à épices jusqu'à obtenir la consistance du sucre glace. Mixez les framboises et l'eau, puis versez la purée dans un saladier. Ajoutez les graines de chia et le Pure Via®. Couvrez et mettez au moins 1 heure au réfrigérateur.

astuce Il est possible que vous ayez besoin d'ajouter 1 à 2 cuillerées à soupe d'eau pour permettre aux betteraves de prendre la consistance d'une purée bien lisse. Vous pouvez opter pour votre boisson végétale favorite ou votre lait habituel. La confiture peut être préparée la veille ; elle se conserve 1 semaine au réfrigérateur dans un récipient hermétique. Si elle épaissit au réfrigérateur, ajoutez 1 cuillerée à soupe d'eau.

préparation + cuisson 35 minutes pour 4 personnes

Kitchari AUX LENTILLES CORAIL

LE KITCHARI EST UN PLAT TRADITIONNEL INDIEN NOURRISSANT QUI ASSOCIE DU RIZ, DES LENTILLES ET DES LÉGUMES. BIEN QUE CES INGRÉDIENTS NE SONT PAS COURAMMENT CONSOMMÉS AU PETIT DÉJEUNER, ILS SONT TRÈS BÉNÉFIQUES DU FAIT DE LEUR TENEUR EN AGENTS PHYTOCHIMIQUES, EN FIBRES ALIMENTAIRES ET EN PROTÉINES, QUI AIDENT À STABILISER LE TAUX DE SUCRE DANS LE SANG. AVEC LE KITCHARI, VOUS TIENDREZ LA DISTANCE JUSQU'AU DÉJEUNER.

- 1 c. à s. de ghee (voir l'astuce) ou d'huile d'olive
- 1 petit oignon (80 g) finement haché
- 1 carotte (70 g) coupée en petits dés
- 2 petites tomates (180 g) coupées en dés
- 1 c. à c. de graines de moutarde jaune
- 1 c. à c. de graines de cumin
- ½ c. à c. de curcuma moulu
- 200 g de riz basmati complet
- 100 g de lentilles corail
- 750 ml d'eau
- yaourt grec, coriandre et quartiers de citron vert, pour servir

1 Faites chauffer le ghee dans une casserole à feu moyen-vif. Faites revenir l'oignon, la carotte et les tomates 3 minutes, en remuant, jusqu'à ce que les légumes soient tendres. Ajoutez les épices et faites cuire 1 minute, en remuant, jusqu'à ce que les arômes se libèrent. Ajoutez le riz et les lentilles ; remuez pour qu'ils s'imprègnent des épices. Ajoutez l'eau ; portez à ébullition. Baissez le feu et laissez cuire 20 minutes sur feu doux, à couvert, en remuant de temps en temps. Assaisonnez.
2 Servez le kitchari avec du yaourt, de la coriandre et des quartiers de citron vert, relevez le plat avec du poivre noir fraîchement moulu, si vous le souhaitez.

astuce Préparez des portions de kitchari et conservez-les dans un récipient hermétique au réfrigérateur pendant 3 jours pour des petits déjeuners rapides au cours de la semaine. Réchauffez et servez tiède. Le ghee est un beurre clarifié que l'on trouve en pots au rayon frais ou dans le rayon cuisine indienne des supermarchés.

préparation 20 minutes (+ congélation) pour 2 personnes

Bowl de papaye ÉNERGISANT

LE FRUIT DU DRAGON, AUSSI APPELÉ « PITAYA », EST UN FRUIT EXOTIQUE À LA PEAU ROSE DE LA FAMILLE DES CACTUS. ORIGINAIRE DU MEXIQUE, IL EST TRANSPORTÉ PARTOUT DANS LE MONDE, ET EST PLUS PARTICULIÈREMENT POPULAIRE EN ASIE DU SUD-EST. SA CHAIR PEUT ÊTRE JAUNE, ROUGE OU BLANCHE. SA SAVEUR DOUCE RAPPELLE LE KIWI TOUT COMME SES PETITES GRAINES NOIRES À LA TEXTURE UNIQUE.

Cette recette est à commencer la veille.

» 1 fruit du dragon rose (425 g) (voir l'astuce)
» 1 petite papaye orange (650 g), coupée deux dans la longueur, épépinée
» 2 c. à s. de poudre cristallisée Pure Via®
» 60 ml de jus de citron vert
» 1 petite banane (130 g) en rondelles
» 1 kiwi (85 g) coupé en deux dans la largeur
» 2 figues violettes (120 g), coupées en deux dans la longueur
» 125 g de framboises fraîches ou surgelées
» cerises et quartiers de citron vert, pour servir

1 Avec des gants de cuisine, pelez et hachez grossièrement le fruit du dragon. Versez-le dans un récipient allant au congélateur. Faites-le congeler toute la nuit.
2 Faites refroidir les moitiés de papaye au congélateur pendant 30 minutes.
3 Mixez au robot le fruit du dragon congelé avec le Pure Via® et le jus de citron vert jusqu'à obtenir une consistance homogène.
4 Répartissez le mélange de fruit du dragon dans les moitiés de papaye ou dans 2 grandes coupes. Agrémentez de banane, de kiwi, de figues et de framboises. Servez avec les cerises et les quartiers de citron vert. Servez.

astuce Si vous ne trouvez qu'un fruit de dragon blanc, prenez-le et ajoutez 1 petite betterave (100 g) au moment de mélanger tous les ingrédients pour obtenir la même couleur rose vif.
En général les fruits du dragon ne sont pas vendus dans les grands supermarchés mais on les trouve auprès des marchands de fruits et légumes et dans les épiceries asiatiques.

info nutrition Les fruits contiennent du sucre sous une forme non raffiné, ainsi que des fibres et des antioxydants bénéfiques. Le fruit du dragon est un fruit très peu calorique, riche en vitamines C, B1, B2 et B3. De plus, un petit fruit du dragon couvrirait 8 % de nos besoins quotidiens en fer.

préparation + cuisson 45 minutes (+ repos) pour 2 personnes

Porridge ayurvédique À L'AMARANTE

L'AYURVEDA EST UNE ANCIENNE PRATIQUE INDIENNE QUI ASSOCIE LA MÉDECINE, LE YOGA ET LES RÉGIMES. UN RÉGIME AYURVÉDIQUE REPOSE SUR UNE ALIMENTATION ISSUE DE SOURCES MULTIPLES, ET SUR 6 GOÛTS PRINCIPAUX : L'AIGRE, LE SALÉ, LE PIQUANT, LE SUCRÉ, L'AMER ET L'ÂPRE.

Cette recette est à commencer la veille.

» 200 g d'amarante (voir l'astuce)
» 250 ml de lait de coco
» 250 ml d'eau
» ½ c. à c. de cardamome moulue
» ½ c. à c. de cannelle
» 2 dattes fraîches, dénoyautées et hachées
» 1 gousse de vanille, fendue en deux, les graines grattées
» 2 c. à c. de graines de courge
» 2 c. à c. de graines de tournesol
» 2 c. à c. de graines de sésame noir
» 2 c. à s. de lait de coco supplémentaire
» 1 c. à s. de sirop d'érable pur
» framboises surgelées pour servir (facultatif)

1 Mettez l'amarante dans un saladier et recouvrez d'eau ; laissez reposer toute une nuit. Égouttez l'amarante, rincez-la à l'eau froide, égouttez bien.
2 Mettez l'amarante, le lait de coco, l'eau, les épices, les dattes, les graines de vanille et la gousse dans une casserole ; portez à ébullition. Mettez sur feu doux ; laissez mijoter doucement en remuant pendant 25 minutes jusqu'à ce que l'amarante ne soit plus granuleuse. Si le porridge se dessèche, ajoutez un peu d'eau. Retirez la gousse de vanille.
3 Faites chauffer une petite poêle à feu moyen et faites griller les graines 2 minutes en remuant. Retirez de la poêle, laissez refroidir.
4 Répartissez le porridge d'amarante dans des bols, versez dessus un filet de lait de coco et de sirop d'érable. Servez agrémenté des graines grillées et des framboises.

astuce Bien qu'elle soit parfois considérée comme une céréale, l'amarante est au sens strict une graine sans gluten nourrissante, à la saveur noisette. On la trouve dans les grands supermarchés et dans les magasins bio. Il est important de la laisser tremper toute une nuit dans de l'eau froide. Si vous ne le faites pas, le mélange sera granuleux et le temps de cuisson sera 2 fois plus long.

préparation + cuisson 20 minutes (+ réfrigération) pour 6 puddings

Puddings du matin AUX GRAINES DE CHIA & AU CURCUMA

- » 750 ml de lait de coco
- » 1 bâton de cannelle
- » 1 ½ c. à c. de curcuma frais râpé
- » 1 ½ c. à c. de gingembre frais râpé
- » 90 g de miel
- » 55 g de graines de chia blanc
- » 500 g de yaourt de coco sans sucre
- » 2 bananes (300 g) en fines rondelles
- » 40 g de flocons de noix de coco, grillés

MIEL AU CURCUMA & AU FRUIT DE LA PASSION

- » 115 g de miel
- » 1 c. à c. de curcuma frais râpé
- » la pulpe de 1 fruit de la Passion

1 Versez le lait de coco, la cannelle, le curcuma et le gingembre dans une petite casserole, faites mijoter à feu moyen ; laissez cuire 5 minutes.
2 Filtrez le lait au-dessus d'un saladier, retirez les solides. Versez le miel et les graines de chia dans le lait chaud infusé ; recouvrez le saladier d'un torchon propre. Laissez épaissir 30 minutes au réfrigérateur.
3 Préparez le miel au curcuma et au fruit de la Passion.
4 Répartissez un quart du pudding de chia dans 6 verres de 250 ml. Versez par-dessus un quart du yaourt de coco. Placez la moitié des tranches de banane en cercle dans chaque pot. Disposez de nouveau des couches de pudding de chia et de yaourt pour obtenir 4 couches de chaque. Agrémentez les puddings avec le reste de bananes et les flocons de noix de coco. Arrosez de miel au curcuma et au fruit de la Passion.
miel au curcuma & au fruit de la Passion Portez tous les ingrédients à ébullition dans une petite casserole. Baissez sur feu moyen et laissez mijoter 1 minute. Laissez refroidir.

variante Remplacez les épices râpées fraîches par des épices moulues : 2 cuillerées à café de cannelle, 1 ½ cuillerée à café de curcuma moulu et 1 cuillerée à café de gingembre moulu. Vous pouvez aussi utiliser du lait et du yaourt au lieu de la noix de coco.
Si vous n'aimez pas les épices, remplacez-les par 1 cuillerée à café d'extrait de vanille pur et 1 cuillerée à café de zeste d'orange ou de citron râpé.

conservation Les puddings se conservent 2 jours au réfrigérateur, et le mélange non étagé des graines de chia 1 semaine.

astuce Préparez le mélange des graines de chia pendant le week-end, puis, chaque matin, disposez des couches du mélange dans des pots avec des bananes et le yaourt, ou le fruit de votre choix : vous aurez ainsi un petit déjeuner rapide pour quasiment toute la semaine.

préparation + cuisson 35 minutes pour 4 personnes

Beignets kale & petits pois AU SAUMON FUMÉ

- 50 g de farine de sarrasin
- 280 g de yaourt grec
- 4 œufs
- 360 g de petits pois surgelés, décongelés
- 170 g de feuilles de chou kale en morceaux (voir l'astuce)
- 60 ml d'huile d'olive vierge extra
- 1 citron (140 g) coupé en quartiers, le zeste finement râpé
- 300 g de tranches de saumon fumé à chaud, découpé en grosses lamelles
- ¼ de botte de ciboulette finement hachée
- ¼ de botte de persil, feuilles hachées

1 Préchauffez le four à 150 °C.

2 Battez la farine de sarrasin, 125 g de yaourt et les œufs dans un grand saladier ; assaisonnez. Ajoutez les petits pois et le kale, mélangez bien.

3 Faites chauffer 1 cuillerée à soupe d'huile dans une grande poêle à feu moyen-vif. Faites cuire les beignets par quatre, 3 minutes de chaque côté. Disposez-les sur une plaque, couvrez avec du papier d'aluminium et gardez au chaud dans la partie la plus basse du four. Répétez l'opération 2 fois pour obtenir 12 beignets.

4 Battez le reste de yaourt avec le zeste de citron, assaisonnez.

5 Servez les beignets avec le yaourt, le saumon et les herbes. Accompagnez de quartiers de citron.

astuce Pour préparer le chou kale, détachez les feuilles des tiges ; jetez les tiges. Effilochez grossièrement les feuilles.

Coupe-faim

préparation + cuisson 5 minutes pour 1 pers.

COUPE-FAIM À FAIRE EN 5 MINUTES

Graissez un bol de 375 ml allant au micro-ondes. Mélangez 40 g de farine d'épeautre complète, 1 cuillerée à soupe d'amandes broyées, ½ cuillerée à soupe de graines de tournesol broyées, ½ cuillerée à soupe de graines de lin broyées, ½ cuillerée à café de levure chimique et ¼ de cuillerée à café de cannelle. Battez 2 cuillerées à soupe de beurre de coco fondu, 1 œuf, 2 cuillerées à soupe de lait ou boisson végétale, ½ cuillerée à café d'extrait de vanille pur et 2 cuillerées à café de sirop d'érable pur. Ajoutez les ingrédients secs. Disposez le bol au centre du plateau du micro-ondes. Passez au micro-ondes à forte puissance (100 %) pendant 2 minutes. Agrémentez d'un petit morceau de beurre, de sirop d'érable pur et de 1 pincée de cannelle puis servez.

préparation + cuisson 5 minutes pour 1 pers.

COUPE-FAIM FLOCONS D'AVOINE, ORANGE & MYRTILLES

Graissez un bol de 375 ml allant au micro-ondes. Mélangez 40 g de farine d'épeautre complète, 2 cuillerées à soupe de flocons d'avoine, ½ cuillerée à café de levure chimique et ¼ de cuillerée à café de cannelle. Battez 2 cuillerées à soupe de beurre de coco fondu, 1 œuf, 2 cuillerées à soupe de lait ou boisson végétale, 1 cuillerée à café de zeste d'orange râpé, ½ cuillerée à café d'extrait de vanille pur et 2 cuillerées à café de sirop d'érable pur. Incorporez les ingrédients secs et 2 cuillerées à soupe de myrtilles surgelées puis parsemez 1 cuillerée à soupe de myrtilles sur le dessus. Disposez le bol au centre du plateau du micro-ondes. Passez 2 minutes au micro-ondes à forte puissance (100 %). Servez avec du yaourt de coco sans sucre et du zeste d'orange.

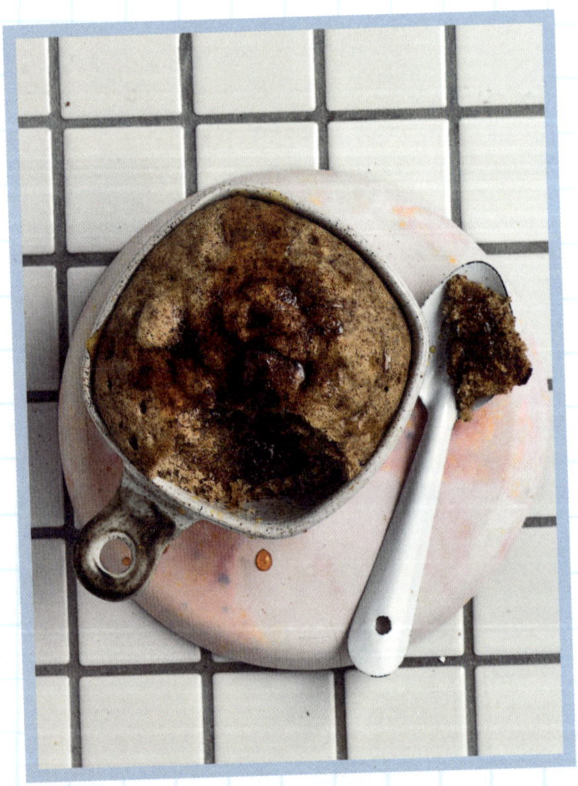

préparation + cuisson 5 minutes pour 1 pers.

COUPE-FAIM AU CAFÉ, DATTES & NOIX DE COCO

Graissez un bol de 375 ml allant au micro-ondes. Dénoyautez 2 dattes fraîches, hachez-les grossièrement. Mélangez 40 g de farine d'épeautre complète, 2 cuillerées à soupe de noix de coco râpée, 2 ½ cuillerées à soupe de beurre de coco fondu, 1 œuf, 2 cuillerées à soupe de lait ou boisson végétale, 1 cuillerée à café de granulés de café soluble, ½ cuillerée à café d'extrait de vanille pur et 2 cuillerées à café de sirop d'érable pur dans le bol. Ajoutez les ingrédients secs et trois quarts des dattes. Parsemez les dattes restantes. Disposez le bol au centre du plateau du micro-ondes. Passez 2 minutes au micro-ondes à forte puissance (100 %). Servez arrosé de sirop d'érable pur.

astuce Vous pouvez faire fondre le beurre de coco 30 secondes dans un bol au micro-ondes.

préparation + cuisson 5 minutes pour 1 pers.

COUPE-FAIM BANANE & TAHINI

Graissez un bol de 375 ml allant au micro-ondes. Hachez finement ½ petite banane bien mûre. Mélangez 40 g de farine d'épeautre complète, 1 cuillerée à soupe d'amandes broyées, ½ cuillerée à soupe de graines de tournesol broyées, ½ cuillerée à soupe de graines de lin broyées, ½ cuillerée à café de levure chimique et ¼ de cuillerée à café de cannelle. Battez 2 cuillerées à soupe de tahini complet, 1 œuf, 2 cuillerées à soupe de lait ou boisson végétale, ½ cuillerée à café d'extrait de vanille pur et 2 cuillerées à café de sirop d'érable pur. Incorporez les ingrédients secs et les bananes. Disposez le bol au centre du plateau du micro-ondes. Passez 2 minutes au micro-ondes à forte puissance (100 %). Servez avec du yaourt de coco sans sucre, quelques rondelles de banane et de la cannelle.

préparation + cuisson 35 minutes (+ repos & réfrigération) pour 4 personnes

Bruschetta fraises, ricotta, basilic AU MIEL AMER

Cette recette est à commencer la veille.

- 750 ml de lait entier
- 300 ml de crème liquide
- ½ c. à c. de fleur de sel
- 60 ml de jus de citron
- 500 g de petites fraises, parées, coupées en deux
- 60 ml de vinaigre balsamique ou de vinaigre de vin rouge
- 8 tranches épaisses (600 g) de pain au levain complet
- 1 grosse poignée de petites feuilles de basilic

MIEL AMER

- 1 ½ c. à s. de mélange de racines de pissenlit et de chicorée séchées (voir l'astuce)
- 2 c. à c. de granulés de café soluble
- 350 g de miel
- 60 ml d'eau

1 Faites la ricotta. Mélangez le lait, la crème et le sel dans une casserole à fond épais placée sur feu moyen. Faites cuire 10 minutes, en remuant, jusqu'en dessous du point de frémissement (le thermomètre doit indiquer 85 °C).
2 Hors du feu, ajoutez le jus de citron. Laissez reposer 30 minutes jusqu'à ce que du caillé se forme. Filtrez au travers d'une passoire tapissée d'un linge. Mettez 2 heures au réfrigérateur afin que le caillé et le liquide se soient séparés. Réservez le petit-lait (voir l'astuce). (Pour 475 g de ricotta)
3 Préparez le miel amer.
4 Versez le caillé égoutté dans un grand saladier, battez jusqu'à consistance homogène ; assaisonnez. Versez dans un récipient hermétique ; laissez prendre toute une nuit au réfrigérateur.
5 Mettez les fraises et le vinaigre dans un grand saladier en verre, poivrez. Mélangez. Filmez au contact et laissez reposer 1 heure dans un endroit chaud. Mélangez avant de servir puis égouttez.
6 Faites chauffer une plaque de gril à feu vif. Faites griller le pain 2 minutes de chaque côté.
7 Servez les toasts garnis de ricotta, de fraises et de basilic ; versez un filet de miel amer.
miel amer À l'aide d'un mortier et d'un pilon ou d'un moulin à épices, broyez les racines de pissenlit et de chicorée et les granulés de café. Versez le miel et l'eau dans une casserole. Tamisez dedans la poudre de pissenlit et de chicorée. Portez à ébullition, en remuant. Laissez mijoter 3 minutes. Laissez refroidir 15 minutes, écumez. Versez dans un bocal stérilisé (voir page 480). Laissez refroidir.

conservation Le miel amer se conserve 1 mois dans le placard. La ricotta se garde 1 semaine au réfrigérateur dans un récipient hermétique.

astuce Utilisez le petit-lait pour votre prochaine pâte à pain ou à pizza à la place de l'eau ou bien prenez-en quelques cuillerées pour lancer le processus de lactofermentation de vos marinades.
Le mélange de racines de pissenlit et de chicorée est un substitut sans caféine du café, disponible dans les magasins bio.

préparation + cuisson 15 minutes pour 4 personnes

Porridge de quinoa RÉCONFORTANT

- 1 litre de boisson de soja ou de boisson de noisette
- 3 pommes granny-smith (450 g), grossièrement râpées
- 1 gousse de vanille, fendue en deux, les graines grattées (voir l'astuce)
- 125 g de myrtilles
- 70 g de flocons de quinoa
- 50 g de graines de chia noir
- 140 g de yaourt de coco ou autre yaourt vegan sans sucre
- 45 g de noisettes grillées mondées, grossièrement hachées
- 80 ml de sirop d'érable pur ou de miel

1 Mettez la boisson végétale, les pommes, la gousse de vanille avec les graines dans une casserole à feu doux. Laissez cuire 5 minutes jusqu'à ce que le lait soit près de bouillir et que les pommes soient ramollies.
2 Écrasez légèrement la moitié des myrtilles, ajoutez-les dans la casserole avec les flocons de quinoa et les graines de chia ; laissez cuire 5 minutes, en remuant, jusqu'à ce que le mélange ait épaissi. Retirez la gousse de vanille, rincez-la bien (réservez-la pour un autre usage, voir l'astuce).
3 Servez le porridge agrémenté de yaourt, de noisettes et du reste de myrtilles. Versez un filet de sirop d'érable.

variantes Remplacez les pommes par des poires, les myrtilles par des fraises et les noisettes par des amandes.

astuce Les gousses de vanille donnent la saveur la plus pure et peuvent être réutilisées une fois rincées et séchées. À la place, vous pouvez utiliser 1 cuillerée à café d'extrait de vanille pur, avec, il est vrai, une quantité infime de sucre, mais qui ne devrait pas vous inquiéter. Une autre option est la poudre de gousses de vanille que vous trouverez dans les magasins bio. Elle contient à la fois la gousse broyée et les graines. Sous cette forme, cependant, le goût de la vanille se fait moins sentir.

préparation + cuisson 45 minutes pour 6 personnes

Muesli aux poires pochées
YAOURT DE BREBIS

MANGER UN PETIT DÉJEUNER SAIN COMPORTANT UN BON MÉLANGE DE SUCRES LENTS ET DE PROTÉINES VOUS AIDERA À MAINTENIR VOTRE TAUX DE SUCRE DANS LE SANG À UN NIVEAU STABLE TOUT AU LONG DE LA JOURNÉE. VOUS POUVEZ OMETTRE LES POIRES POCHÉES ET CHOISIR UN MÉLANGE DE BAIES FRAÎCHES OU SURGELÉES À LA PLACE.

» 95 g de purée d'amandes
» 80 ml de sirop d'érable pur
» 180 g de flocons d'avoine
» 50 g de flocons de noix de coco
» 80 g d'amandes effilées
» 50 g de graines de courge
» 35 g de graines de tournesol
» 35 g de flocons d'amarante ou de flocons de seigle
» 20 g de flocons de quinoa
» 2 c. à s. de graines de chia noir ou blanc
» 160 g de canneberges séchées sucrées
» 6 petites poires corella (600 g)
» 500 ml de jus de pomme
» 500 ml d'eau
» 420 g de yaourt de brebis
» 2 c. à s. de miel ou de sirop d'érable pur

1 Préchauffez le four à 160 °C. Tapissez un plat à rôtir de papier cuisson.
2 Mélangez la purée d'amandes et le sirop d'érable dans une petite casserole à feu doux.
3 Mélangez les flocons d'avoine, la noix de coco, les amandes, les graines de courge, les graines de tournesol, l'amarante et le quinoa dans un saladier. Versez le mélange au sirop d'érable sur les ingrédients secs. Remuez rapidement.
4 Étalez le muesli, en couche égale, dans le plat. Faites cuire au four 15 minutes. Retirez du four et mélangez. Remettez à cuire 5 minutes. Laissez refroidir 10 minutes puis ajoutez les graines de chia et les canneberges.
5 Pelez les poires, coupez-les en deux et enlevez les trognons, en laissant les tiges intactes. Mettez les poires dans une casserole avec le jus de pomme et l'eau ; portez à ébullition. Baissez le feu, couvrez les poires avec un disque de papier cuisson, laissez mijoter 8 minutes.
6 Versez le yaourt et le miel dans un petit saladier, mélangez légèrement en faisant des spirales.
7 Servez le muesli avec les poires pochées et du yaourt au miel. Vous pouvez ajouter un peu de noix de muscade ou de cannelle.

astuce Tout comme le quinoa, l'amarante est une graine que l'on traite comme une céréale. Vous trouverez les ingrédients de ce muesli dans les magasins bio.

conservation Ce muesli se conserve 1 mois au réfrigérateur dans un récipient hermétique.

préparation + cuisson 20 minutes (+ refroidissement) pour 4 personnes

Muesli grillé
AUX GRAINES DE CHIA & AMANDES

- » 90 g de flocons d'avoine
- » 2 c. à s. de graines de chia noir
- » 55 g d'amandes grossièrement hachées
- » 1 c. à s. de poudre cristallisée Pure Via®
- » ½ c. à c. de quatre-épices
- » 2 c. à s. de purée d'amandes (voir l'astuce)
- » 3 c. à c. d'huile de coco fondue
- » 2 c. à s. de graines de tournesol
- » 1 c. à s. d'amandes broyées
- » ½ c. à s. de graines de tournesol broyées
- » ½ c. à s. de graines de lin broyées

1 Préchauffez le four à 180 °C. Graissez une plaque et tapissez-la de papier cuisson.
2 Mélangez les flocons d'avoine, les graines de chia, les amandes, le Pure Via® et le quatre-épices dans un saladier. Ajoutez la purée d'amandes et l'huile de coco. Avec les doigts, malaxez le tout jusqu'à ce que le mélange ressemble à une chapelure grossière. Étalez le mélange uniformément sur la plaque.
3 Faites cuire le muesli 10 minutes au four : il doit être légèrement doré. Laissez refroidir sur la plaque.
4 Versez le muesli refroidi dans un saladier, ajoutez les graines de tournesol, les amandes et les graines de lin ; remuez.

astuce Vous trouverez du la purée d'amandes dans les magasins bio et dans la plupart des supermarchés. Pour faire votre purée d'amandes, passez au mixeur ou au robot des amandes entières grillées jusqu'à obtenir une pâte fine.

conservation Vous pouvez multiplier les quantités des ingrédients par deux ou par trois. Ce muesli se conserve 1 mois au réfrigérateur dans un récipient hermétique.

idée Servez agrémenté de kiwi, de bananes, de fraises et de yaourt.

préparation + cuisson 45 minutes pour 6 miniquiches

Miniquiches aux tomates grillées AU BACON & À LA RICOTTA

- 6 tomates cerises (120 g) coupées en deux
- 1 ½ c. à s. d'huile d'olive
- 1 c. à c. de zaatar (voir l'astuce)
- 4 tranches de filets de bacon (140 g), finement coupées
- 1 oignon (150 g) finement haché
- 10 œufs
- 6 brins de persil plat finement hachés
- 60 ml de crème liquide
- 60 g de ricotta fraîche, émiettée

1 Préchauffez le four à 180 °C. Graissez un moule à muffins de 6 alvéoles de 180 ml. Tapissez chaque alvéole avec 2 carrés de papier cuisson de 15 cm de côté. Tapissez une petite plaque de papier cuisson.

2 Disposez les tomates sur la plaque, versez dessus 2 cuillerées à café d'huile d'olive, saupoudrez de zaatar. Faites cuire 20 minutes au four.

3 Faites chauffer le reste d'huile dans une grande poêle à feu moyen. Faites revenir le bacon et l'oignon 5 minutes pour qu'ils soient dorés. À l'aide d'une cuillère, versez le mélange dans les alvéoles du moule à muffins. Battez les œufs, le persil et la crème dans un grand saladier ; assaisonnez. Répartissez dans les alvéoles.

4 Faites cuire 20 minutes au four. Ajoutez sur le dessus la ricotta et les tomates ; remettez à cuire 5 minutes. Assaisonnez. Servez tiède ou à température ambiante.

astuce Le zaatar est un mélange d'épices du Moyen-Orient qui comprend du thym, des graines de sésame, du sumac et du cumin en proportions égales, avec un peu de sel. Vous pouvez aussi utiliser du dukkah ou ½ cuillerée à café de paprika fumé à la place.

variante Remplacez le bacon par du bacon de tofu (voir page 184) pour une variante végétarienne. Servez avec une salade de radis, de germes de pois gourmand et de pois gourmands coupés en deux.

9

préparation 5 minutes pour 2 personnes

Trifle du petit déjeuner
AUX FRAISES & AU FRUIT DE LA PASSION

» 2 Weetabix® (50 g), en morceaux
» 40 g de céréales All-Bran®
» 280 g de yaourt nature allégé ou de dessert au soja nature
» 80 ml de pulpe de fruit de la Passion
» 140 g de fraises, en tranches

1 Disposez une couche de la moitié du Weetabix® et des céréales All-Bran® dans 2 verres de 310 ml. Répartissez une moitié de yaourt, de fruit de la Passion et des fraises dans les verres.
2 Refaites des couches avec le reste de Weetabix®, de céréales All-Bran® et de yaourt. Agrémentez ces trifles avec le reste de fraises et de fruit de la Passion.

astuce Montez ces trifles juste avant de les manger pour que les céréales restent croustillantes. Il vous faudra environ 4 fruits de la Passion. Vous pouvez associer n'importe quels fruits de saison et même des fruits en boîte conservés dans leur jus naturel. Les poires en boîte et les framboises surgelées se marient parfaitement.

préparation + cuisson 20 minutes pour 2 personnes

Porridge DE QUINOA

- » 100 g de quinoa blanc, rincé
- » 375 ml d'eau
- » 125 ml de lait écrémé ou de lait d'amande
- » 1 pomme rouge (150 g), grossièrement râpée
- » 95 g de yaourt nature
- » 1 c. à s. de miel cru ou de sirop d'érable pur
- » 1 mangue (430 g) coupée en tranches
- » 1 c. à s. de baies de goji
- » 2 c. à s. de pistaches grillées, grossièrement hachées

1 Mélangez le quinoa et l'eau dans une petite casserole ; portez à ébullition. Baissez le feu et laissez mijoter 10 minutes à couvert. Ajoutez le lait ou le lait d'amande. Laissez cuire encore 5 minutes à couvert jusqu'à ce que le quinoa soit tendre. Versez les pommes et mélangez.
2 Mélangez légèrement le yaourt et le miel dans un petit saladier en faisant des spirales.
3 Servez le porridge agrémenté de tranches de mangue, de baies de goji, de pistaches et de yaourt au miel.

astuce Même si tous les quinoas sont lavés, il est préférable de le rincer vous-même à l'eau froide jusqu'à ce que l'eau soit claire. Cela permet d'éliminer les enveloppes dont le goût est amer et qui sont difficiles à digérer. Le quinoa absorbe de grandes quantités de liquide, alors, selon vos goûts en matière de porridge, ajoutez un peu d'eau bouillante à la fin de l'étape 1 pour diluer.

préparation 20 minutes (+ réfrigération) pour 4 personnes

Bircher aux graines de chia
CERISES & GINGEMBRE

» 2 c. à s. de poudre cristallisée Pure Via®
» 300 g de cerises surgelées dénoyautées
» 5 cm de gingembre frais, grossièrement haché
» 310 ml d'eau
» 140 g de yaourt de coco sans sucre
» 90 g de flocons d'avoine
» 80 g de graines de chia blanc
» 50 g de graines de courge
» 1 petite pomme verte (130 g)
» 40 g d'amandes nature grillées, hachées
» cerises fraîches et pollen d'abeille (voir l'astuce) pour servir (facultatif)

1 Mixez le Pure Via® dans un mixeur à forte puissance jusqu'à obtenir la consistance du sucre glace.
2 Passez au robot les cerises, le Pure Via®, le gingembre et l'eau jusqu'à obtenir une consistance homogène. Versez dans un grand saladier.
3 Ajoutez le yaourt de coco, les flocons d'avoine, les graines de chia et les graines de courge, et remuez jusqu'à ce que le tout soit bien mélangé. Couvrez de film alimentaire et placez au moins 2 heures au réfrigérateur jusqu'à ce que le mélange épaississe.
4 Râpez grossièrement la pomme et incorporez-les morceaux dans le mélange imbibé du bircher. Répartissez le bircher dans 4 bols, servez parsemé d'amandes. Si vous le souhaitez, ajoutez des cerises fraîches et du pollen d'abeille sur le dessus.

astuce Si vous n'êtes pas allergique au miel, vous pouvez servir ce plat avec du pollen d'abeille. Sinon, choisissez du pollen de fenouil, c'est-à-dire les extrémités des fleurs du fenouil et leur pollen, vous le trouverez dans les épiceries fines et les magasins bio.

conservation Vous pouvez préparer le bircher la veille. Conservez-le, couvert, au réfrigérateur. Ajoutez la pomme râpée juste avant de servir.

préparation + cuisson 50 minutes pour 8 personnes

Scones épeautre & avoine
CONFITURE FRUITS ROUGES & CHIA

CETTE CONFITURE SE PRÉPARE EN 10 MINUTES SEULEMENT. ELLE NE SE CONSERVE PAS LONGTEMPS, MAIS VOUS POUVEZ LA CONGELER PAR PETITES PORTIONS POUR LA GARDER PLUS LONGTEMPS.

» 1 c. à s. de poudre cristallisée Pure Via®
» 160 g de farine complète
» 150 g de farine d'épeautre
» 2 c. à c. de levure chimique
» 1 c. à c. de fleur de sel
» 100 g de beurre doux froid, en dés
» 180 ml de lait fermenté
» 1 c. à s. de lait fermenté supplémentaire
» 2 c. à s. de flocons d'avoine
» 50 g de beurre pour servir

CONFITURE FRUITS ROUGES & GRAINES DE CHIA

» 400 g d'un mélange de fruits rouges surgelés
» 35 g de graines de chia blanc
» 1 c. à s. de poudre cristallisée Pure Via®
» 1 c. à c. de zeste de citron râpé
» 1 c. à c. de jus de citron
» 1 gousse de vanille fendue en deux, les graines grattées

1 Préparez la confiture fruits rouges & graines de chia.
2 Mixez le Pure Via® jusqu'à obtenir la consistance du sucre glace.
3 Préchauffer le four à 220 °C, chaleur tournante (voir l'astuce). Chemisez une plaque de papier cuisson.
4 Tamisez les farines, le Pure Via®, la levure et le sel dans un saladier, puis incorporez le beurre en frottant entre vos doigts. Versez le lait fermenté et mélangez en « coupant » la pâte avec un couteau sans dents. Transférez-la sur un plan de travail fariné et pétrissez-la 45 secondes. Ne la travaillez pas trop, sinon elle sera trop ferme.
5 Avec les mains farinées, formez un disque de 16 cm de diamètre sur la plaque. Dessinez 8 parts avec le côté non tranchant d'un couteau fariné. Badigeonnez le dessus de lait fermenté et parsemez de flocons d'avoine.
6 Enfournez 20 minutes. Servez les scones tièdes, avec du beurre et la confiture.
confiture fruits rouges & graines de chia Faites cuire les fruits rouges 5 minutes, à feu moyen, en remuant, jusqu'à ce qu'ils libèrent leur jus. Baissez à feu doux, ajoutez les graines de chia et le Pure Via® et poursuivez la cuisson 6 minutes jusqu'à épaississement, sans cesser de remuer. Incorporez le zeste et le jus de citron, et les graines de vanille.

astuce La chaleur tournante du four aide les scones à bien gonfler. Si vous possédez un four traditionnel, augmentez la température de 10 à 20 degrés.

conservation Ces scones sont meilleurs le jour même. La confiture peut être préparée 3 jours à l'avance et conservée 2 semaines au réfrigérateur, ou 1 mois au congélateur.

Le Parfait

préparation 15 minutes (+ repos) pour 4 personnes

Smoothie CERISES & NOIX

Cette recette est à commencer la veille.

» 60 g de noix
» 55 g d'amandes nature
» 430 ml d'eau minérale
» 750 g de cerises dénoyautées surgelées
» 1 c. à s. de poudre cristallisée Pure Via®
» 30 g de noix supplémentaires, grossièrement hachées
» 1 c. à c. de graines de chia noir

1 Mélangez les noix, les amandes et l'eau dans un bol. Laissez reposer toute une nuit.
2 Mixez le contenu du bol pendant 2 minutes jusqu'à obtenir un mélange onctueux. Filtrez à travers une mousseline puis essorez-la pour récupérer le plus de liquide possible. Jetez les résidus solides.
3 Mixez la boisson végétale obtenue avec les cerises et le Pure Via®, à l'aide d'un mixeur très puissant afin d'obtenir une consistance crémeuse. Versez dans des verres, parsemez les noix supplémantaires et les graines de chia. Servez.

astuce Pour un smoothie plus épais, ajoutez les graines de chia au moment de mixer les ingrédients. Vous pouvez aussi réaliser d'autres boissons végétales avec 105 g de vos fruits à coque préférés et 430 ml d'eau minérale. Remplacez les noix par des noix de pécan, si vous le souhaitez.

Compotes de fruits

préparation + cuisson 45 minutes pour 4 pers.

COMPOTE POIRE, CARDAMOME & GINGEMBRE

Épépinez et coupez en grosses lamelles 4 poires packham (1 kg). Placez-les dans une casserole avec 250 ml d'eau, 2 cuillerées à café de gingembre frais râpé, 6 capsules de cardamome écrasées, 1 bâton de cannelle et 1 cuillerée à soupe de jus de citron ; portez à ébullition. Baissez le feu et laissez mijoter 25 minutes en couvrant partiellement la casserole et en remuant de temps en temps jusqu'à ce que le liquide ait réduit un peu et que les poires soient tendres. Servez tiède ou froid.

suggestion Servez avec du yaourt à la vanille ou du muesli maison.

préparation + cuisson 25 minutes pour 4 pers.

COMPOTE POMME, RHUBARBE & BAIES DE GOJI

Faites chauffer 125 ml de jus d'orange et 1 ½ cuillerée à soupe de poudre cristallisée Pure Via® à feu doux dans une casserole, en remuant : le sirop doit être bien liquide. Ajoutez 2 grosses pommes pink lady (400 g) en morceaux, 1 bande de 4 cm de zeste d'orange, les graines de ½ gousse de vanille et la demi-gousse ; faites mijoter 5 minutes, à couvert. Ajoutez 500 g de rhubarbe en morceaux et 2 cuillerées à soupe de baies de goji. Poursuivez la cuisson 10 minutes à feu doux, sans couvrir, pour que les fruits soient tendres mais pas en purée. Servez tiède ou froid.

astuce Servez avec du porridge ou du yaourt. Cette compote constitue une excellente base de crumble.

conservation Cette compote se conserve 1 semaine au réfrigérateur.

préparation + cuisson 35 minutes pour 4 pers.

NECTARINES & PÊCHES RÔTIES À LA VANILLE

Préchauffez le four à 220 °C. Beurrez un plat à gratin. Coupez 3 nectarines jaunes (510 g) et 3 pêches jaunes (450 g) en deux, dénoyautez-les. Mettez-les dans le plat. Ouvrez 1 gousse de vanille, grattez les graines avec la pointe d'un couteau. Ajoutez la gousse et les graines dans le plat, avec 1 ½ cuillerée à soupe de poudre cristallisée Pure Via®, 2 bandes de zeste de citron de 4 cm, 1 cuillerée à soupe de jus de citron et 1 pincée de fleur de sel. Mélangez pour enrober les fruits. Disposez les fruits dans le plat en une seule couche, face coupée vers le haut. Faites-les rôtir 20 minutes. Servez tiède ou froid.

suggestion Servez avec du yaourt grec parsemé de fruits à coque et de graines.

conservation Ces fruits se conservent 1 semaine au réfrigérateur.

préparation + cuisson 25 minutes pour 4 pers.

COMPOTE PRUNES, FRAMBOISES & ROMARIN

Coupez 5 prunes rouges (450 g) en deux et dénoyautez-les. Coupez chaque moitié en trois. Mettez-les dans une casserole avec 60 ml d'eau, 1 cuillerée à soupe de jus de citron, 1 bâton de cannelle et 2 branches de romarin. Portez à ébullition. Baissez le feu et laissez mijoter 5 minutes à couvert. Ôtez le couvercle et poursuivez la cuisson 5 minutes. Ajoutez 60 g de framboises et 2 cuillerées à soupe de poudre cristallisée Pure Via®. Mélangez. Retirez du feu.

suggestion Servez avec du yaourt grec.

conservation Cette compote se conserve 1 semaine au réfrigérateur.

préparation + cuisson 40 minutes pour 6 personnes

Pudding du week-end AUX FRUITS ROUGES & AUX FIGUES

METTEZ CE PUDDING EN VEDETTE SUR VOTRE TABLE DE BRUNCH POUR QUE CHACUN SE SERVE, LES INVITÉS COMME LES MEMBRES DE LA FAMILLE.

» 40 g de beurre ramolli
» 1 gousse de vanille (voir l'astuce)
» 125 ml d'eau
» 230 g de dattes fraîches, dénoyautées
» 2 c. à s. de curcuma moulu
» 2 c. à s. de cannelle
» 5 cm de gingembre frais, grossièrement haché
» 120 g de poudre d'amandes
» 400 ml de crème de coco en boîte
» 1 ½ c. à c. de levure chimique
» 35 g de farine
» 8 œufs
» 90 g de miel cru
» 3 figues fraîches (180 g), coupées en quartiers
» 150 g de framboises fraîches
» 150 g de mûres fraîches
» 150 g de cerises fraîches, dénoyautées
» 420 g de yaourt de coco sans sucre

1 Préchauffez le four à 200 °C. Graissez un plat de 1,5 litre allant au four avec la moitié du beurre.
2 Fendez la gousse de vanille en deux, grattez les graines avec la pointe d'un couteau. Mixez au robot les graines de vanille, l'eau, les dattes, le curcuma, la cannelle, le gingembre, la poudre d'amandes, la crème de coco, la levure chimique et la farine.
3 Battez les œufs dans un grand saladier. Incorporez le mélange précédent aux œufs. Versez le tout dans le plat.
4 Enfournez 25 minutes : le pudding doit être ferme et gonflé. Retirez du four et laissez refroidir 15 minutes.
5 Faites chauffer le reste de beurre et le miel dans une grande poêle à feu moyen, puis faites dorer les figues 2 minutes de chaque côté. Ajoutez les fruits rouges et les cerises ; laissez cuire 1 minute jusqu'à ce que les fruits aient rendu leur jus.
6 Étalez le yaourt de coco sur le pudding. Agrémentez des fruits chauds avec leur jus.

astuce Mettez la gousse de vanille qui reste dans un sachet à glissière et gardez-la pour un autre usage. Utilisez-la pour donner de la saveur à des fruits rôtis ou à un chocolat chaud, ou coupez-la en plus petits morceaux et mettez-la dans un bocal de muesli pour que celui-ci s'imprègne de la vanille. Pour une variante sans produit laitier, utilisez du beurre de cacao au lieu du beurre ordinaire.

préparation + cuisson 40 minutes pour 4 personnes

Mille-feuille AUX LÉGUMES & AUX ŒUFS

- 400 g de patate douce (voir l'astuce)
- 8 champignons shiitake frais (140 g), tiges coupées
- 60 ml d'huile d'olive
- 2 c. à c. de romarin frais haché
- 1 long piment rouge frais, épépiné, haché
- 2 c. à s. de graines de tournesol
- 80 g de petites feuilles tendres de chou kale
- 20 g de parmesan râpé
- 1 c. à s. de vinaigre blanc
- 8 œufs frais
- 3 tomates vertes de variétés anciennes (380 g), en rondelles (voir l'astuce)
- 4 petites betteraves chioggia (80 g), en fines rondelles (voir l'astuce)
- 10 g de pousses de cresson

AÏOLI AU CITRON

- 1 jaune d'œuf
- 1 petite gousse d'ail hachée
- 1 c. à s. de zeste de citron râpé
- 1 c. à c. de romarin frais haché
- 2 c. à s. de jus de citron
- ½ c. à c. de miel cru
- 125 ml d'huile d'olive

1 Préchauffez le four à 200 °C. Chemisez une plaque de papier cuisson.

2 Coupez la patate douce en 8 rondelles de 5 mm d'épaisseur. Disposez-les sur la plaque avec les champignons, 2 cuillerées à soupe d'huile, le romarin et le piment, et mélangez. Faites cuire 25 minutes.

3 Préparez l'aïoli au citron.

4 Faites chauffer l'huile restante dans une poêle, à feu moyen, et faites revenir les graines de tournesol 2 minutes. Ajoutez le chou kale, coupez le feu et laissez-le se flétrir. Ajoutez le parmesan, assaisonnez.

5 Préparez les œufs pochés. Remplissez une grande casserole d'eau jusqu'à mi-hauteur, ajoutez le vinaigre et portez à ébullition douce. Cassez 1 œuf dans un bol. Avec une cuillère en bois, créez un tourbillon dans la casserole puis faites glisser l'œuf au centre du tourbillon. Faites cuire les œufs par quatre pendant 3 minutes : les blancs doivent être pris et les jaunes rester coulants. Sortez les œufs avec une écumoire et égouttez-les sur du papier absorbant. Réservez-les au chaud.

6 Déposez 2 cuillerées à soupe d'aïoli dans chaque assiette. Formez 2 piles avec de la patate douce, de la tomate, des champignons et de la préparation au chou kale. Posez 1 œuf poché sur chaque pile, ajoutez des rondelles de betterave et du cresson.

aïoli au citron Mixez le jaune d'œuf avec l'ail, le zeste, le romarin, le jus de citron et le miel dans un robot pendant 1 minute. Sans arrêter le moteur, ajoutez l'huile goutte à goutte puis en fin filet jusqu'à l'obtention d'une émulsion épaisse. Assaisonnez. (Pour environ 160 ml)

astuce Achetez une patate douce de 7 cm de diamètre (ce sera la base du mille-feuille) et des tomates de taille proche. Si vous ne trouvez pas de tomates vertes de variétés anciennes, utilisez des tomates rouges. On peut remplacer les betteraves chioggia par du radis ou du fenouil.

préparation + cuisson 1 h 30 pour 2 personnes

Crackers aux graines & ÉCRASÉ D'AVOCAT

- » 200 g de riz complet long grain
- » 625 ml d'eau
- » 200 g de quinoa tricolore
- » 500 ml d'eau supplémentaire
- » 40 g de graines de sésame
- » 50 g de graines de lin
- » 35 g de graines de chia
- » 35 g de graines de tournesol
- » 1 c. à s. de thym citron, ciselé
- » 1 c. à s. d'origan ciselé
- » 1 c. à s. de romarin ciselé
- » 1 c. à c. de poivre noir mignonette
- » 2 c. à c. d'oignon en poudre
- » 1 avocat (250 g)
- » 1 c. à s. de jus de citron
- » 2 c. à c. de graines de chia supplémentaires
- » 45 g de pousses de pois mange-tout
- » 1 pincée de sumac (facultatif)

1 Préchauffez le four à 180 °C.
2 Versez le riz complet et 625 ml d'eau dans une casserole et portez à ébullition. Laissez mijoter 25 minutes à feu doux, sans couvrir. Retirez du feu et laissez reposer 10 minutes, à couvert. Remuez le riz pour l'aérer et étalez-le sur une plaque de cuisson pour qu'il refroidisse.
3 Versez le quinoa et 500 ml d'eau dans la même casserole, portez à ébullition. Laissez mijoter 10 minutes à feu doux, sans couvrir. Retirez du feu et laissez reposer 10 minutes, à couvert. Remuez le quinoa et étalez-le sur une plaque recouverte de papier cuisson.
4 Mixez le riz avec la moitié du quinoa pour obtenir une pâte épaisse. Placez-la dans un saladier, puis ajoutez le quinoa restant, les graines, les herbes, le poivre et l'oignon en poudre. Assaisonnez et mélangez. Divisez cette préparation en 4 portions.
5 Tapissez 4 plaques de papier cuisson. Déposez l'un des papiers sur le plan de travail et aplatissez-y 1 portion de pâte. Recouvrez-la de film alimentaire, puis étalez-la sur 1 mm d'épaisseur. Retirez le film alimentaire. Déposez le papier cuisson et la pâte sur la plaque. Renouvelez l'opération avec la pâte restante. Détaillez des crackers en rectangles ou en triangles.
6 Enfournez 20 minutes en les retournant à mi-cuisson. Laissez refroidir.
7 Au moment de servir, écrasez grossièrement l'avocat avec le jus de citron ; assaisonnez. Disposez 4 crackers sur chaque assiette et recouvrez-les avec l'écrasé d'avocat, les graines de chia, les pousses de pois mange-tout et le sumac.

astuce Si le mélange de crackers dépasse du papier lorsque vous l'étalez, il suffit de couper les bords. Si vous n'avez pas assez de plaques de four, faites cuire les crackers en 2 fois. Ils se gardent 1 mois dans un récipient hermétique.

préparation + cuisson 30 minutes (+ refroidissement) pour 4 personnes

Muesli sans céréales
À LA NOIX DE COCO & À LA VANILLE

» 2 gousses de vanille
» 125 g de flocons de noix de coco
» 80 g d'amandes nature grossièrement hachées
» 80 g de noix du Brésil grossièrement hachées
» 60 g de noix de pécan grossièrement hachées
» 35 g de graines de tournesol
» 100 g d'huile de coco fondue
» 2 c. à s. de miel cru
» ½ c. à c. de sel marin

1 Préchauffez le four à 160 °C. Graissez 2 grandes plaques et tapissez-les de papier cuisson.
2 Fendez les gousses de vanille en deux dans la longueur ; avec la pointe d'un couteau, grattez les graines. Mettez les graines et les gousses dans un grand saladier avec les autres ingrédients, mélangez. Répartissez le mélange en couche égale sur les plaques.
3 Faites cuire 20 minutes au four en remuant de temps en temps pour séparer les grumeaux : le muesli doit être légèrement doré. Laissez refroidir à température ambiante.

idée Servez avec du lait ou du yaourt.

conservation Vous pouvez conserver ce muesli 4 semaines au réfrigérateur dans un récipient hermétique.

préparation + cuisson 25 minutes pour 2 personnes

Quinoa aux légumes
ŒUFS AU SÉSAME

- 100 g de quinoa blanc, rincé
- 250 g de bouillon de légumes ou de poulet
- 4 œufs à température ambiante
- 2 c. à c. d'huile de coco
- 1 petite gousse d'ail, pilée
- 1 petit piment rouge frais, finement haché
- 80 g de chou kale émincé
- 90 g de blettes émincées
- 1 c. à s. de jus de citron
- ½ petit bouquet de persil plat, ciselé
- 1 c. à s. de graines de sésame blond
- 1 c. à s. de graines de sésame noir
- 1 c. à c. de fleur de sel

1 Mettez le quinoa dans une casserole avec le bouillon et portez à ébullition. Baissez à feu moyen-doux et faites cuire 15 minutes jusqu'à ce que le bouillon soit presque entièrement absorbé. Laissez reposer 5 minutes hors du feu, à couvert.
2 Faites cuire les œufs 5 minutes dans de l'eau bouillante. Égouttez-les et passez-les sous l'eau froide pendant 30 secondes. Écalez-les.
3 Faites chauffer l'huile de coco dans une casserole, à feu moyen, et faites revenir l'ail et le piment 2 minutes pour qu'ils libèrent leurs parfums. Ajoutez le chou kale et les blettes, et laissez-les se flétrir. Ajoutez le quinoa et le jus de citron, assaisonnez et mélangez.
4 Mélangez le persil, les graines de sésame et la fleur de sel dans un bol. Passez les œufs dans ce mélange pour les enrober.
5 Servez le quinoa garni des œufs.

préparation + cuisson 2 h 30 (+ repos & refroidissement) pour 2 personnes (10 tranches)

Pain aux graines
PURÉE D'AMANDES & POIRE

» 135 g de flocons d'avoine
» 120 g de flocons de quinoa
» 150 g de graines de tournesol
» 200 g de graines de courge
» 130 g de graines de lin
» 70 g de graines de chia blanc
» 80 g d'amandes hachées
» 70 g de noisettes hachées
» 40 g de téguments de psyllium
» 2 c. à c. de fleur de sel
» 875 ml d'eau tiède
» 2 c. à s. de poudre cristallisée Pure Via®
» 140 g d'huile de coco fondue
» 65 g de purée d'amandes
» 1 poire packham (250 g), en fines lamelles
» 1 c. à s. d'huile d'olive

1 Graissez un moule à cake de 14 × 24 cm (1,5 litre) et chemisez la base et les deux côtés les plus longs de papier cuisson, en le laissant dépasser sur les bords.
2 Mélangez les ingrédients secs dans un saladier, sauf le Pure Via®. Mélangez l'eau tiède, le Pure Via® et l'huile de coco dans un autre saladier. Versez sur les ingrédients secs et mélangez. (Vous obtenez une pâte ferme. Au besoin, ajoutez un peu d'eau, cuillerée par cuillerée.)
3 Déposez la pâte dans le moule, à l'aide d'une cuillère, et donnez-lui la forme d'un pain, à la main. Recouvrez la surface de film alimentaire et laissez reposer 2 heures à température ambiante pour que les ingrédients absorbent les liquides.
4 Préchauffez le four à 200 °C.
5 Faites cuire le pain 30 minutes. Démoulez-le sur une grille posée au-dessus d'une plaque et décollez le papier cuisson, puis posez le pain sur la plaque et poursuivez la cuisson 1 h 20 (couvrez le pain de papier d'aluminium pendant les 30 dernières minutes de cuisson). La lame d'un couteau piquée au centre doit ressortir propre. Laissez refroidir complètement pendant 3 heures avant de le trancher.
6 Nappez 4 tranches de pain avec de la purée d'amandes, garnissez de lamelles de poire et ajoutez quelques gouttes d'huile d'olive. Déposez-les sur 2 assiettes. Assaisonnez.

astuce Les téguments de psyllium sont vendus dans les magasins bio. Placez la grille du four de manière que le dessus du pain se trouve au milieu du four. Si le pain se colore trop vite, couvrez-le de papier d'alimunium.

conservation Ce pain se conservera 1 semaine au réfrigérateur, dans une boîte hermétique. Vous pouvez aussi le conserver 1 mois au congélateur, coupé en tranches, dans des sacs congélation.

préparation + cuisson 10 minutes pour 2 personnes

Smoothie vert RAFRAÎCHISSANT

VOUS POUVEZ UTILISER TOUTE UNE GAMME DE LÉGUMES VERTS ET DE FRUITS, COMME LA LAITUE, DES POIRES OU DU MELON MIEL.

» 1 citron vert (90 g)
» 1 pomme (150 g)
» 1 miniconcombre (130 g)
» ½ avocat (125 g)
» 330 ml d'eau de coco
» 30 g de jeunes feuilles d'épinard
» 1 c. à c. de gingembre frais finement râpé
» 50 g de jeunes feuilles de chou frisé

1 Pelez le citron vert à vif, jetez la peau. Hachez grossièrement la chair du citron vert, la pomme, le concombre et l'avocat.
2 À l'aide d'un mixeur ou d'un robot, mixez tous les ingrédients jusqu'à obtenir une consistance homogène. Versez le mélange dans 2 verres.

astuce Pour les smoothies, il est préférable de se servir de jeunes feuilles de chou tendres de sorte à ne pas avoir à retirer les tiges qui sont dures. Si vous le souhaitez, vous pouvez agrémenter les smoothies de graines de chia blanc ou noir et de noix de coco râpée grillée, vous pouvez aussi servir les smoothies avec de la glace pilée.

préparation + cuisson 25 minutes pour 2 personnes

Salade aux œufs pochés
PESTO DE CHOU KALE

- 45 g de microherbes (voir l'astuce)
- 100 g de choux de Bruxelles, délicatement effeuillés
- 150 g de mélange de graines germées croquantes
- 1 petite carotte (80 g) coupée en allumettes
- 2 c. à s. de graines de tournesol grillées
- 2 c. à s. de vinaigre de cidre
- 1 ½ c. à s. d'huile d'avocat
- 1 c. à c. de miel cru
- 1 c. à s. de vinaigre blanc
- 4 œufs
- ½ avocat (125 g) coupé en fines lamelles

PESTO DE CHOU KALE

- 55 g d'amandes grillées
- 50 g de noix de cajou grillées
- 2 petites gousses d'ail
- 80 g de petites feuilles de chou kale, hachées
- 125 ml d'huile d'olive vierge extra
- 1 ½ c. à s. de vinaigre de cidre
- 20 g de parmesan râpé

1 Préparez le pesto de chou kale.
2 Mélangez délicatement les herbes, les feuilles de chou de Bruxelles, les graines germées, la carotte et les graines de tournesol dans un saladier. Fouettez le vinaigre de cidre avec 1 cuillerée à soupe d'huile et le miel dans un bol. Assaisonnez. Versez sur la salade et mélangez.
3 Préparez les œufs pochés. Remplissez une grande casserole avec de l'eau jusqu'à mi-hauteur, ajoutez le vinaigre blanc et portez à petite ébullition. Cassez 1 œuf dans un bol. Avec une cuillère en bois, créez un tourbillon dans la casserole puis faites glisser l'œuf au centre du tourbillon. Répétez avec les autres œufs. Faites-les cuire 3 minutes : les blancs doivent être pris et les jaunes rester coulants. Égouttez les œufs à l'aide d'une écumoire et posez-les dans une assiette recouverte de papier absorbant.
4 Servez la salade dans des assiettes creuses. Ajoutez les œufs et de l'avocat. Garnissez les œufs de pesto et arrosez avec le reste d'huile.
pesto de chou kale Mixez grossièrement les amandes et les noix de cajou avec l'ail, au robot. Ajoutez le chou kale, l'huile et le vinaigre, et mixez pour obtenir une pâte fine. Ajoutez le parmesan, assaisonnez avec du sel marin et du poivre du moulin. Mixez rapidement pour mélanger. (Pour 300 ml)

astuce Nous avons utilisé un mélange de microherbes composé d'oseille, de persil, de coriandre et de radis.

conservation Le pesto de chou kale se conserve 1 semaine au réfrigérateur dans un pot hermétique. Recouvrez-le d'une fine couche d'huile.

préparation + cuisson 30 minutes pour 2 personnes

Rösti de patate douce
ŒUFS POCHÉS

- 240 g de patate douce, épluchée et râpée
- 1 oignon (150 g) grossièrement râpé
- 1 blanc d'œuf
- 25 g de parmesan finement râpé
- 1 c. à s. de persil plat haché
- 1 c. à s. d'aneth haché
- 1 gousse d'ail pilée
- 2 c. à s. d'huile d'olive
- 20 g de beurre
- 2 c. à s. de vinaigre blanc
- 4 œufs
- 150 g de saumon fumé, émietté
- 70 g de yaourt grec
- 2 c. à c. de dukkah
- 2 c. à s. de feuilles de coriandre fraîche
- quartiers de citron pour servir

1 Préchauffez le four à 180 °C. Chemisez une plaque de papier cuisson.

2 Mélangez la patate douce et l'oignon dans un saladier, pressez à la main pour ôter le maximum de liquide et remettez dans le saladier. Ajoutez le blanc d'œuf, le parmesan, les herbes et l'ail, assaisonnez.

3 Faites chauffer la moitié de l'huile et du beurre dans une grande sauteuse, à feu moyen. Déposez la moitié de la préparation à base de patate douce dans la sauteuse, en l'aplatissant pour former une galette de 10 cm de diamètre. Faites cuire 3 minutes de chaque côté. Égouttez la galette sur du papier absorbant puis placez-la sur la plaque. Salez. Préparez le second rösti.

4 Enfournez les röstis 10 minutes pour qu'ils soient croustillants.

5 Préparez les œufs pochés. Remplissez une grande casserole d'eau jusqu'à mi-hauteur, ajoutez le vinaigre et portez à petite ébullition. Cassez 1 œuf dans un bol. Avec une cuillère en bois, créez un tourbillon puis faites glisser l'œuf au centre du tourbillon. Répétez avec les autres œufs. Faites-les pocher 3 minutes environ pour que les blancs soient pris et que les jaunes restent coulants. Sortez les œufs à l'aide d'une écumoire et égouttez-les sur du papier absorbant.

6 Dressez les röstis dans des assiettes, garnissez de saumon, d'œufs pochés et de yaourt. Parsemez de dukkah et de coriandre et servez avec des quartiers de citron.

astuce Vous pouvez remplacer la patate douce par de la pomme de terre, et le saumon fumé par de la truite fumée ou un poisson blanc fumé. Le dukkah est un mélange de graines, de fruits à coque et d'épices du Moyen-Orient. Vous en trouverez dans les épiceries orientales et certains supermarchés.

préparation + cuisson 20 minutes pour 2 personnes

Pain perdu AUX CHAMPIGNONS & PARMESAN

- 2 œufs
- 125 ml de lait
- 2 c. à c. de moutarde de Dijon
- 20 g de parmesan râpé
- 4 tranches épaisses (2 cm) de pain au levain
- 80 ml d'huile d'olive
- 300 g de champignons de Paris émincés
- 1 gousse d'ail pilée
- 2 c. à s. de feuilles de thym frais
- 2 c. à c. de vinaigre de cidre
- 10 g de beurre
- 60 g de crème fraîche
- 20 g de copeaux de parmesan
- 1 c. à s. de ciboulette finement hachée

1 Avec une fourchette, battez les œufs, le lait, la moutarde et le parmesan râpé dans une assiette creuse. Assaisonnez. Faites tremper les tranches de pain dans la préparation pendant 5 minutes, en les retournant à mi-parcours.
2 Faites chauffer 1 ½ cuillerée à soupe d'huile dans une grande poêle, à feu moyen-vif. Faites cuire la moitié des champignons 1 minute, sans remuer, pour qu'ils se colorent. Poursuivez la cuisson 2 minutes, en remuant, pour qu'ils soient tendres. Transférez-les dans un plat résistant à la chaleur et couvrez-les de papier d'aluminium. Renouvelez l'opération avec 1 ½ cuillerée à soupe d'huile et le reste des champignons. Ajoutez l'ail et le thym pendant la dernière minute de cuisson, puis le vinaigre et la moitié du beurre. Mélangez tous les champignons dans le plat et couvrez pour qu'ils restent chauds.
3 Dans la même poêle nettoyée, faites chauffer le reste d'huile et de beurre à feu moyen, puis faites dorer les tranches de pain 2 minutes de chaque côté.
4 Servez le pain perdu garni de champignons, de crème fraîche, de copeaux de parmesan et de ciboulette.

Boissons énergisantes

préparation 10 minutes pour 1 litre

BOOSTER ÉLECTROLYTE

Mixez 500 ml d'eau de coco, 400 g d'ananas surgelé, 1 petit avocat (200 g), ½ petit bulbe de fenouil paré (65 g), 10 g de feuilles de menthe fraîche et 60 g de pousses d'épinard avec 2 cuillerées à soupe de jus de citron vert dans un blender puissant jusqu'à l'obtention d'une préparation onctueuse. Servez avec des glaçons.

astuce Vous trouverez de l'ananas surgelé dans la plupart des supermarchés. Vous pouvez aussi éplucher, parer et découper vous-même des ananas et conserver les morceaux au congélateur, dans des sacs congélation.

préparation 10 minutes pour 1 litre

SHAKE AU CHOCOLAT SANS LAIT

Mixez 500 ml de lait d'amande sans sucre, 2 bananes mûres en morceaux (260 g), 1 petit avocat (200 g), 30 g de pousses d'épinard, 2 cuillerées à soupe de cacao en poudre, 30 g de protéines de lactosérum en poudre à la vanille ou 80 g de yaourt et 1 cuillerée à soupe de miel cru dans un blender puissant. Servez avec des glaçons et saupoudrez de ¼ de cuillerée à café de cacao en poudre.

préparation 10 minutes pour 750 ml

SMOOTHIE AUX FRUITS ROUGES

Faites tremper 2 cuillerées à soupe de baies de goji dans 250 ml de lait de coco froid (voir l'astuce) pendant 10 minutes. Versez dans un blender puissant, ajoutez 250 g d'un mélange de fruits rouges surgelés, 30 g de pousses d'épinard et 250 ml de lait de coco frais. Mixez pour obtenir un smoothie onctueux. Servez avec des glaçons et garnissez chaque verre de 1 cuillerée à soupe de baies de goji et de 1 cuillerée à soupe de fruits rouges.

astuce Nous remplaçons le lait de coco par une « boisson coco » à base de lait de coco et de lait de riz, qui a une consistance plus fluide que le lait de coco tout en conservant son bon goût.

préparation 10 minutes (+ refroidissement) pour 1 litre

SMOOTHIE THÉ VERT & KIWI

Faites infuser 2 sachets de thé vert dans 500 ml d'eau bouillante pendant 5 minutes. Jetez les sachets de thé. Ajoutez 1 cuillerée à soupe de miel cru. Laissez refroidir au réfrigérateur. Versez le thé froid dans le bol d'un robot puissant, ajoutez 1 poignée de grains de raisin, 2 kiwis (170 g) épluchés et coupés en morceaux, 20 g de feuilles de menthe fraîche et 30 g de pousses d'épinard puis mixez. Servez immédiatement, avec des glaçons.

astuce Préparez ce smoothie juste avant de le servir, car les ingrédients ont tendance à se séparer lorsqu'il repose.

préparation + cuisson 40 minutes (+ repos) pour 4 personnes

Pancakes à la banane
LABNÉ & COMPOTE DE MYRTILLES

La préparation du labné doit être commencée 2 jours à l'avance. Vous pouvez aussi servir les pancakes avec du yaourt grec.

» 1 banane (200 g) bien mûre
» 35 g de farine de coco
» ¼ de c. à c. de bicarbonate de soude
» ¼ de c. à c. de cannelle
» 2 œufs
» 1 gousse de vanille fendue en deux, graines grattées
» 125 ml de lait d'amande sans sucre
» 2 c. à s. d'huile de coco
» 1 banane (200 g) supplémentaire, coupée en rondelles épaisses
» 2 c. à s. de copeaux de noix de coco grillée

LABNÉ

» 500 g de yaourt grec
» ½ c. à c. de sel marin
» 1 c. à c. de zeste de citron râpé

COMPOTE DE MYRTILLES

» 250 ml de jus de pomme
» 75 g de sucre de coco
» 280 g de myrtilles surgelées

1 Préparez le labné.
2 Préparez la compote de myrtilles.
3 Écrasez la banane à la fourchette dans un bol. Ajoutez la farine de coco, le bicarbonate de soude, la cannelle, les œufs, les graines de vanille et le lait d'amande ; mélangez.
4 Faites fondre un tiers de l'huile de coco dans une grande poêle antiadhésive, à feu moyen-doux. Déposez des cuillerées de pâte dans la poêle et aplatissez-les légèrement. Faites cuire 2 minutes jusqu'à ce que des bulles apparaissent à la surface. Retournez les pancakes à l'aide de 2 spatules. Poursuivez la cuisson 1 minute. Retirez-les de la poêle et réservez-les au chaud. Répétez l'opération 2 fois avec le reste d'huile de coco et de la pâte pour obtenir 12 pancakes.
5 Servez les pancakes garnis de labné, de rondelles de banane, de copeaux de noix de coco et de compote de myrtilles.

labné Recouvrez une passoire avec 2 épaisseurs de mousseline et placez-la dans un saladier. Mélangez tous les ingrédients dans un bol et déposez la préparation dans la passoire, sur le tissu. Nouez les mousselines en serrant bien et faites égoutter 48 heures au réfrigérateur. (Pour 260 g)

compote de myrtilles Faites chauffer le jus de pomme et le sucre de coco dans une casserole à feu doux jusqu'à ce que le sucre soit dissous. Portez à ébullition puis laissez cuire 10 minutes pour obtenir un sirop liquide. Ajoutez les myrtilles et mélangez pour qu'elles décongèlent et soient enrobées de sirop.

préparation + cuisson 25 minutes pour 2 personnes

Bircher quinoa & poires

SALADE DE FRUITS À LA NOIX DE COCO

- 1 c. à s. de graines de courge
- 1 c. à s. de graines de tournesol
- 1 poire (230 g) râpée
- 120 g de flocons de quinoa
- 125 ml de lait de coco en boîte
- 125 ml de jus de pomme sans sucre

SALADE DE FRUITS À LA NOIX DE COCO

- 1 noix de coco jeune (900 g)
- 50 g de framboises
- 60 g de myrtilles
- 1 c. à s. de longues bandes fines de zeste d'orange
- 1 orange (240 g) épluchée, séparée en segments (voir l'astuce)

1 Préparez la salade de fruits à la noix de coco.
2 Faites dorer à sec les graines de courge et les graines de tournesol 2 minutes dans une petite poêle.
3 Mélangez dans un saladier la poire, les flocons de quinoa, le lait de coco, le jus de pomme et l'eau de coco récupérée dans la noix de coco (en préparant la salade de fruits).
4 Servez le bircher muesli dans 2 bols et garnissez de salade de fruits. Parsemez de graines grillées.
salade de fruits à la noix de coco Plantez la pointe d'un petit couteau dans la zone un peu molle à la base de la noix de coco, en tournant. Posez la noix de coco au-dessus d'un verre et récupérez l'eau de coco. Réservez 125 ml de cette eau pour le bircher muesli. Enveloppez la noix de coco dans un torchon propre, cassez-la à l'aide d'un marteau ou en la frappant contre le sol. Récupérez la chair à l'aide d'une cuillère et coupez-la en fines lamelles. Mélangez la chair de noix de coco avec les autres ingrédients. Couvrez et placez au réfrigérateur jusqu'au moment de servir.

astuce Pour couper une orange en segments, ôtez la peau et la membrane blanche à l'aide d'un couteau, en suivant la courbure du fruit. Détachez les segments en coupant de part et d'autre des membranes intérieures. Vous pouvez remplacer la poire par une pomme râpée. Les noix de coco jeunes se trouvent chez certains primeurs et dans les épiceries asiatiques.

conservation Le bircher muesli se conserve 4 jours au réfrigérateur dans une boîte hermétique.

préparation + cuisson 10 minutes pour 2 personnes

Super bowl aux graines
POMMES & YAOURT

- 2 pommes vertes (300 g) coupées en allumettes
- 2 c. à s. de jus de citron
- 125 ml d'eau de coco
- 100 g de fraises en tranches épaisses
- 140 g de yaourt grec
- 2 c. à s. de miel cru

MÉLANGE SUPERGRAINES

- 2 c. à s. de graines de tournesol
- 2 c. à s. de graines de courge
- 1 ½ c. à s. de graines de sésame
- 1 ½ c. à s. de graines de pavot
- 1 ½ c. à s. de graines de chia
- 1 ½ c. à s. de graines de lin
- 2 c. à s. de raisins de Corinthe
- 2 c. à s. de baies de goji

1 Préparez le mélange supergraines.
2 Mélangez la pomme et le jus de citron dans un saladier.
3 Répartissez cette préparation et la moitié des graines dans 2 bols. Ajoutez l'eau de coco. Garnissez de fraises et de yaourt, puis arrosez de miel et parsemez du reste des graines.

mélange supergraines Faites dorer les graines de tournesol et de courge à sec dans une petite poêle 2 minutes. Ajoutez les graines de sésame, les graines de pavot, les graines de chia et les graines de lin, et poursuivez la cuisson 30 secondes. Laissez refroidir hors de la poêle. Ajoutez les raisins de Corinthe et les baies de goji. (Pour 1 petit bol)

astuce En saison, remplacez les pommes par des poires.

conservation Le mélange de graines peut être préparé en avance. Il se conserve 3 mois au réfrigérateur dans une boîte hermétique.

préparation + cuisson 25 minutes pour 2 personnes

Œufs à la turque
& HACHIS D'AGNEAU

- 60 ml d'huile d'olive vierge extra
- 1 oignon (150 g) ciselé
- 2 gousses d'ail écrasées
- ½ c. à c. de quatre-épices
- ½ c. à c. de cannelle
- ¼ de c. à c. de piment séché en flocons
- 150 g d'agneau haché (voir l'astuce)
- 220 g de tomates grossièrement coupées
- 2 c. à s. de jus de citron
- ½ c. à c. de sucre extrafin
- 1 c. à s. de menthe ciselée
- 1 c. à s. de persil plat ciselé
- 4 œufs
- 2 pains plats coupés en quatre
- 1 poignée de petites feuilles de menthe
- 1 poignée de feuilles de persil plat

YAOURT AU CONCOMBRE

- 1 miniconcombre (130 g)
- 95 g de yaourt grec
- 1 gousse d'ail écrasée
- 1 c. à c. de zeste de citron râpé

1 Préparez le yaourt au concombre.
2 Faites cuire l'oignon, l'ail, le quatre-épices, la cannelle et les flocons de piment 3 minutes dans 2 cuillérées à soupe d'huile d'olive jusqu'à ce que la préparation commence à ramollir. Ajoutez l'agneau et laissez cuire 5 minutes en remuant pour détacher les morceaux de viande. Ajoutez les tomates, le jus de citron et le sucre, et faites cuire 2 minutes. Retirez du feu, incorporez les herbes ciselées et assaisonnez.
3 Creusez 4 puits dans la préparation, cassez les œufs dedans. Couvrez et laissez cuire 6 minutes à feu moyen jusqu'à ce que les blancs soient fermes et les jaunes encore coulants. Assaisonnez.
4 Arrosez du reste d'huile d'olive et garnissez de yaourt au concombre et de feuilles de menthe et de persil. Servez avec du pain plat.
yaourt au concombre Râpez grossièrement le concombre et ôtez l'excédent d'eau. Mélangez-le avec les autres ingrédients dans un petit bol et assaisonnez.

astuce Ce plat est parfait pour rassasier une tablée : il vous suffit de multiplier les quantités de la recette. Vous pouvez remplacer l'agneau par du bœuf, du porc ou du poulet.

préparation + cuisson 15 minutes (+ réfrigération) pour 4 personnes

Horchata AUX FLOCONS D'AVOINE

Cette recette est à commencer la veille.

» 1 gousse de vanille
» 1 litre de lait d'amande sans sucre
» 90 g de flocons d'avoine
» 1 c. à s. de miel cru
» ½ c. à c. de sel marin
» 1 c. à s. de flocons d'avoine supplémentaires
» 25 g d'amandes effilées
» ½ c. à c. de cannelle

1 Fendez la gousse de vanille en deux dans la longueur. Avec la pointe d'un couteau, détachez les graines. Mélangez les graines de vanille et la gousse avec le lait d'amande, les flocons d'avoine et le miel dans un récipient. Couvrez et mettez au réfrigérateur toute une nuit.
2 Préchauffez le four à 180 °C. Étalez les flocons d'avoine supplémentaires sur une plaque et faites-les griller 5 minutes au four. Ajoutez les amandes et faites griller encore 5 minutes pour que le tout soit légèrement doré.
3 Retirez la gousse de vanille du mélange au lait d'amande. À l'aide d'un mixeur ou d'un robot, mixez le mélange jusqu'à obtenir une consistance homogène ; ajoutez le sel.
4 Répartissez la horchata dans 4 verres, agrémentez avec le mélange flocons d'avoine-amandes et saupoudrez de cannelle. Servez.

astuce Cette recette est idéale pour un petit déjeuner sur le pouce. Il vous suffit de verser le mélange dans une bouteille ou dans un pot à couvercle et hop, en route ! Si vous êtes pressé, oubliez les flocons d'avoine (et la réfrigération) ; mélangez le lait refroidi, les graines de vanille, le miel et le sel puis servez.

préparation + cuisson 15 minutes pour 2 croques

Croque BANANE-CACAO-AMANDE

- 1 c. à s. de poudre cristallisée Pure Via®
- 4 tranches de pain de mie complet (voir l'astuce)
- 20 g de beurre ramolli
- 70 g de purée d'amandes
- 1 c. à c. de cacao en poudre
- 1 banane (180 g) coupée en fines rondelles
- ¼ de c. à c. de cannelle

1 Préchauffez l'appareil à croque-monsieur.
2 Passez le Pure Via® dans un moulin à épices afin d'obtenir la consistance du sucre glace.
3 Étalez un peu de beurre sur une face de chaque tranche de pain.
4 Mélangez la purée d'amandes avec le cacao et 2 cuillerées à café de Pure Via® dans un petit bol pour obtenir une pâte (gardez le reste de Pure Via® pour une autre recette).
5 Posez 2 tranches de pain, face beurrée vers le bas, sur une planche. Étalez la moitié de la préparation sur les faces visibles, puis recouvrez-les de rondelles de banane en laissant un bord libre de 1 cm. Recouvrez avec les 2 autres tranches de pain, face beurrée vers l'extérieur.
6 Faites cuire les croque-monsieur 5 minutes jusqu'à ce qu'ils soient dorés. Servez-les coupés en deux et saupoudrés de cannelle.

astuce Vous pouvez utiliser n'importe quel type de pain (complet, aux céréales, de seigle), à condition que les tranches soient carrées. Vous pouvez remplacer la purée d'amandes par une autre purée de fruit à coque, par du beurre de coco ou de la ricotta. Essayez aussi la pâte à tartiner chocolat-noisette (page 323).

préparation + cuisson 30 minutes pour 4 personnes

Frittata FRAISES & AMANDES

- 250 g de fraises équeutées
- 1 c. à s. de sucre de coco
- 1 gousse de vanille fendue en deux, graines grattées
- 6 œufs
- 2 c. à s. de sucre de coco supplémentaire
- 40 g de poudre d'amandes
- 10 g de beurre
- 100 g de ricotta ferme, émiettée
- 55 g d'amandes grillées, grossièrement hachées

1 Coupez la moitié des fraises en fines rondelles et l'autre moitié en deux. Mélangez les fraises coupées en deux avec le sucre de coco dans un bol. Réservez les rondelles de fraises.
2 Mélangez les graines de la gousse de vanille avec les œufs, le sucre de coco supplémentaire et la poudre d'amandes dans un saladier, au fouet.
3 Préchauffez le gril du four à puissance forte.
4 Faites fondre le beurre dans une poêle antiadhésive résistante à la chaleur, à feu moyen. Versez la préparation, ajoutez les rondelles de fraise, la ricotta et la moitié des amandes hachées. Baissez le feu et faites cuire 8 minutes pour que les œufs commencent à prendre. Poursuivez la cuisson 8 minutes sous le gril pour que la ricotta se colore légèrement et que la frittata soit cuite.
5 Servez sans attendre, en garnissant avec les fraises et le reste des amandes. Vous pouvez arroser la frittata d'un filet de miel et la saupoudrer de graines de chia noir.

astuce Vous pouvez conserver la gousse de vanille vidée de ses graines au congélateur pendant 1 an, bien enveloppée, et l'utiliser dans une autre recette nécessitant une gousse de vanille.

variante Remplacez les amandes par des noix de macadamia ou des noisettes.

Ça se garde !

PETITES RECETTES PRATIQUES

préparation 30 minutes (+ fermentation) pour 1 litre

Kéfir d'eau PÉTILLANT

Cette recette est à commencer 4 jours à l'avance.

» 2 c. à s. de sucre non raffiné
» 60 ml d'eau bouillante
» 1 litre d'eau filtrée mise en bouteille
» 1 c. à s. de grains de kéfir d'eau hydratés (voir l'astuce)
» 1 tranche de citron
» 1 abricot sec ou 1 figue sèche

1 Stérilisez un bocal en verre de 1,25 litre (voir Bocaux stérilisés, page 480).
2 Versez le sucre et l'eau bouillante dans le bocal stérilisé ; remuez jusqu'à ce que le sucre soit dissous. Ajoutez l'eau filtrée. Si le mélange n'est pas à température ambiante, laissez-le refroidir.
3 Ajoutez les grains de kéfir, la tranche de citron et les fruits secs ; couvrez le bocal avec un linge et attachez avec un élastique. Laissez le bocal sur un plan de travail au moins 72 heures (voir l'astuce).
4 Après la première fermentation, filtrez le liquide dans un bocal stérilisé de 1 litre ou dans une bouteille avec bouchon hermétique ; ajoutez l'un des arômes suggérés ci-contre. Fermez et laissez le bocal sur un plan de travail encore 12 à 24 heures.
5 Après la seconde fermentation, placez au réfrigérateur. Filtrez avant de servir.

astuce Les grains de kéfir d'eau sont disponibles dans les magasins bio ou dans les boutiques en ligne. Vous pouvez congeler les grains qui vous restent pendant 12 mois. Pendant les fortes chaleurs, le kéfir fermentera plus rapidement. Goûtez-le au bout de 24 heures : il doit avoir un goût légèrement aigre. Plus vous le laisserez fermenter, plus le sucre se transformera en dioxyde de carbone, et plus le goût sera aigre.

conservation Le kéfir d'eau se garde 2 semaines au réfrigérateur.

ARÔMES

Betterave
Ajoutez 2 fines tranches de betterave fraîche, coupées en julienne, au liquide du kéfir filtré avant la seconde fermentation.

Pomme verte & spiruline
Ajoutez 3 tranches fines de pomme verte et 1/8 de cuillerée à café de spiruline au liquide du kéfir filtré avant la seconde fermentation.

Curcuma frais & gingembre
Épluchez et coupez en tranches 1 morceau de curcuma frais de 3 cm et 1 morceau de gingembre de 3 cm. Ajoutez-les au kéfir filtré avant la seconde fermentation.

Framboise
Ajoutez 8 framboises fraîches au liquide du kéfir filtré avant la seconde fermentation.

Ananas & fruit de la Passion
Ajoutez 1 morceau d'ananas épluché de 2 × 5 cm et la pulpe de 1 fruit de la Passion au liquide du kéfir filtré avant la seconde fermentation.

TRADITIONNELLEMENT, LE KÉFIR EST UN PRODUIT LAITIER FERMENTÉ D'ORIGINE RUSSE OBTENU À PARTIR D'UNE CULTURE DE GRAINS DE KÉFIR COMPRENANT UN CERTAIN NOMBRE DE DIVERSES BACTÉRIES ET DE LEVURES. LES LEVURES PROVOQUENT LA FERMENTATION DU SUCRE DANS LE LAIT, CRÉANT AINSI DU DIOXYDE DE CARBONE ET DE L'ALCOOL. CES GRAINS DE KÉFIR PEUVENT SERVIR DANS D'AUTRES LIQUIDES POUR OBTENIR UN MÉLANGE EFFERVESCENT. CEPENDANT, POUR QUE CELA SOIT POSSIBLE, DU SUCRE EST NÉCESSAIRE, QUI SERA EN GRANDE PARTIE TRANSFORMÉ EN DIOXYDE DE CARBONE POUR PRODUIRE UNE BOISSON RAFRAÎCHISSANTE ET PÉTILLANTE, BONNE POUR LA SANTÉ.

préparation + cuisson 1 heure (+ repos) pour 18 cookies

Cookies de pois chiches
CONFITURE & BEURRE DE CACAHUÈTE

LES BISCUITS ONT LA RÉPUTATION D'ÊTRE DES PIÈGES À SUCRE MAIS PAS CEUX-CI ! BIEN SÛR CES COOKIES CONTIENNENT DE LA GRAISSE, MAIS CELLE DES FRUITS À COQUE EST CONSIDÉRÉE COMME DE LA « BONNE GRAISSE ». AJOUTEZ À CELA LES PROTÉINES DES POIS CHICHES ET DES GRAINES DE CHIA, ET VOUS OBTENEZ UN EN-CAS PARFAIT POUR LA PAUSE DE 11 HEURES, POUR LE GOÛTER OU APRÈS UNE SÉANCE DE SPORT.

» 2 c. à s. de poudre cristallisée Pure Via®
» 400 g de pois chiches en boîte
» 140 g de beurre de cacahuète avec morceaux
» 1 c. à c. d'extrait de vanille pur
» 1 c. à c. de levure chimique
» ½ c. à c. de sel marin

CONFITURE FRAMBOISES & GRAINES DE CHIA

» 2 c. à c. de poudre cristallisée Pure Via®
» 75 g de framboises surgelées, décongelées
» 1 c. à s. d'eau
» 1 c. à s. de graines de chia blanc

1 Préparez la confiture framboises & graines de chia.
2 Préchauffez le four à 180 °C. Tapissez 2 plaques de papier cuisson.
3 Mixez le Pure Via® dans un mixeur à forte puissance jusqu'à obtenir la consistance du sucre glace.
4 Égouttez les pois chiches au-dessus d'un saladier ; réservez 60 ml de liquide (aquafaba).
À l'aide d'un robot, mixez les pois chiches égouttés, l'aquafaba, le beurre de cacahuète, le Pure Via®, la vanille, la levure et le sel jusqu'à obtenir une consistance homogène.
5 Avec les mains humides, formez des petites boules avec le mélange, disposez-les sur les plaques et aplatissez-les en disques de 5 cm. Versez 1 cuillerée à café de confiture au centre de chaque cookie, étalez la confiture en laissant une bordure de 0,5 cm.
6 Faites cuire les cookies 18 minutes au four. Laissez refroidir sur la plaque.
confiture framboises & graines de chia Mixez le Pure Via® dans un moulin à épices jusqu'à obtenir la consistance du sucre glace. Mixez les framboises, le Pure Via® en poudre et l'eau jusqu'à obtenir une purée. Versez la purée dans un saladier et ajoutez les graines de chia. Couvrez de film alimentaire et placez au moins 1 heure au réfrigérateur. Le mélange va épaissir.

note L'aquafaba est le liquide filtré des légumes en boîte. Vous pouvez le conserver 2 jours au réfrigérateur ou 2 mois au congélateur.

conservation Ces cookies se conservent 4 jours dans un récipient hermétique au réfrigérateur.

préparation + cuisson 15 minutes pour 1 bocal

Chaï AU PISSENLIT

- » 2 c. à s. de cosses de cardamome
- » 4 bâtons de cannelle, en morceaux
- » 8 anis étoilés
- » 2 c. à c. de graines de fenouil
- » 70 g de pissenlit grillé (voir ci-dessous)
- » 2 c. à s. de gingembre frais finement râpé
- » 2 c. à c. de curcuma moulu
- » 1 c. à c. de pâte de gousse de vanille
- » 115 g de miel
- » 2 c. à s. de jus de citron

1 Faites chauffer une petite poêle à feu moyen. Faites revenir la cardamome, la cannelle, l'anis étoilé et les graines de fenouil 2 minutes en remuant jusqu'à ce que les épices soient légèrement grillées. Broyez finement dans un mortier à l'aide d'un pilon.
2 Versez le pissenlit grillé dans un petit saladier, ajoutez les épices grillées, le gingembre, le curcuma et la vanille.
3 Mettez le miel dans une petite tasse résistante à la chaleur. Placez la tasse dans un petit bol d'eau bouillante et remuez jusqu'à obtenir une consistance légère et fluide. Versez le miel et le jus de citron dans le mélange au pissenlit. Versez le mélange chaï dans un petit pot à couvercle, fermez le pot et mettez-le au réfrigérateur.

note Le pissenlit grillé est préparé à partir des racines et des feuilles grillées du pissenlit. On le trouve dans les supermarchés, dans les magasins bio et dans les boutiques en ligne.

infuser le chaï Pour faire un délicieux chaï au pissenlit pour 2 personnes, mettez 1 cuillerée à café de mélange chaï et 250 ml d'eau dans une petite casserole. Portez à ébullition puis retirez du feu. Ajoutez 250 ml de lait ou boisson végétale, remettez la casserole sur feu moyen et faites chauffer jusqu'à ébullition. Retirez immédiatement du feu et laissez infuser 3 minutes. Versez dans des tasses et servez agrémenté de cannelle.

conservation Ce mélange à chaï se conserve 1 mois au réfrigérateur.

préparation + cuisson 40 minutes pour 25 crackers

Crackers AU ROMARIN & AU CACAO

» 180 g poudre d'amandes
» 2 c. à s. de cacao en poudre
» 1 c. à c. de romarin frais finement haché
» 1 c. à c. de fleur de sel
» 1 c. à s. d'huile d'olive vierge extra
» 1 œuf
» 1 c. à c. d'huile d'olive vierge extra supplémentaire
» 1 c. à s. de feuilles de romarin frais supplémentaires

1 Préchauffez le four à 180 °C.
2 Mélangez la poudre d'amandes, le cacao tamisé, le romarin et ½ cuillerée à café de sel dans un grand saladier. Battez l'huile avec l'œuf dans un petit saladier, ajoutez le tout au mélange de cacao. Avec des mains propres, malaxez pour former une pâte.
3 Faites une boule avec la pâte et disposez-la entre 2 feuilles de papier cuisson. Étalez-la en un rectangle de 2 mm d'épaisseur et de 20 × 30 cm. Mettez la pâte avec le papier sur une grande plaque ; retirez la feuille du dessus.
4 Avec un couteau tranchant, égalisez les bords pour qu'ils soient droits. Coupez en cinq dans le sens de la longueur et dans le sens de la largeur pour obtenir 25 morceaux de 4 × 6 cm. Badigeonnez avec l'huile d'olive supplémentaire. Agrémentez avec le romarin et le reste de sel.
5 Faites cuire les crackers 20 minutes au four, en tournant la plaque à mi-cuisson, jusqu'à ce que les crackers soient dorés. Laissez refroidir sur la plaque.

idée Accompagnez ces crackers d'une sauce sans sucre ou de votre fromage favori, comme du parmesan, du brie ou du cheddar.

conservation Ces crackers se conservent 5 jours dans un récipient hermétique.

préparation 1 heure (+ repos & congélation) pour 15 sandwichs

Sandwichs glacés VANILLE & NOIX DE COCO

Cette recette est à commencer 2 jours à l'avance.

» 160 ml de crème de coco
» 150 g noix de cajou nature
» 3 jeunes noix de coco à boire (3,6 kg)
» 125 ml de sirop de malt de riz
» 60 ml de crème de coco supplémentaire
» 3 c. à c. d'extrait de vanille pur
» 1 gousse de vanille fendue en deux, les graines grattées
» 200 g de chocolat noir sans sucre, grossièrement haché
» 1 c. à s. d'huile de coco fondue supplémentaire

BISCUITS AU CHOCOLAT

» 120 g d'amandes nature
» 130 g de gruau de sarrasin trempé 8 heures dans de l'eau
» 50 g de noix de coco séchée
» 50 g de cacao en poudre
» 80 ml de sirop d'érable pur
» 50 g d'huile de coco fondue
» ½ c. à c. d'extrait de vanille pur

1 Versez la crème de coco dans un moule à glaçons et laissez congeler toute une nuit.
2 Faites tremper les noix de cajou au moins 4 heures dans de l'eau froide. Égouttez-les, rincez-les et égouttez-les de nouveau.
3 Tapissez un moule de 18 × 28 cm de film alimentaire en laissant 5 cm dépasser des bords.
4 Posez une noix de coco sur une planche à découper ; tranchez avec précaution le haut en forme de dôme à l'aide d'un hachoir – il vous faudra un peu de force. Versez l'eau de la noix de coco dans une grande carafe. À l'aide d'une cuillère, retirez la chair tendre. Procédez de la même façon avec les autres noix de coco ; vous devez obtenir environ 270 g de chair.
5 Mixez la chair des noix de coco avec les noix de cajou égouttées, le sirop, la crème de coco supplémentaire, l'extrait et les graines de vanille jusqu'à homogénéité à l'aide d'un mixeur très puissant. Ajoutez les glaçons de crème de coco et mixez. Versez dans le moule. Laissez congeler toute une nuit.
6 Préparez les biscuits au chocolat.
7 Retirez la glace du moule. Coupez-la en 15 disques à l'aide d'un emporte-pièce de 5 cm de diamètre. Disposez 1 disque de glace sur la moitié des biscuits, aplatissez légèrement, puis placez le second biscuit.
8 Faites fondre le chocolat au bain-marie. Ajoutez l'huile de coco supplémentaire et mélangez. Versez le chocolat fondu dans un petit saladier profond.
9 Trempez les sandwichs glacés dans le chocolat fondu pour les recouvrir de moitié. Disposez-les sur une plaque tapissée de papier cuisson. Laissez raffermir 10 minutes au congélateur.
biscuits au chocolat Mixez tous les ingrédients jusqu'à ce que la pâte puisse être étalée. Étalez-la entre 2 feuilles de papier cuisson sur 3 mm d'épaisseur. Disposez sur une plaque. Faites raffermir 15 minutes au congélateur. Découpez 30 disques à l'aide d'un emporte-pièce de 5 cm de diamètre. Remettez les biscuits sur la plaque, couvrez de film alimentaire et placez au congélateur.

préparation 5 minutes (+ repos) pour 375 ml

Confiture minute
CHIA, PÊCHE & PASSION

IL NE S'AGIT PAS VRAIMENT D'UNE CONFITURE, C'EST TANT MIEUX, ÉTANT DONNÉ QU'ELLE EST RAPIDE À FAIRE, INRATABLE ET QU'ELLE N'EST PRESQUE PAS SUCRÉE. AU LIEU DE COMPTER SUR L'INTERACTION ENTRE LES PECTINES ET LE SUCRE POUR GÉLIFIER UNE CONFITURE, LES PROPRIÉTÉS NATURELLES ÉPAISSISSANTES DES GRAINES DE CHIA PERMETTRONT D'OBTENIR LA BONNE CONSISTANCE.

» 2 c. à s. de graines de chia blanc
» 80 ml d'eau
» 1 c. à s. de poudre cristallisée Pure Via®
» 2 pêches ou nectarines mûres (300 g), grossièrement hachées
» la pulpe de 2 fruits de la Passion
» ½ gousse de vanille fendue en deux, les graines grattées

1 Mettez les graines de chia dans un petit saladier, ajoutez l'eau et laissez reposer 5 minutes.
2 Mixez le Pure Via® dans un moulin à épices jusqu'à obtenir la consistance du sucre glace.
3 Écrasez les fruits dans un saladier avec le dos d'une fourchette. Ajoutez les graines de chia et le reste des ingrédients. Mélangez.

astuce Les pêches, les nectarines, les abricots et même les prunes conviennent parfaitement pour cette recette.

conservation Cette confiture se conserve 1 semaine au réfrigérateur dans un récipient hermétique ou 1 mois au congélateur.

idées
Versez dessus une bonne épaisseur de yaourt de coco sans sucre ou de yaourt grec, et ajoutez des tranches de nectarine ou de pêche.
Servez cette confiture avec un porridge de plusieurs céréales.
Étalez de la ricotta sur une tranche de pain aux céréales puis ajouter de la confiture.

préparation 10 minutes (+ repos) pour 375 ml

Frawmage fumé À TARTINER

NOUS AVONS ÉLABORÉ CETTE RECETTE EN PENSANT AUX PERSONNES VEGAN ET À CELLES QUI NE TOLÈRENT PAS LES PRODUITS LAITIERS. CE FRAWMAGE PEUT SE SERVIR DE MULTIPLES FAÇONS, LISEZ « IDÉE » CI-DESSOUS POUR DÉCOUVRIR NOS SUGGESTIONS.

Cette recette est à commencer la veille.

» 75 g de noix de cajou nature
» 70 g de noix de macadamia nature
» 1 c. à s. de jus de citron
» 2 c. à s. de flocons de levure nutritionnelle
» 1 ½ c. à c. de vinaigre de cidre
» 1 ½ c. à c. de paprika fumé
» 1 c. à c. de curcuma moulu
» ¼ de c. à c. d'oignon en poudre
» ½ c. à c. d'ail en poudre
» 125 ml de lait d'amande et de noix de cajou
» 1 c. à c. de miso blanc (shiro)

1 Disposez les noix de cajou et les noix de macadamia dans 2 petits saladiers distincts. Couvrez avec de l'eau froide et laissez reposer au moins 4 heures, à couvert. Égouttez les noix, rincez-les à l'eau froide ; égouttez bien.
2 Mixez les noix égouttées avec les autres ingrédients à l'aide d'un robot très puissant. Le mélange doit être homogène.

info nutrition La levure nutritionnelle est de la levure désactivée, une protéine complète, qui contient 18 acides aminés, y compris les neuf qui sont nécessaires pour une bonne santé. Elle est en général fortifiée avec de la vitamine B12, élément essentiel pour les personnes vegan puisqu'elle est absente des régimes sans viande. On la trouve dans les magasins bio.

idée Étalez le frawmage sur des tortillas cuites au four et servez agrémenté de cornichons à l'aneth sans sucre ajouté, de piments jalapeños marinés, de quartiers de citron vert et de coriandre.

conservation Ce frawmage à tartiner se conserve 3 semaines au réfrigérateur dans un récipient hermétique.

préparation 5 minutes pour 250 ml

Sauce au sésame & AU GINGEMBRE

- 70 g de gingembre frais, finement râpé
- 70 g de tahini complet
- 2 c. à s. d'huile de sésame
- 2 c. à s. de tamari
- 2 c. à s. de vinaigre de cidre
- 2 c. à s. de sirop de yacon (voir ce-dessous) ou de sirop de coco
- ½ grand piment rouge frais, épépiné et émincé (facultatif)

1 Pressez le gingembre râpé au travers d'une passoire au-dessus d'un petit saladier ; il vous faudra 2 cuillerées à soupe de jus. Jetez la pulpe.
2 Mélangez le jus de gingembre avec le tahini, l'huile de sésame, le tamari, le vinaigre de cidre et le sirop de yacon dans un petit saladier ; remuez jusqu'à obtenir une consistance homogène. Ajoutez le piment, si vous le souhaitez.

note Vous trouverez du sirop de yacon dans certains magasins bio. Sa consistance rappelle celle du sirop de malt de riz avec, en plus, un goût de mélasse et une légère saveur sucrée.

idées Servez cette sauce avec des rouleaux de printemps ou pour accompagner des salades, des coleslaws, des nouilles de varech (nouilles d'algues) et des légumes vapeur.

conservation Cette sauce se conserve 1 semaine dans un bocal au réfrigérateur.

préparation + cuisson 1 h 20 (+ repos) pour 6 personnes

Pain de teff AUX PANAIS & AU FROMAGE

- 375 g de panais râpés
- 240 g de farine de teff blanche
- 180 g de vieux cheddar râpé
- 1 ½ c. à c. de levure chimique
- 3 œufs
- 180 ml de lait
- 80 ml d'huile d'olive

1 Préchauffez le four à 180 °C. Graissez un moule à pain de 7 × 25 cm ou un plat à terrine de 1,25 litre. Tapissez le fond et les côtés de papier cuisson, en laissant dépasser 5 cm de papier sur les côtés.

2 Mélangez les panais, la farine de teff, le cheddar et la levure chimique dans un grand saladier. Assaisonnez. Battez les œufs, le lait et l'huile ; ajoutez au mélange des panais. Avec une cuillère, versez la pâte dans le moule ; égalisez la surface.

3 Faites cuire 1 h 10 au four : la pointe d'un couteau doit ressortir propre quand vous l'insérez dedans. Si le pain brunit trop vite pendant la cuisson, couvrez-le de papier d'aluminium à mi-cuisson. Laissez le pain 15 minutes dans le moule avant de le mettre à refroidir sur une grille. Découpez-le en tranches et faites-les griller avant de servir.

astuce La farine de teff est issue des graines d'une plante rustique. Elle est disponible dans certains supermarchés, dans les épiceries fines et les magasins bio. Vous pouvez utiliser un moule légèrement plus grand et plus étroit, ou plus large et plus court, du moment que sa contenance est d'environ 1,25 litre. Pour le vérifier, remplissez une carafe avec 1,25 litre d'eau et versez-la dans le moule.

idée Choisissez différentes garnitures, comme des œufs durs salés et poivrés, agrémentés de branches de persil. Voir d'autres variantes page 113.

conservation Ce pain se conserve 3 jours dans un récipient hermétique, enveloppé de film alimentaire.

Garnitures pour le pain de teff

préparation + cuisson 5 minutes pour 2 pers.

AVOCAT, CHÈVRE & DUKKAH AUX PISTACHES

Placez sur chaque tranche de pain de teff grillée (voir page 110) un quart d'avocat coupé en tranches, 2 cuillerées à soupe de fromage de chèvre mariné, 1 pincée de dukkah aux pistaches et quelques brins d'aneth.

préparation + cuisson 5 minutes pour 2 pers.

AVOCAT ÉCRASÉ, KIMCHI & GRAINES

Écrasez un quart d'avocat dans un petit saladier ; assaisonnez. Étalez-le sur une tranche de pain de teff grillée (voir page 110), puis ajoutez votre kimchi préféré, quelques graines de courge et des graines de tournesol.

préparation 45 minutes (+ fermentation)

Choucroute ROUGE & ORANGE

LES ALIMENTS FERMENTÉS COMME LA CHOUCROUTE CONTRIBUENT À AMÉLIORER LA DIGESTION PAR LEUR APPORT EN BACTÉRIES LACTIQUES, EN LEVURES ET EN MOISISSURES.

CHOUCROUTE ORANGE

» 1 petit chou blanc (1,2 kg)
» 3 carottes (360 g) épluchées
» 2 gousses d'ail écrasées
» 5 cm de gingembre, finement râpé
» 5 cm de curcuma, finement râpé
» 2 c. à c. de graines de carvi
» 2 c. à c. de graines de fenouil
» 1 c. à s. de sel marin

CHOUCROUTE ROUGE

» 1 petit chou rouge (1,2 kg)
» 2 betteraves (350 g) épluchées
» 2 gousses d'ail écrasées
» 2 c. à c. de graines de cumin
» 2 c. à c. de baies de genièvre
» 1 c. à s. de sel marin

1 Stérilisez 2 bocaux de 1,5 litre (voir page 480.)

2 Lavez bien l'extérieur de chaque chou, ainsi que les carottes et les betteraves. Retirez les deux premières couches de chaque chou et réservez.

3 À l'aide d'un robot pourvu d'une râpe fine, râpez le chou blanc. Remplacez l'ustensile par une râpe grossière et râpez les carottes. Versez dans un grand saladier. Nettoyez le récipient du robot puis, à l'aide de la râpe fine, râpez le chou rouge. À l'aide de la râpe grossière, râpez les betteraves. Versez les légumes rouges dans un second saladier. (Vous pouvez aussi hacher les choux au couteau et râper les carottes et les betteraves à la râpe.)

4 Ajoutez le reste des ingrédients dans chaque saladier. Muni de gants en plastique, malaxez les légumes dans chaque saladier pendant 15 minutes jusqu'à ce qu'ils libèrent leurs liquides et qu'ils se ramollissent. (Lavez les gants après le premier saladier pour ne pas mélanger les arômes et les couleurs.)

5 Avec une cuillère, tassez les choucroutes dans des bocaux stérilisés, en pressant fermement pour éviter les poches d'air et pour laisser un peu d'espace au-dessus. Pliez les feuilles de chou blanc réservées en deux ; disposez-les sur la choucroute orange. Répétez l'opération avec les feuilles de chou rouge réservées pour la choucroute rouge. Assurez-vous de laisser un espace de 1 cm sur le dessus pour accueillir les liquides de chou. Fermez les bocaux.

6 Laissez fermenter 3 à 4 semaines à température ambiante. La choucroute est prête quand elle a un goût acide et une texture souple mais pas molle. Jetez les feuilles de chou pliées. Conservez les choucroutes au réfrigérateur pour arrêter le processus de fermentation.

conservation Une fois fermentée, la choucroute peut se conserver 3 mois au réfrigérateur.

préparation 10 minutes (+ repos) pour 250 ml

Pâte à tartiner
TAHINI, DATTES & GRAINES

» 230 g de dattes fraîches, dénoyautées
» 90 g de tahini
» 2 c. à c. de graines de sésame
» 2 c. à c. de graines de lin
» 1 c. à c. de graines de pavot
» 1 petite pincée de fleur de sel

1 Mettez les dates dans un petit saladier résistant à la chaleur, couvrez d'eau bouillante et laissez reposer 5 minutes. Égouttez ; réservez 2 cuillerées à soupe de liquide. À l'aide d'un mixeur ou d'un robot, mixez les dattes avec le liquide réservé, le tahini, les graines et le sel jusqu'à obtenir une consistance homogène.
2 Avec une cuillère, versez le mélange dans un pot et mettez au réfrigérateur.

VARIANTE
Pour obtenir une pâte à tartiner au chocolat, ajoutez 1 cuillerée à soupe de cacao en poudre aux autres ingrédients.

idées
Mélangez un peu de pâte avec du yaourt de coco sans sucre ou du yaourt grec.
Étalez de la pâte à tartiner sur des crêpes ou des tartines grillées à la place de la confiture.
Ajoutez-en dans un smoothie à la banane.
Mélangez la pâte à tartiner avec de la ricotta pour glacer des gâteaux.

conservation Cette pâte à tartiner se conserve 6 semaines dans un pot hermétique au réfrigérateur.

préparation 5 minutes pour 250 ml

Mayonnaise VEGAN

CETTE MAYO ÉTONNANTE CHANGE LA DONNE POUR LES PERSONNES VEGAN ET LES PERSONNES ALLERGIQUES AUX ŒUFS QUI DOIVENT FAIRE UN PARCOURS DE COMBATTANT POUR TROUVER UNE MAYONNAISE COMPARABLE, D'UN POINT DE VUE DU GOÛT, À LA MAYONNAISE AUX ŒUFS.

- 60 ml d'aquafaba (le liquide issu des pois chiches en boîte)
- 1 c. à s. de vinaigre de cidre
- ½ c. à c. de fleur de sel
- ½ c. à c. de moutarde de Dijon
- 250 ml d'huile de tournesol

1 Mixez l'aquafaba, le vinaigre, le sel et la moutarde dans un petit mixeur (ne vous servez pas d'un robot) jusqu'à obtenir une consistance homogène. Tout en mixant, ajoutez un filet d'huile fin et régulier jusqu'à ce que le mélange épaississe et devienne crémeux.
2 Avec une cuillère, versez la mayonnaise vegan dans un pot et mettez-la au réfrigérateur.

VARIANTES
aïoli au citron Remplacez le vinaigre par du jus de citron, ajoutez 1 gousse d'ail écrasée et, à la fin, 1 cuillerée à café de zeste de citron finement râpé.
chipotle Ajoutez 1 cuillerée à café de sauce piquante chipotle Tabasco® (ou selon votre convenance) et, à la fin, 1 cuillerée à café de cumin moulu.
mayonnaise verte Faites blanchir 250 g d'épinards, essorez-les et hachez-les. Ajoutez-les à la mayonnaise avec 2 cuillerées à soupe d'aneth fraîche hachée.

astuce L'aquafaba est le liquide égoutté issu des légumes en boîte ; nous préférons utiliser celui des pois chiches. Une boîte de 420 g donnera en général 125 ml d'aquafaba. Vous pouvez conserver ce qui reste d'aquafaba au réfrigérateur pendant 2 jours.

conservation Cette mayonnaise se conserve 1 mois dans un récipient hermétique au réfrigérateur.

Volaille
Poisson
Légumes
Bœuf

Bouillons de base

DU BOUILLON CHAUD EST UNE ALTERNATIVE FORMIDABLE ET BÉNÉFIQUE POUR LA SANTÉ AU THÉ ET AU CAFÉ. IL SE CONSERVE 3 JOURS AU RÉFRIGÉRATEUR ET 3 MOIS AU CONGÉLATEUR.

préparation + cuisson 6 h 15
(+ refroidissement & réfrigération) pour 3 litres

BOUILLON DE VOLAILLE

Dans une grande casserole à fond épais, mettez 2 kg d'os de poulet, 2 cuillerées à soupe de vinaigre de cidre, 2 oignons hachés, 2 tiges de céleri parées et hachées, 2 carottes hachées, 8 gousses d'ail épluchées, 6 brins de persil plat, 2 cuillerées à café de grains de poivre noir et 5 litres d'eau. Portez à ébullition. Baissez le feu et laissez mijoter 6 heures, en écumant. Passez le bouillon au travers d'une passoire recouverte d'un linge dans un saladier ; jetez les solides. Assaisonnez avec du sel marin. Laissez refroidir. Couvrez et mettez au réfrigérateur. Retirez la graisse qui s'est figée à la surface.

préparation + cuisson 2 h 15
(+ refroidissement & réfrigération) pour 3 litres

BOUILLON DE LÉGUMES

Dans une grande casserole à fond épais, mettez 4 oignons hachés, 2 grosses carottes hachées, 8 tiges de céleri parées et hachées, 2 gros panais hachés, 8 gousses d'ail épluchées, 6 brins de persil plat, 2 cuillerées à café de grains de poivre noir et 4 litres d'eau. Portez à ébullition. Baissez le feu et laissez mijoter 1 h 30. Ajoutez 200 g de champignons de Paris hachés et 4 tomates hachées ; laissez mijoter encore 30 minutes. Passez le bouillon au travers d'une passoire recouverte d'un linge dans un saladier ; jetez les solides. Assaisonnez avec du sel marin. Laissez refroidir. Couvrez et mettez au réfrigérateur.

préparation + cuisson 45 minutes
(+ refroidissement & réfrigération) pour 2 litres

FUMET DE POISSON

Dans une grande casserole à fond épais, mettez 1,5 kg d'arêtes de poisson, 3 litres d'eau, 1 oignon émincé, 2 tiges de céleri parées et hachées, 6 brins de persil plat et 1 cuillerée à café de grains de poivre noir. Portez à ébullition. Baissez le feu et laissez mijoter 30 minutes. Filtrez le bouillon ; jetez les solides. Assaisonnez avec du sel marin et 2 cuillerées à soupe de jus de citron. Laissez refroidir. Couvrez et mettez au réfrigérateur. Retirez la graisse qui s'est figée à la surface.

préparation + cuisson 17 heures
(+ refroidissement & réfrigération) pour 2 litres

BOUILLON DE BŒUF À LA MIJOTEUSE

Préchauffez le four à 220 °C. Mettez 1 kg d'os de bœuf en petits morceaux dans un plat à four. Faites rôtir 30 minutes. Versez dans une mijoteuse de 5 litres et programmez la cuisson à température basse. Ajoutez 1 oignon coupé en quatre, 2 tiges de céleri parées et hachées, 3 brins de thym, 2 cuillerées à café de grains de poivre noir et 3,5 litres d'eau filtrée ; la mijoteuse doit être remplie jusqu'à 1 cm du bord. Ajoutez 1 cuillerée à soupe de vinaigre de cidre. Couvrez et faites cuire 16 heures. Filtrez le bouillon ; jetez les solides. Laissez refroidir. Couvrez et mettez 12 heures au réfrigérateur.

astuce Votre bouillon se transformera peut-être en gelée, c'est à cause de la gélatine des os. Retirez la graisse qui s'est figée à la surface. Vous pouvez conserver la graisse 3 jours au réfrigérateur et l'utiliser quand vous faites revenir des légumes.

préparation + cuisson 25 minutes (+ repos) pour 2 bols

Écrasé de fèves POUR UN PLEIN D'ÉNERGIE

Cet écrasé polyvalent peut servir à compléter de nombreux plats et en-cas.

» 500 g de fèves surgelées
» 1 gousse d'ail, écrasée
» 1 avocat (250 g) coupé en tranches
» 2 c. à s. de jus de citron
» 1 feuille d'algue nori, grossièrement émiettée
» 1 c. à s. de graines de sésame grillées
» ½ c. à c. d'huile de sésame

1 Mettez les fèves dans un grand saladier avec assez d'eau bouillante pour les recouvrir ; laissez reposer 1 minute. Égouttez-les et faites-les refroidir sous l'eau du robinet. Retirez les peaux. Passez les fèves épluchées au mixeur pour les écraser grossièrement.
2 Versez les fèves dans un saladier. Ajoutez les autres ingrédients ; remuez pour bien mélanger. Avec une fourchette, écrasez le tout légèrement jusqu'à ce que l'avocat soit grossièrement haché ; assaisonnez.

idées
Dégustez l'écrasé de fèves sur des quartiers de pomme de terre grillées, avec des feuilles de menthe et des quartiers de citron vert.
Versez-en 1 cuillerée sur des œufs au petit déjeuner.
Mélangez l'écrasé de fèves à des nouilles soba froides ou des nouilles au thé vert.
Étalez sur des crackers au romarin et au cacao (voir page 101).
Agrémentez de menthe et de jus de citron pour plus de peps.

conservation Recouvert de film alimentaire, vous pouvez conserver l'écrasé dans un récipient hermétique au réfrigérateur pendant 2 jours.

préparation + cuisson 15 minutes pour 250 ml

Sauce caramel
AVEC UNE POINTE DE SEL

- 160 g de dattes fraîches, dénoyautées et grossièrement hachées
- 270 ml de crème de coco
- ½ gousse de vanille, fendue en deux, les graines grattées
- ¾ de c. à c. de sel marin fin

1 Mixez tous les ingrédients à l'aide d'un mixeur très puissant afin d'obtenir un mélange très fluide.
2 Versez le mélange dans une petite casserole. Faites cuire 10 minutes à feu doux en remuant jusqu'à ce que la sauce épaississe.

astuce Ajoutez 2 cuillerées à café cacao en poudre à la sauce pour un léger goût chocolaté.

idées
Versez-en un filet sur de la glace vanille & noix de coco (voir page 102) présentée dans des moitiés de noix de coco, le tout agrémenté de flocons de noix de coco.
Sur une pile de crêpes extra fines.
Dans du yaourt sans sucre.
Dilué avec un peu d'eau.
Directement sorti du pot !

conservation Cette sauce caramel se conserve 1 semaine dans un récipient hermétique au réfrigérateur.

préparation 10 minutes (+ repos) pour 2 litres

Ginger beer À L'ANANAS

Il vous faudra un linge carré de 25 cm de côté et une ficelle de cuisine. Commencez la préparation 2 jours à l'avance.

» 1 ananas (1,25 kg)
» 150 g de gingembre frais, épluché et grossièrement haché
» 75 g de raisins secs
» 240 g de sirop de malt de riz
» 60 ml de jus de citron
» 1,75 litres d'eau
» ¼ de c. à c. de levure sèche

1 Épluchez et hachez grossièrement l'ananas, avec le cœur.
2 À l'aide d'un robot, mixez l'ananas et le gingembre jusqu'à ce qu'ils soient finement hachés. Mélangez le tout avec les autres ingrédients dans un grand saladier en acier inoxydable ou en verre. Couvrez le saladier avec le linge ; fermez à l'aide d'une ficelle de cuisine. Laissez reposer 36 heures à température ambiante : le mélange deviendra pétillant.
3 Versez le tout au travers d'une passoire dans des bouteilles stérilisées (voir page 480) et mettez au réfrigérateur.

astuce Vous pouvez vous servir d'un seau en plastique propre pour préparer le ginger beer si vous n'avez pas de saladier assez grand. Le nombre de jours nécessaires pour qu'elle devienne pétillante varie légèrement en fonction de la température de la pièce.

conservation Le ginger beer se conserve 2 mois au réfrigérateur. Prenez garde au moment d'ouvrir la bouteille, cela peut gicler.

HERE
OLÉ!

préparation + cuisson 40 minutes (+ repos) pour 750 ml

Sauce piquante TRÈS GOÛTEUSE

LES SAUCES TOUTES FAITES PEUVENT ÊTRE UN PIÈGE À SUCRE. CELLE-CI EST SANS SUCRE MAIS GARANTIT UNE BONNE DOSE DE PIMENT. SI VOUS PRÉFÉREZ LES SAUCES UN PEU MOINS FORTES, RETIREZ LES PÉPINS DE TOUS LES PIMENTS. TOUTEFOIS, N'OUBLIEZ PAS QU'UN PIMENT SERA PLUS OU MOINS FORT SELON SES CONDITIONS DE CULTURE, AVEC OU SANS GRAINES.

» 4 têtes d'ail : gousses séparées, non épluchées
» 400 g de longs piments rouges frais, partiellement épépinés, tous hachés grossièrement
» 500 ml de vinaigre de vin de riz
» 90 g de miel
» 2 c. à s. de fleur de sel
» 2 c. à c. de fécule de maïs
» 1 c. à s. de tamari

1 Mettez les gousses d'ail dans une casserole, couvrez d'eau froide, portez à ébullition et laissez mijoter 1 minute. À l'aide d'une écumoire, retirez l'ail de l'eau. Rincez-le à l'eau froide, égouttez-le ; épluchez les gousses. Remettez-le 30 secondes dans l'eau bouillante puis égouttez. (La première cuisson permettra à l'ail de s'éplucher facilement, la seconde d'adoucir sa saveur.)
2 Mélangez l'ail, les piments et le vinaigre dans la même casserole. Portez à ébullition et laissez bouillir 4 minutes jusqu'à ce que les piments soient juste tendres. Laissez refroidir 10 minutes hors du feu.
3 Mixez au robot le mélange des piments, le miel, le sel et la fécule de maïs jusqu'à obtenir une consistance homogène.
4 Passez la sauce obtenue au travers d'une passoire fine dans la même casserole ; retirez les particules solides. Portez la sauce à ébullition. Baissez sur feu moyen et laissez mijoter 10 minutes en remuant jusqu'à épaississement léger pour laisser les arômes se développer. Ajoutez le tamari et laissez refroidir.

idées Pour des nachos équilibrés, ajoutez 1 cuillerée de cette sauce sur des chips de maïs, du guacamole, des grains de maïs grillés et un mélange de tomates cerises coupées en deux. Servez avec des brins de coriandre et des quartiers de citron vert.
Versez-en un filet sur une purée de patates douces.
Badigeonnez-en des crevettes crues avec un mélange d'ail et de citronnelle avant de les mettre au gril.
Ajoutez-en dans du riz complet frit ou d'autres plats à base de riz.

conservation Cette sauce se garde 4 mois dans un récipient hermétique au réfrigérateur.

Déjeuner ou dîner

IDÉES DE REPAS POUR TOUS LES GOÛTS

préparation + cuisson 1 h 30 (+ réfrigération) pour 6 personnes

Tarte chou kale & figues

PÂTE AU QUINOA

- 150 g de quinoa tricolore, rincé
- 120 g de pecorino finement râpé
- 3 œufs
- 1 c. à c. de fleur de sel
- 1 c. à s. d'huile d'olive
- 1 gousse d'ail écrasée
- 70 g de chou kale grossièrement ciselé
- 60 ml d'eau
- 1 c. à s. de moutarde de Dijon
- 180 ml de crème liquide
- 10 figues (600 g) coupées en deux à la main
- 40 g de feuilles de roquette
- 35 g de noisettes grillées, coupées en deux

SAUCE AU YAOURT

- 95 g de yaourt grec
- 1 c. à c. de miel cru
- 2 c. à c. d'estragon frais haché
- ½ gousse d'ail écrasée

1 Graissez un moule à tarte rectangulaire (11 × 35 cm) à fond amovible.
2 Faites cuire le quinoa 12 minutes à l'eau bouillante. Égouttez-le bien. Laissez refroidir.
3 Mixez le quinoa avec la moitié du pecorino jusqu'à ce que le quinoa soit finement haché. Ajoutez 1 œuf et la moitié du sel ; continuez à mixer jusqu'à l'obtention d'une pâte grumeleuse. Foncez-la dans le moule. Placez 30 minutes au réfrigérateur.
4 Préchauffez le four à 200 °C.
5 Faites cuire la pâte à blanc pendant 30 minutes. Sortez-la du four et baissez la température à 180 °C.
6 Faites chauffer l'huile dans une poêle, à feu moyen, et faites revenir l'ail 30 secondes. Ajoutez le chou kale et faites-le revenir 30 secondes, en remuant. Ajoutez l'eau et poursuivez la cuisson 3 minutes, à couvert. Laissez reposer 1 minute hors du feu, à couvert. Laissez refroidir et égouttez.
7 Transférez la préparation dans un saladier avec les œufs et le sel restants, la moutarde, la crème et la moitié du reste de pecorino. Fouettez. Étalez cette préparation sur la pâte et saupoudrez avec le reste de pecorino.
8 Faites cuire 30 minutes jusqu'à ce que la garniture soit cuite. Posez les figues sur une plaque huilée, face coupée vers le haut, et faites-les rôtir 30 minutes, en même temps que la tarte.
9 Préparez la sauce au yaourt.
10 Servez la tarte garnie de figues, de roquette et de noisettes. Nappez de sauce.
sauce au yaourt Mélangez tous les ingrédients dans un petit bol, assaisonnez.

préparation + cuisson 35 minutes pour 12 sandwichs

Sandwichs de patate douce AUX CREVETTES & AU CRABE

Choisissez des patates douces de 7 cm de diamètre, car elles remplaceront le « pain » des sandwichs.

» 3 patates douces (1 kg) non épluchées
» 60 ml d'huile d'olive
» 12 grosses crevettes roses (300 g), décortiquées en laissant la queue intacte
» 50 g de pousses de cresson
» ½ petit bouquet de toutes petites feuilles d'oseille
» ½ petit bouquet de coriandre
» 1 c. à s. d'huile d'olive vierge extra
» 1 c. à s. de jus de citron
» 1 avocat (250 g)

GARNITURE AU CRABE

» 200 g de chair de crabe cuite
» 60 g de crème fraîche
» ½ gousse d'ail écrasée
» 1 oignon vert émincé
» 1 c. à s. de ciboulette finement hachée
» 1 c. à s. de graines de nigelle
» 2 c. à s. de crème de raifort
» 1 c. à s. de jus de citron

1 Coupez chaque patate douce en rondelles de 8 mm d'épaisseur (vous aurez besoin de 24 rondelles) ; jetez les bouts arrondis. Badigeonnez les rondelles avec 2 cuillerées à soupe d'huile d'olive, assaisonnez. Faites-les cuire en plusieurs tournées sur une poêle-gril chaude (ou au barbecue), 6 minutes de chaque côté. Retirez-les de la poêle et réservez-les au chaud.
2 Préparez la garniture au crabe.
3 Enrobez les crevettes avec le reste d'huile d'olive, assaisonnez. Faites cuire les crevettes sur une poêle-gril huilée 1 minute de chaque côté ; réservez-les au chaud.
4 Mélangez le cresson, l'oseille et la coriandre dans un bol avec l'huile d'olive vierge extra et le jus de citron. Assaisonnez. Écrasez l'avocat dans un bol.
5 Posez 12 rondelles de patate douce sur un plan de travail. Garnissez chacune d'un peu de garniture au crabe, de 1 crevette, d'avocat et de salade de cresson. Recouvrez avec les rondelles de patate douce restantes.
garniture au crabe Mélangez tous les ingrédients dans un bol, assaisonnez.

astuce Nous avons utilisé de la crème fraîche plutôt que de l'aïoli ou de la mayonnaise du commerce, qui contiennent souvent des sucres raffinés.

préparation + cuisson 35 minutes pour 4 personnes

Pitas à l'agneau & aux noix

SALADE TURQUE

- 2 c. à s. d'huile d'olive
- 250 g d'agneau haché
- 2 c. à c. de graines de cumin
- 1 gousse d'ail écrasée
- 3 c. à c. de romarin frais finement haché
- 35 g de noix grossièrement hachées
- 195 g de passata
- 4 pains pita complets
- 140 g de yaourt grec
- 2 c. à s. de feuilles de persil plat
- 1 c. à s. de feuilles de menthe
- 4 quartiers de citron

SALADE TURQUE

- 1 grosse botte de persil plat
- 1 botte de menthe
- 40 g de pépins de grenade
- ½ petit oignon rouge (50 g) émincé
- 80 g de feta émiettée

1 Préchauffez le four à 220 °C. Tapissez 2 plaques de papier cuisson.
2 Faites chauffer 1 cuillerée à soupe d'huile dans une poêle à feu vif. Faites revenir l'agneau, le cumin, l'ail, le romarin et les noix ; émiettez l'agneau avec une cuillère en bois, pendant 5 minutes jusqu'à ce que le tout soit doré. Ajoutez la passata et laissez cuire 1 minute. Assaisonnez.
3 Disposez les pains pita sur les plaques, étalez dessus en couche égale le mélange d'agneau ; agrémentez avec le reste d'huile. Faites cuire les pitas 10 minutes au four pour qu'ils soient croustillants et dorés.
4 Préparez la salade turque.
5 Mixez le yaourt et les herbes au robot jusqu'à obtenir une consistance homogène ; assaisonnez. Agrémentez les pitas avec la salade, versez dessus un filet de yaourt et servez avec les quartiers de citron.
salade turque Mélangez tous les ingrédients dans un saladier. Assaisonnez.

alerte au sucre ! Vérifiez sur l'étiquette la teneur en sucre des pains pitas. Les pains authentiques ne contiennent qu'un minimum de sucre alors que les pains des marques les plus répandues en comportent davantage.
La passata est une purée de tomates italienne. Vendue en bouteille, elle ne contient pas de sucre ajouté, contrairement aux sauces pour les pâtes.

préparation + cuisson 2 h 25 pour 6 personnes

Congee de poulet AU RIZ COMPLET & AU QUINOA

- 200 g de riz complet à grain moyen, rincé
- 2,5 litres d'eau
- 50 g de quinoa noir ou tricolore, rincé
- 1 litre de bouillon de volaille
- 2 oignons verts émincés en biais
- 2 gousses d'ail finement hachées
- 1 c. à s. de gingembre râpé
- ½ c. à c. de poivre blanc moulu
- 1 c. à s. d'huile de sésame
- 300 g de blancs de poulet
- 40 g d'amandes grillées, grossièrement hachées
- 6 brins de coriandre
- 2 c. à s. de tamari
- huile de sésame, pour servir

1 Mettez le riz complet et l'eau dans une grande casserole ; couvrez et portez à ébullition. Baissez sur feu moyen et laissez mijoter 1 heure à couvert. Ajoutez le quinoa, le bouillon, la partie blanche des oignons verts, l'ail, le gingembre, le poivre, l'huile de sésame et du sel. Laissez cuire 30 minutes à couvert, en remuant de temps en temps.

2 Ajoutez le poulet au congee et laissez cuire 12 minutes à couvert. Retirez le poulet à l'aide d'une écumoire ; laissez-le reposer 10 minutes en le couvrant avec du papier d'aluminium. Découpez le poulet en petites bouchées.

3 Faites cuire le congee encore 30 minutes, à découvert, en remuant de temps en temps, jusqu'à ce que le riz se soit décomposé et que le mélange ait la consistance d'une soupe. Ajoutez un peu d'eau bouillante pour diluer, si vous le souhaitez.

4 Répartissez à la louche le congee dans les bols, ajoutez le poulet, le vert des oignons, les amandes et les brins de coriandre. Servez avec un filet de tamari et de l'huile de sésame.

préparation + cuisson 30 minutes (+ réfrigération) pour 6 personnes

Gaspacho vert
CROÛTONS AUX PISTACHES

- 1 avocat (250 g), en dés
- 50 g de jeunes pousses d'épinard
- 360 g de melon honeydew, en gros morceaux
- ½ petit bouquet de basilic
- 2 gousses d'ail écrasées
- 10 oignons verts hachés (que le blanc)
- 200 g de raisin blanc sans pépins
- 2 longs piments verts frais, grossièrement hachés
- 750 g de tomates vertes de variétés anciennes, en morceaux
- 1 concombre (400 g), en morceaux
- 2 c. à s. de vinaigre blanc
- 60 ml d'huile d'olive vierge extra
- 8 glaçons
- ½ petit bouquet de basilic supplémentaire

CROÛTONS AUX PISTACHES

- 60 ml d'huile d'olive
- 1 gousse d'ail écrasée
- 4 tranches de pain de seigle aux graines (260 g), coupées en dés de 1 cm de côté
- 35 g de pistaches hachées

1 Préparez les croûtons aux pistaches.

2 Mixez l'avocat, les épinards, le melon, le basilic, l'ail, les oignons verts, le raisin, les piments, les tomates et le concombre dans un blender, en 2 fois. Filtrez la préparation à travers un tamis fin posé sur un saladier, en pressant les solides pour extraire le maximum de liquide. Jetez les solides. Ajoutez le vinaigre, la moitié de l'huile et les glaçons, assaisonnez et mélangez. Placez au moins 30 minutes au réfrigérateur.

3 Servez le gaspacho bien froid dans des bols ou des verres réfrigérés. Garnissez de croûtons, des feuilles de basilic et du reste d'huile.

croûtons aux pistaches Faites chauffer l'huile dans une petite poêle, à feu moyen. Faites revenir l'ail 30 secondes. Ajoutez les cubes de pain et les pistaches ; faites-les dorer 5 minutes, en remuant. Laissez refroidir.

conservation Ce gaspacho peut être préparé jusqu'à 2 jours à l'avance et conservé dans un récipient hermétique au réfrigérateur. Remuez avant de servir.

préparation + cuisson 25 minutes (+ refroidissement) pour 4 personnes

Salade de poulet
FENOUIL, POMME & PISTACHE

QUAND ON POCHE DU POULET, ON A VITE FAIT DE LE FAIRE TROP CUIRE, CE QUI LE REND DUR. LE SECRET DU POULET MOELLEUX EST DE TERMINER LA CUISSON DANS LA CHALEUR RÉSIDUELLE DE LA CASSEROLE. CETTE TECHNIQUE FONCTIONNE AUSSI TRÈS BIEN AVEC LE POISSON.

» 500 ml de bouillon de poulet
» 500 ml d'eau
» 4 fines rondelles de citron
» 4 gousses d'ail écrasées
» 6 branches de thym frais
» 2 blancs de poulet de 200 g chacun
» 125 ml de jus de citron
» 1 c. à s. de moutarde de Dijon
» 80 ml d'huile d'olive vierge extra
» 1 petit bulbe de fenouil (130 g) émincé
» 1 pomme (150 g), en fines lamelles
» 40 g de cresson paré
» 1 botte de persil plat
» 2 bottes de menthe, ciselée
» 1 avocat (250 g), en fines lamelles
» 60 g de pistaches grossièrement hachées

1 Faites chauffer le bouillon et l'eau avec les rondelles de citron, l'ail et le thym, dans une casserole, à feu moyen. Ajoutez les blancs de poulet et portez à ébullition. Baissez le feu et laissez mijoter 4 minutes. Couvrez la casserole, éteignez le feu et laissez revenir à température ambiante. Égouttez les blancs et effilochez-les grossièrement.
2 Fouettez le jus de citron et la moutarde dans un bol, puis incorporez l'huile progressivement, en émulsionnant. Assaisonnez.
3 Mélangez le fenouil, la pomme, le cresson, les herbes et l'avocat dans un saladier. Ajoutez le poulet et la sauce ; mélangez. Assaisonnez. Parsemez de pistaches puis servez.

astuce Pour écraser une gousse d'ail, placez-la sur une planche, sans l'éplucher, et posez une lame de couteau dessus, à plat. Écrasez-la en appuyant avec le talon de la main. Retirez la peau. Vous pouvez conserver le liquide de pochage jusqu'à 3 jours au réfrigérateur et le réutiliser pour une autre recette.

préparation + cuisson 1 heure (+ repos & réfrigération) pour 6 personnes

Galettes de quinoa AU CHOU KALE & À LA FETA

LES CHUTNEY ET RELISH DU COMMERCE CONTENANT DU SUCRE, NOUS VOUS CONSEILLONS DE LES PRÉPARER VOUS-MÊME. NOTRE RECETTE UTILISE LE SUCRE NATURELLEMENT PRÉSENT DANS LA BETTERAVE.

» 150 g de quinoa rincé
» 310 ml d'eau
» 1 petite courgette (90 g) grossièrement râpée
» 1 c. à c. de sel marin fin
» 120 g de feta émiettée
» 80 g de parmesan râpé
» 3 œufs battus
» 35 g de chou kale émincé
» ½ petit bouquet de persil plat ciselé
» 35 g de chapelure de pain au levain de la veille
» 1 gousse d'ail écrasée
» 2 c. à c. de zeste de citron râpé
» 60 ml d'huile d'olive
» 4 tortillas de blé (180 g)
» 140 g de yaourt grec
» 1 citron (140 g), en quartiers

RELISH DE BETTERAVE

» 1 c. à c. de graines de cumin
» 1 betterave (175 g) coupée en allumettes
» 60 ml de vinaigre de xérès
» ½ oignon rouge (75 g) émincé
» 2 c. à s. d'huile d'olive vierge extra
» 1 c. à s. de feuilles de thym frais

1 Mettez le quinoa et l'eau dans une casserole, et portez à ébullition, à feu moyen. Baissez le feu et laissez cuire 15 minutes à couvert jusqu'à ce que l'eau soit absorbée. Laissez gonfler 10 minutes hors du feu, à couvert. Étalez le quinoa sur une plaque et laissez refroidir.
2 Mélangez la courgette et le sel dans une petite passoire placée sur un saladier ; laissez s'égoutter 30 minutes.
3 Préparez le relish de betterave.
4 Pressez la courgette pour ôter le maximum d'eau. Mélangez la courgette, le quinoa, le feta, le parmesan, les œufs, le chou kale, le persil, la chapelure, l'ail et le zeste dans un saladier. Couvrez et placez 1 heure au réfrigérateur.
5 Préchauffez le four à 160 °C. Chemisez une plaque de papier cuisson.
6 Avec les mains humides, formez 12 galettes. Posez-les sur la plaque. Couvrez et faites durcir 1 heure au réfrigérateur.
7 Faites chauffer la moitié de l'huile dans une grande poêle, à feu moyen. Faites cuire la moitié des galettes 3 minutes de chaque côté. (Retournez-les délicatement, elles sont fragiles.) Transférez-les sur la plaque et conservez-les au chaud, dans le four. Répétez l'opération avec le reste d'huile et de galettes.
8 Servez les galettes dans les tortillas, avec du relish de betterave, du yaourt et des quartiers de citron.

relish de betterave Faites revenir le cumin 30 secondes dans une poêle, à feu moyen, pour qu'il embaume. Broyez grossièrement les graines dans un mortier. Mélangez-les avec les autres ingrédients. Assaisonnez.

préparation + cuisson 40 minutes pour 4 personnes

Galettes courgette & ricotta
RELISH DE CAROTTES

- 600 g de courgettes grossièrement râpées
- 1 c. à s. de fleur de sel
- 2 gousses d'ail écrasées
- 2 oignons verts émincés
- 2 c. à s. de menthe hachée
- 2 œufs
- 2 c. à c. de zeste de citron râpé
- 90 g de poudre d'amandes
- 120 g de ricotta ferme
- 60 ml d'huile d'olive
- 100 g de petites feuilles de roquette

RELISH DE CAROTTES

- 2 c. à s. d'huile d'olive
- 2 gousses d'ail écrasées
- ¼ de c. à c. de piment séché, émietté
- 3 carottes (360 g) coupées en fins bâtonnets
- 40 g de raisins de Corinthe
- 2 c. à s. d'édulcorant du fruit du moine ou de stévia
- 60 ml de vinaigre de vin rouge
- 125 ml d'eau
- 1 c. à c. de cardamome moulue
- 400 g de tomates en grappe, vidées et coupées en morceaux

1 Mélangez les courgettes avec le sel dans un saladier. Laissez dégorger 15 minutes.

2 Préparez le relish de carottes.

3 Pressez les courgettes pour ôter le maximum de liquide. Mélangez les courgettes avec l'ail, les oignons verts, la menthe, les œufs, le zeste, la poudre d'amandes et la ricotta dans un saladier. Assaisonnez.

4 Faites chauffer la moitié de l'huile d'olive dans une grande poêle, à feu moyen. Déposez de belles cuillerées de préparation dans la poêle et faites cuire les galettes 3 minutes de chaque côté. Retirez-les de la poêle et réservez-les au chaud. Répétez avec le reste d'huile et de préparation pour préparer 12 galettes.

5 Servez les galettes garnies de relish et de roquette.

relish de carottes Faites chauffer l'huile dans une grande poêle à feu moyen-vif. Faites revenir l'ail et le piment 30 secondes. Ajoutez les bâtonnets de carotte et faites-les cuire 3 minutes. Ajoutez les raisins, l'édulcorant, le vinaigre, l'eau et la cardamome. Faites cuire 6 minutes pour que le liquide s'évapore. Ajoutez les tomates et faites cuire 2 minutes. Assaisonnez. Laissez refroidir.

conservation Le relish se conserve 2 semaines dans un bocal hermétique, au réfrigérateur.

Chakchouka

préparation + cuisson 25 minutes pour 2 pers.

CHAKCHOUKA DE BASE

Hachez finement 8 tiges de persil plat ; réservez les feuilles. Faites chauffer 2 cuillerées à soupe d'huile d'olive dans une grande poêle de 26 cm de diamètre à feu moyen. Ajoutez les tiges de persil hachées, 1 oignon émincé, 2 gousses d'ail écrasées, 1 ½ cuillerée à café de fleur de sel, 1 cuillerée à café de poivre noir concassé, 1 ½ cuillerée à café de cumin moulu et 1 ½ cuillerée à café de paprika fumé ; laissez cuire 3 minutes en remuant. Ajoutez 800 g de tomates en boîte. Baissez sur feu doux et laissez mijoter 8 minutes. Faites 4 trous dans la sauce et cassez-y 4 œufs ; assaisonnez. Laissez cuire 6 minutes à couvert, sur feu doux. Hachez les feuilles de persil et répartissez-les sur le chakchouka pour servir.

préparation + cuisson 25 minutes pour 2 pers.

CHAKCHOUKA AUX HARICOTS BLANCS & AVOCAT

Préparez la chakchouka en suivant la recette de base avec les mêmes ingrédients (voir à gauche), mais remplacez le paprika fumé par ½ cuillerée à café de graines de fenouil broyées, le persil par des brins de coriandre fraîche, et ajoutez 400 g de haricots cannellini en boîte, égouttés et rincés, en même temps que les tomates. Pendant la cuisson de la chakchouka, coupez la chair de 1 avocat en dés ; mélangez avec 1 cuillerée à soupe de jus de citron vert. Agrémentez la chakchouka cuite avec l'avocat et 1 cuillerée à soupe de feuilles de coriandre grossièrement hachées ; assaisonnez.

préparation + cuisson 25 minutes pour 2 pers.

CHAKCHOUKA ÉPICÉE AUX AUBERGINES

Coupez 1 aubergine en dés de 1 cm de côté. Faites chauffer 125 ml d'huile d'olive dans une grande poêle de 26 cm de diamètre à feu moyen. Ajoutez l'aubergine, 2 cuillerées à soupe de tiges de persil plat finement hachées, 1 oignon émincé, 2 gousses d'ail écrasées, ½ cuillerée à café de piment séché de flocons, 1 ½ cuillerée à café de cumin moulu et 1 ½ cuillerée à café de paprika fumé. Laissez cuire 6 minutes : l'aubergine doit être tendre. Ajoutez 800 g de tomates en boîte. Baissez sur feu doux et laissez mijoter 8 minutes en remuant de temps en temps. Faites 4 trous dans la préparation, cassez-y 4 œufs et assaisonnez. Laissez cuire 6 minutes à couvert, à feu doux. Mixez 140 g de yaourt grec, 1 poignée de persil plat haché et 2 piments jalapeños marinés dans un petit robot. Versez sur la chakchouka, agrémentez de 2 cuillerées à soupe de persil plat haché ; assaisonnez.

préparation + cuisson 30 minutes pour 4 pers.

CHAKCHOUKA VERTE

Faites chauffer 2 cuillerées à soupe d'huile d'olive dans une grande poêle à feu moyen ; faites revenir 1 poireau émincé (350 g), 1 gousse d'ail émincée, 1 jeune fenouil émincé (130 g), en réservant les feuilles, et 150 g de chou kale haché, en remuant de temps en temps, pendant 5 minutes. Ajoutez 125 ml de bouillon de légumes et faites mijoter. Avec le dos d'une cuillère, faites 8 trous dans le mélange ; cassez-y 8 œufs. Laissez cuire 6 minutes à couvert, à feu doux, jusqu'à ce que les blancs aient pris et que les jaunes soient encore liquides. Assaisonnez. Agrémentez la chakchouka avec 125 g de labné égoutté et 60 g d'olives vertes pimentées coupées en deux. Agrémentez de 1 pincée de sumac et des feuilles de fenouil. Servez avec du pain pita grillé.

astuce Remplacez le chou kale par des blettes ou des épinards.

ppréparation + cuisson 1 h 15 pour 4 personnes

Salade satay EN VERRINES

- 150 g de chou kale
- 2 c. à s. d'huile d'olive
- 50 g de riz noir (voir l'astuce)
- 2 c. à s. d'huile de coco
- 1 échalote finement hachée
- 1 gousse d'ail écrasée
- 2 c. à c. de gingembre frais, finement râpé
- 1 petit piment rouge frais, épépiné, finement haché
- 140 g de beurre de cacahuète
- 1 c. à s. de tamari
- 2 c. à c. de miel
- 270 ml de lait de coco en boîte
- 2 c. à s. de jus de citron vert
- 300 g de tofu soyeux, émietté
- ¼ de chou rouge (160 g) émincé
- 1 grosse carotte (180 g) coupée en julienne

1 Préchauffez le four à 120 °C en chaleur tournante. Tapissez une plaque de papier cuisson.
2 Déchirez les feuilles du chou kale, mélangez-les avec l'huile d'olive ; assaisonnez. Mettez le tout sur la plaque ; faites griller 30 minutes jusqu'à ce que les feuilles soit sèches et croustillantes.
3 Faites cuire le riz dans de l'eau bouillante salée 35 minutes jusqu'à ce qu'il soit tendre ; égouttez.
4 Faites chauffer 1 cuillerée à soupe d'huile de coco dans une petite casserole à feu moyen. Faites revenir l'échalote, l'ail, le gingembre et le piment en remuant, pendant 2 minutes. Ajoutez le beurre de cacahuète, le tamari et le miel, et remuez jusqu'à obtenir une consistance homogène. Ajoutez le lait de coco et le jus de citron vert ; mélangez. Laissez mijoter 5 minutes à feu doux jusqu'à ce que le mélange ait épaissi.
5 Faites chauffer le reste d'huile de coco dans une petite casserole à feu vif. Ajoutez le tofu et faites cuire 5 minutes en remuant jusqu'à ce que la préparation soit chaude. Assaisonnez.
6 Répartissez en portions égales la sauce satay, le chou rouge, le tofu, le riz et la carotte dans 4 verrines de 250 ml. Servez agrémenté de chips de chou kale.

astuce Vous trouverez le riz noir dans les supermarchés. Il a un goût noisette et une texture légèrement plus ferme que le riz blanc. Une fois cuit, il prend une couleur violette. Remplacez-le par du quinoa si vous le souhaitez.

préparation + cuisson 35 minutes pour 4 personnes

Vivaneau au piment & au citron vert
SALSA DE MAÏS

- 60 ml d'huile d'olive
- 1 gousse d'ail émincée
- 1 long piment vert frais, épépiné, finement haché
- 1 c. à c. de zeste de citron vert râpé
- 4 filets de vivaneau de 180 g chacun, sans arêtes
- 2 épis de maïs (250 g), sans les feuilles
- 6 radis rouges (90 g), en fines rondelles
- 45 g de pousses de haricot mange-tout, parées
- 1 oignon vert émincé
- ½ petit bouquet de coriandre fraîche
- 1 c. à s. de jus de citron vert
- 1 c. à s. de vinaigre balsamique blanc ou de vinaigre blanc
- 1 c. à s. d'huile d'olive supplémentaire
- 1 avocat (250 g), en lamelles
- quartiers de citron vert pour servir

1 Mélangez 2 cuillerées à soupe d'huile avec l'ail, le piment et le zeste de citron vert dans une assiette creuse. Ajoutez les filets de poisson et retournez-les pour les enrober. Réservez.
2 Badigeonnez les épis de maïs avec le reste d'huile et faites-les cuire 8 minutes environ sur une plancha (ou au barbecue) en les retournant toutes les 2 minutes. Laissez refroidir.
3 Plongez les radis, les pousses de mange-tout, l'oignon vert et les feuilles de coriandre dans un saladier d'eau glacée pour qu'ils soient bien croquants.
4 Détachez les grains de maïs des épis refroidis et mélangez-les avec le jus de citron vert, le vinaigre et l'huile supplémentaire. Égouttez les légumes croquants à l'aide d'une écumoire et placez-les sur du papier absorbant. Ajoutez-les à la salsa de maïs, assaisonnez et mélangez.
5 Recouvrez la plancha de papier cuisson (sans le faire dépasser sur les bords) et faites cuire les filets de poisson 2 minutes de chaque côté.
6 Servez le poisson avec la salsa de maïs, l'avocat et des quartiers de citron vert.

préparation + cuisson 1 heure pour 6 personnes (30 falafels)

Falafels de chou-fleur AUX GRAINES

- 100 g de graines de courge
- 75 g de graines de tournesol
- 35 g de graines de sésame
- 2 c. à s. de graines de lin
- 700 g de chou-fleur séparé en bouquets
- 2 gousses d'ail écrasées
- 1 ½ c. à s. de graines de cumin, broyées
- 1 ½ c. à s. de graines de coriandre, broyées
- 1 petit bouquet de menthe
- 1 petit bouquet de persil plat
- 140 g de tahini
- 2 c. à s. de téguments de psyllium (voir l'astuce)
- 2 c. à s. de jus de citron
- 60 ml d'eau
- huile de son de riz, pour la friture

SALADE

- 1 petit oignon rouge (100 g), coupé en fines rondelles
- 250 g de tomates en grappe, coupées en deux
- 60 ml de vinaigre de vin rouge
- 140 g de feta

HOUMOUS

- 400 g de pois chiches en conserve, avec leur eau
- 70 g de tahini
- 1 gousse d'ail
- 1 ½ c. à s. de jus de citron
- 1 c. à c. de graines de cumin, broyées

1 Préparez la salade et le houmous.
2 Faites chauffer une poêle à feu moyen-vif et faites dorer les graines de courge, de tournesol, de sésame et de lin 2 minutes, en remuant.
3 Mixez-les avec le chou-fleur et les autres ingrédients, sauf l'huile de son de riz, pour obtenir une pâte grumeleuse. Assaisonnez. Chemisez une plaque de papier cuisson. Prélevez 1 petite cuillerée à soupe de préparation. À l'aide d'une seconde cuillère, faites glisser la quenelle sur la plaque.
4 Versez de l'huile dans une casserole jusqu'aux deux tiers de la hauteur et faites-la chauffer à 160 °C (elle grésille lorsque vous y plongez un cube de pain). Faites frire 6 falafels à la fois pendant 5 minutes. Égouttez-les sur du papier absorbant.
5 Déposez du houmous dans les assiettes, ajoutez des falafels et de la salade. Garnissez de feuilles de menthe et de persil.
salade Mélangez l'oignon, les tomates et le vinaigre dans un bol ; laissez reposer 30 minutes. Ajoutez la feta.
houmous Mixez les pois chiches et le liquide de la conserve avec les autres ingrédients pendant 3 minutes jusqu'à l'obtention d'une préparation crémeuse.

astuce Les téguments de psyllium proviennent des graines d'une plante indienne. Ils constituent une bonne source de fibres alimentaires et sont utilisés pour apporter du liant. Vous en trouverez dans les magasins bio.

préparation + cuisson 50 minutes pour 4 personnes

Kedgeree AU RIZ COMPLET

» 1,5 litre d'eau
» 3 filets de saumon de 200 g chacun, sans peau ni arêtes
» 400 g de riz complet à grain moyen
» 4 œufs à température ambiante
» 60 ml d'huile d'olive
» 1 oignon (150 g) finement haché
» 2 gousses d'ail écrasées
» 1 c. à c. de gingembre frais, râpé
» 1 ½ c. à s. de pâte de curry jalfrezi
» 2 c. à s. d'eau supplémentaire
» 50 g de pousses d'épinard
» 1 long piment rouge frais, émincé
» 1 petit bouquet de coriandre
» 2 citrons verts (180 g) coupés en quartiers
» 140 g de yaourt grec

1 Portez l'eau à ébullition dans une casserole, à feu vif. Ajoutez le saumon, baissez le feu et faites-le pocher 5 minutes. Égouttez les filets et réservez-les au chaud. Réservez le liquide de pochage.
2 Versez le riz dans le liquide de pochage et portez à ébullition. Baissez le feu et faites cuire 25 minutes, sans couvrir. (Au besoin, ajoutez 125 ml d'eau pendant la cuisson.)
3 Plongez les œufs dans une petite casserole d'eau froide et portez à ébullition. Faites-les cuire 7 minutes, égouttez-les et passez-les sous l'eau froide. Écalez-les et coupez-les en deux.
4 Faites chauffer 2 cuillerées à soupe d'huile dans une poêle à feu moyen. Faites revenir l'oignon 8 minutes, en remuant, pour qu'il soit tendre. Ajoutez l'ail, le gingembre et la pâte de curry, et faites cuire 4 minutes. Versez sur le riz, ajoutez le reste d'huile, l'eau supplémentaire, les épinards, le saumon émietté et les œufs ; faites revenir 2 minutes pour que les épinards soient flétris et le saumon chaud. Assaisonnez.
5 Servez le kedgeree garni de piment, de coriandre et de quartiers de citron vert, et accompagné de yaourt.

préparation + cuisson 35 minutes pour 4 personnes

Pho au bœuf
NOUILLES DE COURGETTE

UTILISEZ NOTRE RECETTE DE BOUILLON D'OS DE BŒUF DE LA PAGE 121 POUR CETTE SOUPE VIETNAMIENNE TRÈS SAVOUREUSE OU UN BOUILLON DE BONNE QUALITÉ.

» 1 litre de bouillon d'os de bœuf (voir page 121)
» 500 ml d'eau
» 5 cm de gingembre frais, émincé
» 2 gousses d'ail émincées
» 1 étoile de badiane
» 2 bâtons de cannelle, en morceaux
» 2 c. à s. de sauce de poisson
» ½ c. à c. d'édulcorant de votre choix
» 4 petites courgettes (360 g), coupées en spaghettis avec un spiraliseur
» 400 g de filet de bœuf, émincé
» 1 grand piment rouge frais, émincé
» 80 g de germes de soja
» 1 botte de basilic thaï
» 1 botte de menthe
» 1 botte de coriandre
» 4 oignons verts émincés

1 Versez le bouillon, l'eau, le gingembre, l'ail, les épices, la sauce de poisson et l'édulcorant dans une grande casserole ; portez à ébullition. Mettez sur feu moyen-doux et laissez mijoter 20 minutes. Passez au travers d'un tamis fin dans un grand saladier résistant à la chaleur ; retirez les résidus solides.
2 Répartissez les nouilles de courgette dans les bols, ajoutez les lamelles de bœuf cru et versez dessus le bouillon épicé. Servez agrémenté de piment, de germes de soja, d'herbes et d'oignons verts.

astuce Pour équilibrer les saveurs, un léger édulcorant est nécessaire : utilisez l'édulcorant non raffiné de votre choix.
Les spiraliseurs sont vendus dans les magasins d'ustensiles de cuisine. Vous pouvez aussi couper les courgettes en julienne à l'aide d'une mandoline ou d'un couteau pointu.

préparation + cuisson 1 h 10 pour 2 personnes

Salade de poulet AUX LÉGUMES VERTS

Pour 4 ou 6 personnes, vous pouvez multiplier par deux ou par trois cette recette selon vos besoins.

» 175 g de broccolinis
» 220 g de haricots verts, coupés en deux dans la longueur
» 110 g de pois gourmands
» 750 ml d'eau
» 2 gousses d'ail
» 2 cm de gingembre frais, émincé
» 200 g de blancs de poulet
» 1 ½ c. à s. de poudre matcha (thé vert)

RIZ SOUFFLÉ AU WASABI
» 1 blanc d'œuf
» 1 c. à s. de tamari
» 1 c. à c. de pâte de wasabi
» ¼ de c. à c. de fleur de sel
» 35 g de riz soufflé
» 140 g d'amandes effilées
» 1 c. à s. de graines de sésame noir
» 1 feuille d'algue nori, en fines lamelles

PURÉE D'AVOCAT
» 1 avocat (250 g)
» 3 c. à c. de tahini
» 1 ½ c. à s. d'huile d'olive
» 1 ½ c. à s. de jus de citron vert
» 1 c. à c. d'huile de sésame

1 Préparez le riz soufflé au wasabi.
2 Faites cuire les broccolinis et les haricots dans de l'eau bouillante 3 minutes ; ajoutez les pois gourmands, faites cuire 1 minute. Égouttez, faites refroidir sous l'eau du robinet ; égouttez de nouveau.
3 Portez l'eau à ébullition avec l'ail et le gingembre dans une petite casserole. Ajoutez le poulet, faites bouillir de nouveau ; baissez sur feu doux. Ajoutez le matcha et faites cuire 10 minutes à couvert : le poulet doit être bien cuit. Laissez le poulet refroidir dans le liquide pendant 10 minutes puis retirez-le et coupez-le en fines tranches. Jetez le liquide de cuisson.
4 Préparez la purée d'avocat.
5 Disposez les légumes et le poulet sur un plat de service, agrémentez de grosses cuillerées de purée d'avocat. Parsemez de riz soufflé au wasabi. Servez avec le reste de purée.
riz soufflé au wasabi Préchauffez le four à 150 °C. Tapissez une plaque de papier cuisson. Fouettez le blanc d'œuf, le tamari, le wasabi et le sel dans un petit saladier. Mettez le riz, les amandes et les graines dans un saladier ; versez dessus le mélange liquide. Étalez le mélange au wasabi sur la plaque. Enfournez 20 minutes : le mélange doit être croustillant. Laissez refroidir et ajoutez les lamelles de nori.
purée d'avocat Mixez tous les ingrédients au robot. (Pour 180 ml)

conservation Le riz soufflé au wasabi se conserve 2 semaines dans un récipient hermétique au garde-manger.

préparation + cuisson 35 minutes pour 4 personnes

Tartines aux fèves
TOMATES, PROSCIUTTO, MOZZARELLA

- 200 g de tomates cerises en grappes
- 100 g de tomates cerises rouges et jaunes, coupées en deux
- 80 ml d'huile d'olive
- 300 g de fèves surgelées
- 4 grandes tranches épaisses de pain de seigle au levain aux céréales (260 g)
- 1 mozzarella de bufflonne (250 g), en morceaux
- 6 brins menthe
- 2 c. à s. de feuilles d'origan frais
- 1 c. à c. de zeste de citron râpé (voir l'astuce)
- 1 gousse d'ail écrasée
- 1 c. à s. de vinaigre de xérès
- 80 g de prosciutto
- 1 poignée de vrilles de pois gourmands

1 Préchauffez le four à 200 °C. Tapissez une plaque de papier cuisson.
2 Faites une petite incision sur le fond de chaque tomate entière ; pressez pour retirer les pépins. Mélangez toutes les tomates avec 1 cuillerée à soupe d'huile dans un saladier ; assaisonnez. Disposez-les sur la plaque ; faites griller 10 minutes au four.
3 Faites cuire les fèves dans de l'eau bouillante pendant 1 minute ; égouttez-les, faites-les refroidir sous l'eau du robinet. Pelez les tomates.
4 Badigeonnez les tranches de pain avec 2 cuillerées à soupe d'huile d'olive ; assaisonnez. Faites griller le pain sur une plaque de gril très chaude (ou sous le gril du four), 2 minutes de chaque côté.
5 Versez les fèves et les tomates grillées dans un saladier avec la mozzarella, les herbes, le zeste, l'ail, le vinaigre et le reste d'huile ; assaisonnez. Remuez.
6 Juste avant de servir, disposez le prosciutto, la salade de fèves et les vrilles de pois gourmands sur le pain grillé.

astuce Si vous en avez un, servez-vous du zesteur pour râper le zeste citron en fines lanières.

MADE IN AUSTRALIA

préparation + cuisson 35 minutes pour 4 personnes

Poke bowl de riz complet FAÇON HAWAÏENNE

LE POKE, PRONONCEZ « POKI », EST UN PLAT TRADITIONNEL HAWAÏEN FAIT DE POISSON CRU MARINÉ ET DE RIZ. COMME AVEC TOUS LES PLATS DE POISSON CRU, IL EST PRIMORDIAL QUE LES INGRÉDIENTS SOIENT PARFAITEMENT FRAIS. NOUS AVONS CHOISI DE SERVIR CE PLAT DANS DES MOITIÉS DE NOIX DE COCO ÉVIDÉES.

» 200 g de riz complet
» 750 ml d'eau
» 2 c. à c. de graines de sésame blanc
» 2 c. à c. de grains de sésame noir
» 80 ml de sauce soja
» 2 c. à c. de vinaigre de vin de riz
» 2 c. à c. d'huile de sésame
» 500 g de thon extra-frais coupé en dés de 1,5 cm
» 2 oignons verts émincés
» 1 avocat (250 g) coupé en dés
» 250 g de salade d'algues
» 1 miniconcombre (130 g) coupé en rondelles

1 Mettez le riz dans une passoire ; rincez à l'eau froide jusqu'à ce que l'eau soit claire. Mettez le riz et l'eau dans une casserole ; portez à ébullition à feu moyen-vif. Baissez sur feu doux ; laissez cuire 25 minutes à couvert jusqu'à ce que le riz soit tendre et que l'eau soit absorbée.
2 Faites dorer les graines de sésame 2 minutes dans une petite poêle, en remuant.
3 Fouettez la sauce soja, le vinaigre, l'huile de sésame et les trois quarts des graines de sésame dans un pichet. Mélangez le thon et les trois quarts des oignons verts avec la moitié de la sauce du pichet. Couvrez avec du film alimentaire et laissez mariner au moins 5 minutes au réfrigérateur.
4 Répartissez le riz en parts égales dans des bols. Ajoutez l'avocat au mélange de thon. Versez sur le riz le mélange de thon, la salade d'algues et les rondelles de concombre. Servez ce poke bowl agrémenté du reste de sauce et du reste de graines de sésame et d'oignons verts.

préparation + cuisson 2 h 20 (+ réfrigération) pour 6 personnes

Riz au poulet laqué DE HAINAN

Cette recette est à commencer la veille.

» 1 poulet entier de 1,6 kg
» 2 c. à s. de gros sel
» 2 oignons verts coupés en tronçons de 5 cm
» 50 g de gingembre frais coupé en tranches
» 2 c. à s. de miel cru
» 2 c. à c. de cinq-épices
» ¼ de c. à c. de poivre blanc moulu
» 3 c. à s. de vinaigre de riz
» 2 c. à s. de sauce soja
» 1 miniconcombre (130 g)
» 1 bouquet de coriandre
» 1 piment rouge long émincé
» sauce soja pour servir

BOUILLON

» 1 litre de bouillon de volaille
» 1 litre d'eau
» 300 g de daikon finement haché
» 2 oignons verts coupés en tronçons de 5 cm
» 50 g de gingembre frais coupé en tranches

RIZ

» 1 litre de bouillon de volaille
» 15 g de gingembre frais, coupé en tranches
» 2 gousses d'ail non pelées et écrasées
» 400 g de riz complet

SAUCE PIMENT-GINGEMBRE

» 2 piments longs rouges grossièrement hachés
» 3 grosses gousses d'ail hachées
» 50 g de gingembre frais, pelé et haché
» 1 oignon vert haché
» 2 c. à s. de sauce soja foncée
» 1 c. à c. de miel cru

1 Frottez le poulet avec le gros sel, rincez-le à l'eau froide et séchez-le.

2 Mettez les oignons verts et le gingembre à l'intérieur du poulet, et liez les pattes avec de la ficelle. Fouettez le miel, le cinq-épices, le poivre, 2 cuillerées à soupe de vinaigre et la sauce soja ; nappez-en le poulet. Placez-le dans la marinade, côté poitrine vers le bas. Couvrez et laissez mariner toute la nuit au réfrigérateur.

3 Préchauffez le four à 240 °C.

4 Placez les ingrédients du bouillon dans une casserole. Assaisonnez. Portez à ébullition. Baissez le feu et laissez cuire 30 minutes en écumant.

5 Retirez le poulet de la marinade, placez-le dans un plat allant au four et jetez la marinade. Enfournez 20 minutes. Baissez le four à 200 °C et prolongez la cuisson de 50 minutes : du jus clair s'écoule lorsque vous enfoncez la pointe d'un couteau dans la partie la plus épaisse de la cuisse. Couvrez pour garder au chaud.

6 Portez le bouillon, le gingembre et l'ail à ébullition. Ajoutez le riz. Baissez le feu et faites cuire 45 minutes à couvert.

7 Mixez les ingrédients de la sauce piment-gingembre.

8 Taillez le concombre en spaghettis à l'aide d'un appareil à julienne ou d'un spiraliseur. Mélangez-les avec un peu de vinaigre dans un petit saladier.

9 Découpez le poulet en 6 morceaux. Disposez le riz dans les bols, ajoutez le poulet et les spaghettis de concombre. Versez le bouillon sur le riz et le jus de cuisson sur le poulet. Garnissez de coriandre. Servez avec la sauce piment-gingembre, le piment en tranches et la sauce soja.

préparation + cuisson 2 heures pour 4 personnes

Gnocchis de patate douce
SAUCE AUX TOMATES RÔTIES

- 580 g de patate douce à chair blanche et peau violette
- 170 g de ricotta fraîche ferme
- 40 g de parmesan finement râpé
- 1 c. à c. de noix de muscade
- 1 c. à c. de sel marin
- 1 œuf
- 150 g de farine d'épeautre
- 2 c. à s. d'huile d'olive
- 20 g de copeaux de parmesan
- ½ petit bouquet de basilic

SAUCE AUX TOMATES RÔTIES

- 500 g de tomates en grappe, coupées en deux
- 6 gousses d'ail en chemise
- 1 gros poivron rouge (350 g), en morceaux
- 1 oignon rouge (170 g), en quartiers
- 1 c. à s. de feuilles d'origan frais
- 1 c. à s. de feuilles de thym citron frais
- 1 c. à s. de feuilles de romarin frais
- 60 ml d'huile d'olive vierge extra
- 2 c. à s. de vinaigre balsamique
- 1 c. à c. de sirop d'érable pur
- ½ petit bouquet de basilic frais
- 20 g de parmesan râpé

1 Préchauffez le four à 200 °C.

2 Enveloppez la patate douce de papier d'aluminium et faites-la cuire 1 h 30 au four.

3 Préparez la sauce aux tomates rôties.

4 Mélangez la ricotta, le parmesan, la noix de muscade, le sel et l'œuf dans un saladier. Récupérez la chair de la patate douce, écrasez-la à la fourchette. Incorporez la purée et la farine à la préparation à la ricotta : la pâte doit être ferme.

5 Portez de l'eau salée à ébullition dans une grande casserole. Divisez la pâte en 8 boules. Farinez-vous les mains et roulez chaque boule sur un plan de travail fariné pour former des boudins de 2 cm de diamètre. Coupez-les en tronçons de 4 cm. Pressez les gnocchis en leur milieu pour former des nœuds papillon. Disposez-les en une seule couche sur une plaque saupoudrée de farine.

6 Faites-les cuire à l'eau bouillante, en plusieurs fois, 2 minutes jusqu'à ce qu'ils remontent à la surface. Égouttez-les avec une écumoire et posez-les sur une plaque huilée. Réservez 125 ml d'eau de cuisson et mélangez-la à la sauce tomate.

7 Faites chauffer l'huile dans une grande poêle à feu vif et faites dorer les gnocchis 5 minutes. Ajoutez la sauce aux tomates rôties. Servez les gnocchis parsemés de copeaux de parmesan et de basilic.

sauce aux tomates rôties Dans un plat à four chemisé de papier cuisson, mélangez les tomates, l'ail, le poivron, l'oignon, les herbes et 2 cuillerées à soupe d'huile. Assaisonnez. Faites rôtir 1 heure au four. Pressez les gousses d'ail pour ôter la peau. Transférez la préparation dans une casserole, ajoutez le vinaigre, le sirop d'érable et le reste d'huile, le basilic et le parmesan. Mixez avec un mixeur plongeant. Laissez sur feu doux pour que la sauce reste chaude.

Vinaigrettes

préparation 5 minutes pour 170 ml

VINAIGRETTE SIROP D'ÉRABLE & MOUTARDE DE DIJON

Fouettez 60 ml d'huile de noix de macadamia, 60 ml de vinaigre de cidre, 2 cuillerées à soupe de sirop d'érable pur et 1 cuillerée à soupe de moutarde de Dijon dans un bol. Assaisonnez.

conservation Cette vinaigrette se conserve 1 semaine au réfrigérateur, dans un bocal fermé.

variante Vous pouvez remplacer l'huile de noix de macadamia par de l'huile d'olive.

suggestion Servez avec une salade composée de mesclun, bœuf et betterave ; de mesclun, poulet et haloumi ; ou de mesclun, agneau et patate douce rôtie.

préparation 5 minutes pour 250 ml

VINAIGRETTE CÉSAR ALLÉGÉE

Mixez 280 g de yaourt, 2 cuillerées à soupe d'huile d'olive, 2 cuillerées à soupe de parmesan finement râpé, 4 anchois finement hachés, ½ gousse d'ail écrasée, 1 cuillerée à soupe de jus de citron et 3 cuillerées à café de moutarde de Dijon jusqu'à l'obtention d'une sauce crémeuse. Assaisonnez.

conservation Cette vinaigrette se conserve 1 semaine au réfrigérateur, dans un bocal fermé.

suggestion Servez avec une salade César composée de laitue romaine, d'œufs durs, de parmesan et de bacon grillé ou d'avocat.

préparation 10 minutes pour 375 ml

VINAIGRETTE CITRON, AVOCAT & ANETH

Mixez 1 avocat (250 g) avec 70 g de yaourt, 2 cuillerées à soupe d'huile d'avocat, 80 ml d'eau, ½ botte d'aneth et 60 ml de jus de citron jusqu'à l'obtention d'un mélange onctueux. Assaisonnez. Si le mélange est trop consistant, ajoutez un peu d'eau.

conservation Cette vinaigrette se conserve 1 semaine au réfrigérateur, dans un bocal fermé.

suggestion Servez avec une salade de laitue iceberg et des œufs pochés, du poulet poché et des pistaches, ou du saumon fumé.

préparation 5 minutes pour 125 ml

VINAIGRETTE FRAMBOISE & BALSAMIQUE BLANC

Écrasez 60 g de framboises fraîches ou surgelées, décongelées, à travers un tamis fin, avec le dos d'une cuillère. Ajoutez 60 ml de vinaigre balsamique blanc, 2 cuillerées à soupe d'huile de noix de macadamia et 1 cuillerée à café d'édulcorant du fruit du moine ou de stévia en poudre. Assaisonnez.

conservation Cette vinaigrette se conserve 1 semaine au réfrigérateur, dans un bocal fermé.

suggestion Servez avec une salade accompagnée de magret de canard, d'agneau cuit à la mijoteuse ou de poulet grillé.

préparation + cuisson 2 heures (+ réfrigération) pour 4 personnes

Bouillon de ramen AUX ŒUFS

Cette recette est à commencer la veille.

- 1 litre de bouillon de poulet
- 10 g de dashi en poudre instantané (dashi no-moto)
- 750 ml d'eau
- 3 gousses d'ail, émincées
- 60 ml de sauce soja
- 2 c. à s. de saké
- 1 c. à c. d'édulcorant du fruit du moine ou de stévia
- 20 g de gingembre frais, émincé
- 1 long piment rouge frais, coupé en quatre dans la longueur
- 300 g de nouilles soba
- 2 oignons verts coupés en fines lamelles
- 3 feuilles d'algue nori grillées, coupées en quatre
- 1 c. à c. de graines de sésame noir

ŒUFS AU THÉ

- 750 ml d'eau
- 250 ml de sauce soja
- 20 g de thé noir en vrac
- 4 étoiles de badiane
- le zeste de 1 mandarine
- 4 œufs bien froids

KIMCHI

- 2 miniconcombres (250 g) coupés en deux puis en tranches fines
- 50 g d'édulcorant du fruit du moine ou de stévia
- 2 c. à s. de sel
- 60 ml d'eau bouillante
- 2 oignons verts hachés
- 2 c. à c. de gingembre frais, râpé
- 1 gousse d'ail
- 1 long piment vert frais, émincé
- 2 c. à s. de vinaigre de riz
- 1 c. à c. de sauce de poisson
- 1 c. à s. de sauce soja
- 1 ½ c. à s. de graines de sésame grillées

1 Préparez les œufs au thé.
2 Portez à ébullition le bouillon, le dashi, l'eau, l'ail, la sauce soja, le saké, l'édulcorant, le gingembre et le piment. Baissez le feu et laissez mijoter 30 minutes.
3 Préparez le kimchi.
4 Faites cuire les nouilles 6 minutes à l'eau bouillante. Égouttez-les.
5 Écalez les œufs et coupez-les en deux. Servez les nouilles et le bouillon dans des bols. Ajoutez les œufs, du kimchi, de l'oignon vert et de l'algue nori, et parsemez de graines de sésame.

œufs au thé Portez l'eau à ébullition avec la sauce soja, le thé, la badiane et le zeste de mandarine. Baissez le feu et laissez mijoter 1 heure. Laissez refroidir. Faites cuire les œufs 7 minutes dans de l'eau bouillante. Passez-les sous l'eau froide pour arrêter la cuisson. Brisez la coquille des œufs, sans les écaler. Plongez-les dans la préparation au thé refroidie. Couvrez et placez 1 nuit au réfrigérateur.

kimchi Faites dissoudre l'édulcorant et le sel dans l'eau bouillante. Versez les morceaux de concombre et l'eau dans un sac congélation à zip, faites sortir l'air et fermez. Posez le sac à plat et laissez reposer 30 minutes. Mixez les ingrédients restants. Égouttez les concombres, rincez-les et séchez-les avec du papier absorbant. Mélangez-les avec les ingrédients mixés.

préparation + cuisson 40 minutes (+ repos) pour 4 tacos

Tacos de carottes & PORC PIMENTÉ

- 2 c. à c. d'huile d'olive
- 250 g de porc haché
- 1 piment chipotle dans de la sauce adobo + 2 c. à c. de sauce adobo (facultatif)
- 140 g de yaourt grec
- 40 g de laitue romaine, feuilles séparées
- 1 avocat en fines tranches
- 2 c. à s. de jus de citron vert
- 1 petit oignon rouge (100 g) émincé
- 20 g de pousses de pois gourmand
- 1 citron vert coupé en quartiers
- feuilles de laitue romaine pour servir
- sauce piquante (voir page 129), pour servir

TACOS DE CAROTTES

- 3 carottes grossièrement râpées (230 g)
- 60 g de manchego râpé (voir l'astuce)
- 2 œufs légèrement battus
- 35 g de farine d'avoine

1 Préchauffez le four à 200 °C. Tapissez 2 plaques de papier cuisson.

2 Préparez les tacos de carottes.

3 Faites chauffer l'huile dans une grande poêle à feu vif. Faites cuire le porc pendant 5 minutes, en détachant bien les morceaux à l'aide d'une cuillère. Ajoutez le piment avec sa sauce et faites cuire encore 1 minute. Assaisonnez.

4 Incorporez dans le yaourt les 2 cuillerées à café de sauce adobo. Répartissez en parts égales les feuilles de laitue romaine, le mélange de porc, l'avocat, le jus de citron vert mélangé à l'oignon, le yaourt et les pousses de pois dans les tacos. Servez avec les quartiers de citron vert, des feuilles de laitue et la sauce piquante.

tacos de carottes Faites cuire les carottes à la vapeur ou faites-les bouillir 3 minutes. Mettez-les dans un vieux torchon propre et pressez-les pour retirer l'excédent de liquide. Mélangez-les dans un saladier avec le fromage, les œufs et la farine. Assaisonnez. Divisez le mélange de carottes en quatre et étalez-le en 4 disques de 14 cm de diamètre sur les plaques. Enfournez 20 minutes ; laissez reposer 1 minute sur les plaques. En faisant attention (les tacos seront encore chauds), pliez chaque disque autour d'une petite bouteille pour leur donner la forme d'un taco. Laissez-les refroidir sur la bouteille.

astuce Le manchego est un fromage espagnol au lait de brebis à pâte mi-dure disponible dans les grands supermarchés et les épiceries fines. Vous pouvez le remplacer par du cheddar vieilli si vous le souhaitez.

préparation + cuisson 2 heures pour 6 personnes

Risotto de sarrasin & de betteraves
AU CAILLÉ DE CHÈVRE

- 4 grosses betteraves (1,2 kg), parées, réservez les feuilles
- 80 ml d'huile d'olive vierge extra
- 2 c. à s. de thym frais finement haché
- 180 ml d'eau bouillante
- 1 c. à c. de vinaigre de vin rouge
- 1 oignon (150 g) émincé
- 4 gousses d'ail émincées
- 1 bulbe de fenouil jeune (130 g), paré, finement haché
- 400 g de sarrasin
- 125 ml de vin blanc sec
- 1,25 litre de bouillon de légumes, chaud
- 40 g de parmesan finement râpé
- 40 g de beurre
- 125 g de caillé de chèvre

1 Préchauffez le four à 200 °C.
2 Disposez chaque betterave sur un carré de papier d'aluminium ; versez dessus 1 cuillerée à soupe d'huile, assaisonnez et parsemez de 1 cuillerée à soupe de thym. Refermez le papier en serrant bien ; mettez les betteraves sur une plaque. Faites cuire 1 h 15 au four. Lorsque qu'elles sont suffisamment refroidies, retirez la peau.
3 Mixez 3 betteraves dans un mixeur très puissant (ou un robot) avec l'eau bouillante jusqu'à obtenir un mélange homogène. Coupez la betterave restante en fines tranches. Versez-les dans un petit saladier, mélangez-les à 1 cuillerée à soupe d'huile d'olive et le vinaigre ; assaisonnez.
4 Faites chauffer à feu moyen les 2 cuillerées à soupe d'huile d'olive restantes dans une grande casserole profonde en fonte ou à fond épais. Faites revenir l'oignon, l'ail, le fenouil et le reste de thym 5 minutes. Ajoutez le sarrasin et faites revenir 1 minute pour l'enrober de légumes. Ajoutez le vin et remuez 1 minute.
5 Ajoutez le bouillon et la purée de betterave ; portez à ébullition. Baissez sur feu doux et laissez mijoter 25 minutes en remuant de temps en temps. Qaund le sarrasin est tendre, ajoutez le parmesan et le beurre. Assaisonnez et laissez reposer 2 minutes.
6 Servez le risotto agrémenté de caillé de chèvre, des tranches de betterave et des feuilles de betterave.

astuce Choisissez des betteraves qui aient de belles petites feuilles, puisque celles-ci font partie de la recette. Vous trouverez du caillé de chèvre dans les grands supermarchés et dans les épiceries fines ; versez-le dans un saladier avant de l'utiliser pour qu'il ait une texture plus fluide. Vous pouvez aussi agrémenter le risotto de fromage de chèvre frais émietté ou de ricotta (voir page 34).

variante Remplacez le sarrasin par de l'orge.

préparation + cuisson 1 h 30 (+ repos & refroidissement) pour 6 personnes

Lasagnes de courgettes & AUBERGINES

CETTE RECETTE DE LASAGNES VÉGÉTARIENNES ASTUCIEUSE MET LES LÉGUMES À L'HONNEUR. LES COURGETTES ET LES AUBERGINES REMPLACENT LA PÂTE, LES CHAMPIGNONS ET LES TOMATES SERVENT DE SAUCE, ET LE CHOU-FLEUR ET LA RICOTTA FONT OFFICE DE BÉCHAMEL.

» 80 ml d'huile d'olive vierge extra
» 2 aubergines (600 g)
» 3 grosses courgettes (450 g)
» 200 g de champignons shiitake frais, sans la tige, émincés
» 2 c. à s. de sauge finement hachée
» 1 c. à c. de paprika fumé
» 400 g de tomates concassées en boîte
» 125 g de tomates séchées, finement hachées
» 90 g de noix finement hachées
» 250 ml de passata
» 250 ml de bouillon de légumes
» 20 g de parmesan finement râpé

BÉCHAMEL AU CHOU-FLEUR

» ¾ d'une tête de chou-fleur (750 g), coupée en bouquets
» 3 gousses d'ail écrasées
» 375 ml de bouillon de légumes
» 375 g de ricotta fraîche
» 60 g de parmesan finement râpé
» ¼ de c. à c. de noix de muscade moulue

1 Préchauffez le gril du four à forte température. Tapissez une grande plaque de papier d'aluminium ; badigeonnez d'huile.

2 Coupez les aubergines et les courgettes en tranches de 4 mm d'épaisseur dans la longueur.

3 En procédant par lots, mettez les aubergines en une seule couche sur la plaque huilée ; badigeonnez de 1 cuillerée à soupe d'huile et assaisonnez. Faites-les griller 5 minutes de chaque côté. Répétez l'opération avec les courgettes et 1 autre cuillerée à soupe d'huile ; faites-les griller 3 minutes de chaque côté.

4 Préchauffez le four à 200 °C.

5 Préparez la béchamel au chou-fleur.

6 Faites chauffer 1 cuillerée à soupe d'huile dans une poêle à feu moyen-vif. Faites revenir les champignons 2 minutes. Ajoutez la sauge et le paprika, et faites cuire encore 3 minutes. Ajoutez les tomates en boîte et les tomates séchées, les noix, la passata et le bouillon, et remuez. Laissez mijoter 12 minutes jusqu'à épaississement. Assaisonnez.

7 Étalez un quart de la béchamel au chou-fleur dans un plat rectangulaire de 2,5 litres ; disposez une couche de légumes par-dessus. Remettez un autre quart de béchamel. Versez de la sauce tomate-champignon, puis refaites des couches avec les légumes, la béchamel et la sauce tomate-champignon, en terminant par le reste de béchamel. Parsemez le parmesan, versez un filet d'huile et assaisonnez.

8 Enfournez 20 minutes. Laissez reposer 10 minutes avant de servir. Décorez les lasagnes avec des feuilles de sauge croustillantes.

béchamel au chou-fleur Portez à frémissement le chou-fleur, l'ail et le bouillon dans une casserole à feu moyen. Baissez sur feu doux et laissez cuire 12 minutes à couvert. Laissez refroidir 10 minutes. Mixez avec les fromages et la noix de muscade, assaisonnez.

préparation + cuisson 25 minutes pour 4 personnes

Vivaneau & salade BETTERAVES, NOIX DE COCO, GRAINES

FACILE À RÉALISER, FRAÎCHE ET PLEINE D'ÉNERGIE, CETTE RECETTE QUI CONVIENT PARFAITEMENT À UN DÎNER EN SEMAINE VOUS MONTRERA QUE LE POISSON EST UN METS RAPIDE À CUISINER. PRÉPAREZ LE DOUBLE DE SALADE ET EMPORTEZ-LA AU BUREAU LE LENDEMAIN DANS UN SANDWICH. NOUS AVONS COUPÉ LES LÉGUMES À L'AIDE D'UNE MANDOLINE.

» 50 g de graines de tournesol
» 60 ml d'huile d'olive vierge extra
» 1 c. à s. de jus de citron
» 1 c. à c. de moutarde de Dijon
» 1 c. à c. de miel
» 4 filets de vivaneau de 200 g chacun
» 1 c. à c. de cumin moulu
» 4 jeunes betteraves jaunes (25 g) émincées
» 4 jeunes betteraves chioggia (25 g) émincées
» 4 radis pastèque (35 g), émincés
» 1 grosse poignée de petites feuilles de menthe
» 40 g de noix de coco en lamelles
» 1 citron (140 g) coupé en quartiers

1 Faites chauffer une petite poêle à feu moyen et faites revenir les graines de tournesol 2 minutes, en remuant, jusqu'à ce qu'elles soient dorées ; retirez-les de la poêle.
2 Fouettez 2 cuillerées à soupe d'huile d'olive, le jus de citron, la moutarde et le miel dans un petit saladier. Assaisonnez.
3 Faites chauffer une poêle antiadhésive à feu moyen-vif. Badigeonnez les filets de vivaneau avec le reste d'huile ; saupoudrez de cumin et assaisonnez. Faites cuire le poisson, côté peau, pendant 2 minutes ; retournez-le et faites cuire 2 minutes de l'autre côté.
4 Mélangez les betteraves, les radis, la moitié de la menthe et des graines de tournesol ainsi que la vinaigrette dans un saladier.
5 Répartissez la salade sur des assiettes ; saupoudrez avec le reste des graines de tournesol et des feuilles de menthe. Disposez sur le dessus un filet de vivaneau. Servez avec des lamelles de noix de coco et les quartiers de citron.

astuce Le merlan et le saint-pierre sont des bonnes alternatives aux filets de vivaneau. Vous pouvez aussi servir la salade avec du poulet ou de l'agneau rôtis ou grillés à la poêle.

variante végétarienne Remplacez le poisson par du fromage de chèvre émietté.

préparation + cuisson 20 minutes pour 4 personnes

Galettes aux petits pois
PURÉE D'AVOCAT AU CHÈVRE

- 150 g de farine complète
- ½ c. à c. de levure chimique
- 2 c. à c. de zeste de citron râpé
- 2 petits œufs
- 250 ml de lait écrémé
- 240 g de petits pois surgelés, décongelés
- 2 c. à c. d'huile de son de riz
- 1 avocat (250 g)
- 60 g de chèvre frais émietté
- 1 petite poignée de feuilles de menthe hachées
- 60 g de feuilles de roquette
- 160 g de tomates cerises coupées en quartiers
- 4 quartiers de citron

1 Mélangez la farine tamisée avec la levure et le zeste de citron dans un saladier. Ajoutez les œufs et le lait, et battez au fouet. Incorporez les petits pois. Poivrez.

2 Faites chauffer l'huile dans une grande poêle antiadhésive à feu moyen. Faites cuire en petites galettes 3 minutes de chaque côté : elles doivent être dorées et bien cuites au centre. Réservez au chaud, à couvert.

3 Écrasez l'avocat à la fourchette dans un bol. Incorporez le chèvre et la menthe.
Servez les galettes avec la purée d'avocat, la roquette, les tomates et les quartiers de citron.

astuce Décongelez les petits pois en les passant sous de l'eau bouillante. La pâte doit être assez liquide pour bien s'étaler dans la poêle.

préparation + cuisson 40 minutes (+ réfrigération) pour 4 personnes

Sandwich BLT VEGAN

NOUS AVONS REVISITÉ LE FAMEUX SANDWICH BACON-LAITUE-TOMATE, EN REMPLAÇANT LES PROTÉINES ANIMALES PAR DU TOFU, AUQUEL NOUS AVONS APPORTÉ DES SAVEURS DYNAMIQUES, AU MOINS AUSSI BONNES QUE CELLES DU BACON.

Cette recette est à commencer la veille.

» 8 grandes tranches de pain de seigle au levain aux céréales (680 g), grillées
» 1 gros avocat (320 g) grossièrement haché
» 150 g de mayonnaise du commerce ou vegan maison (voir page 118)
» 2 tomates anciennes (300 g) coupées en tranches
» 8 feuilles de laitue

BACON DE TOFU

» 375 g de tofu très ferme
» 1 c. à s. de miso blanc (shiro)
» 1 c. à s. de sirop d'érable pur
» 1 c. à s. de tamari
» 1 c. à c. de paprika fumé
» 1 c. à s. d'huile de coco fondue

1 Préparez le bacon de tofu.
2 Préchauffez le four à 220 °C.
3 Faites cuire l'une des plaques du bacon de tofu 20 minutes au four, en retournant le tofu à mi-cuisson : il doit être croustillant et doré. Réservez le reste (voir l'astuce).
4 Étalez l'avocat et la mayonnaise en portions égales sur les tartines. Agrémentez avec le bacon de tofu, les tomates et la laitue ; assaisonnez. Fermez les sandwichs avec les tranches de pain restantes.

bacon de tofu Mettez le tofu sur une petite grille au-dessus d'une plaque profonde ; couvrez-le avec un petit morceau de papier cuisson et une autre plaque. Lestez avec des conserves, puis laissez s'égoutter 1 heure au réfrigérateur. Tapotez le tofu avec du papier absorbant jusqu'à ce qu'il soit sec et coupez-le en fines tranches. Répartissez-les sur 2 grandes plaques tapissées de papier cuisson. Mélangez les autres ingrédients dans un petit saladier ; poivrez. Badigeonnez le tofu du mélange de miso des 2 côtés. Couvrez et mettez une nuit au réfrigérateur toute une nuit.

astuce La recette de bacon de tofu donne le double de la quantité nécessaire mais il est possible de le conserver non cuit 1 semaine au réfrigérateur ; ne faites cuire que ce qu'il faut.

idées

Utiliser le bacon de tofu dans des petits pains complets avec de la carotte et du fenouil finement râpés, de la coriandre fraîche, de la menthe et du piment émincé pour un banh mi (sandwich vientnamien) vegan.
Mélangez-le à des œufs (œufs brouillés, omelette ou frittata).
Ajoutez-en dans des soupes ou des plats mijotés pour un apport en protéines.

préparation + cuisson 1 h 50 pour 4 personnes

Poulet aux olives
LÉGUMES RÔTIS AU SIROP D'ÉRABLE

- 60 ml d'huile d'olive
- 1 poulet entier (1,6 kg), coupé en 10 morceaux
- 1 oignon (150 g) grossièrement haché
- 2 gousses d'ail écrasées
- 3 branches de thym frais
- 18 olives vertes (90 g), dénoyautées
- 1 litre de bouillon de poulet
- 1 c. à s. de jus de citron

LÉGUMES RÔTIS AU SIROP D'ÉRABLE

- 600 g de potiron, en tranches de 2 cm
- 4 petits panais (480 g) non épluchés, coupés en quatre dans la longueur
- 400 g d'oignons verts, en tronçons de 10 cm, coupés en quatre dans la longueur
- 2 c. à s. d'huile d'olive vierge extra
- 2 c. à s. de sirop d'érable pur
- 40 g de feuilles de roquette
- 1 c. à s. de jus de citron

1 Faites chauffer l'huile dans une sauteuse à feu vif et faites colorer les morceaux de poulet en 2 fois, 2 minutes de chaque côté. Réservez-les.
2 Baissez à feu moyen et faites revenir l'oignon, l'ail, le thym et les olives dans la même sauteuse 5 minutes, en remuant de temps en temps. Augmentez le feu et remettez le poulet et son jus de cuisson dans la sauteuse. Versez le bouillon et portez à ébullition. Baissez à feu doux et faites mijoter 1 heure à couvert. Sortez les morceaux de poulet.
3 Préchauffez le four à 200 °C et préparez les légumes rôtis au sirop d'érable.
4 Augmentez le feu sous la sauteuse et portez le bouillon à ébullition puis baissez légèrement et faites réduire 20 minutes environ pour qu'il ne reste que 250 ml de liquide. Ajoutez le jus de citron, assaisonnez.
5 Servez le poulet avec le jus réduit et les légumes rôtis.
légumes rôtis au sirop d'érable Chemisez 2 plaques de papier cuisson. Répartissez le potiron, les panais et les oignons verts sur les plaques, arrosez-les d'huile et de sirop d'érable, assaisonnez et mélangez. Faites cuire 40 minutes au four, en retournant les légumes à mi-cuisson. Mélangez la roquette et le jus de citron dans un saladier. Assaisonnez. Juste avant de servir, mélangez la roquette avec les légumes rôtis.

préparation + cuisson 1 heure pour 6 personnes

Curry chu chi de crevettes
PAINS ROTIS

- 400 g de riz complet à grain moyen
- 1 litre d'eau
- ½ c. à c. de sel
- 60 g de ghee
- 2 ½ c. à s. de pâte de curry rouge thaïe
- 1 kg de crevettes crues, décortiquées en laissant la queue et déveinées
- 6 feuilles de citron kaffir fraîches
- 270 ml de lait de coco
- 250 ml de bouillon de poisson
- 2 c. à s. de sucre de coco
- 2 c. à s. de sauce de poisson
- 1 c. à s. de concentré de tamarin
- 225 g de pousses de bambou en boîte, rincées et égouttées
- 85 g d'ananas frais en dés
- 1 long piment rouge frais, épépiné, émincé

PAINS ROTIS

- 1 c. à c. de miel cru
- 180 ml d'eau chaude
- 60 ml de lait
- 80 ml d'huile de son de riz
- 1 œuf
- 450 g de farine d'épeautre blanche
- 1 c. à c. de sel
- 60 g de ghee

1 Préparez les pains rotis.

2 Rincez le riz à l'eau froide. Mettez-le dans une petite casserole avec l'eau et le sel ; portez à ébullition. Baissez le feu et laissez cuire 25 minutes à couvert. Laissez gonfler 5 minutes hors du feu, à couvert. Égrainez le riz à la fourchette et réservez au chaud.

3 Faites chauffer un wok à feu moyen-vif. Ajoutez le ghee et la pâte de curry et remuez 2 minutes. Ajoutez les crevettes et 3 feuilles de kaffir déchirées, et poursuivez la cuisson 2 minutes, en remuant. Ajoutez le lait de coco et le bouillon ; laissez mijoter 5 minutes. Ajoutez le sucre de coco, la sauce de poisson, le tamarin, les pousses de bambou et l'ananas ; réchauffez 2 minutes.

4 Émincez les feuilles de kaffir restantes et mélangez-les avec le piment. Parsemez sur le curry. Servez avec du riz et des pains rotis tièdes.

pains rotis Délayez le miel dans l'eau chaude avec le lait et 2 cuillerées à soupe d'huile. Ajoutez l'œuf et fouettez. Dans le bol d'un robot, mélangez la farine et le sel. Incorporez progressivement les ingrédients liquides. La pâte doit être collante ; pétrissez-la 2 minutes sur un plan de travail fariné. Divisez-la en six et formez des boules. Placez-les dans un saladier et huilez-les. Étalez une boule pour former un disque de 20 cm de diamètre sur un plan de travail huilé. Avec les mains huilées, étirez délicatement la pâte du centre vers l'extérieur, en tournant, jusqu'à ce que la pâte soit transparente, pour former un disque de 40 cm de diamètre (ce n'est pas grave s'il y a des trous). Repliez chaque côté vers le centre pour former un carré de 15 cm de côté. Déposez-le sur une plaque chemisée de papier cuisson. Répétez avec les autres boules de pâte. Faites chauffer 2 cuillerées à café de ghee dans une grande poêle, à feu moyen. Faites cuire les rotis 2 minutes de chaque côté, en ajoutant du ghee entre chaque tournée.

préparation + cuisson 35 minutes (+ réfrigération) pour 8 personnes

Saumon en croûte d'herbes
LÉGUMES MARINÉS

Préparez les légumes marinés la veille.
Vous pouvez aussi cuire le saumon la veille.

» 2 c. à s. d'huile d'olive
» 1,3 kg de filets de saumon, sans la peau, sans les arêtes
» 4 brins d'aneth hachés
» 4 brins de cerfeuil hachés
» 4 brins de ciboulette hachés
» 50 g de pousses de cresson

LÉGUMES MARINÉS

» 500 ml de vinaigre de vin blanc
» 750 ml d'eau
» 2 c. à s. de sel marin
» 50 g édulcorant du fruit du moine
» 1 c. à s. de grains de poivre rose
» 4 feuilles de laurier
» ½ botte d'aneth frais
» 3 grands piments rouges frais, coupés en deux
» 170 g d'asperges parées, coupées en deux
» 400 g de jeunes carottes rainbow, brossées, coupées en deux dans la longueur
» 8 petits radis (120 g) coupés en deux
» 250 g de miniconcombres tranchés dans la longueur

YAOURT AU RAIFORT

» 420 g de yaourt grec
» 90 g de crème au raifort
» 1 ½ c. à s. d'aneth finement haché

1 Préparez les légumes marinés.
2 Préchauffez le four à 180 °C. Tapissez une grande plaque de papier cuisson ; versez la moitié de l'huile, assaisonnez. Disposez le saumon sur la plaque, badigeonnez du reste d'huile, assaisonnez.
3 Mélangez les herbes dans un petit saladier. Recouvrez le saumon d'une couche épaisse d'herbes. Faites cuire 15 minutes au four pour une cuisson rosée ou à votre convenance.
4 Préparez le yaourt au raifort.
5 Servez le saumon avec les légumes marinés, le cresson et le yaourt au raifort.
légumes marinés Versez le vinaigre et l'eau dans un plat rectangulaire profond en verre ou en céramique ; ajoutez le sel et l'édulcorant, remuez pour qu'ils soient dissous. Ajoutez les ingrédients restants, en vous assurant que les légumes soient complètement recouverts (ajoutez de l'eau si nécessaire). Couvrez et placez au réfrigérateur toute une nuit.
yaourt au raifort Fouettez tous les ingrédients. Assaisonnez. Mettez au réfrigérateur.

conservation Les légumes marinés peuvent être préparés 1 semaine à l'avance. Conservez-les dans un récipient hermétique au réfrigérateur.

variantes Remplacez le poivre rose par du poivre noir, le saumon par de la truite de mer et utilisez vos herbes et jeunes pousses préférées (persil plat, estragon…).

Marinades

préparation 5 minutes pour 180 ml

MISO & GINGEMBRE

Battez 80 ml de saké, 60 ml de jus d'orange, 60 ml de miso blanc (shiro), 3 cuillerées à café de gingembre râpé et 1 cuillerée à soupe de miel cru.

Avec du saumon Mélangez le saumon et la marinade, couvrez et placez 2 heures au réfrigérateur. Faites dorer à la poêle de chaque côté puis terminez la cuisson au four. Servez avec du riz complet, des aubergines grillées et des graines de sésame noir.

Avec des crevettes Mélangez les crevettes et la marinade, couvrez et placez 2 heures au réfrigérateur. Faites griller. Servez avec de la salade de vermicelles.

Avec un poulet entier Mélangez le poulet et la marinade. Faites rôtir au four. Servez avec des légumes rôtis.

astuce Pour empêcher la marinade d'attacher, tapissez votre poêle, votre poêle à rôtir ou à grillades de papier cuisson.

préparation 5 minutes pour 375 ml

BOURBON SUCRÉ

Battez 125 ml de tamari, 60 ml d'huile d'olive, 60 ml de vinaigre de cidre, 80 ml de bourbon, 60 ml de sirop d'érable pur, 2 gousses d'ail écrasées dans un petit saladier.

Avec des côtes de porc ou de bœuf Mélangez la viande avec la marinade, couvrez et placez au moins 4 heures au réfrigérateur. Faites griller en arrosant de marinade pendant la cuisson.

Avec des hauts de cuisse de poulet Mélangez les hauts de cuisse avec la marinade, couvrez et placez au moins 4 heures au réfrigérateur. Faites griller jusqu'à ce que le poulet soit cuit. Servez avec des légumes grillés et une salade de quinoa.

préparation 10 minutes pour 375 ml

CITRONNELLE & NOIX DE COCO

Passez au robot 1 cuillerée à soupe de gingembre haché, 1 blanc de citronnelle émincé, 1 cuillerée à café de curcuma moulu, 1 cuillerée à café de fleur de sel, 2 gousses d'ail hachées et 2 échalotes. Ajoutez 270 ml de lait de coco en boîte, 1 cuillerée à soupe de sauce de poisson, 3 cuillerées à café de zeste de citron vert râpé et 1 cuillerée à soupe de jus de citron vert ; mixez.

Avec des cuisses ou des escalopes de poulet Mélangez le poulet et la marinade, couvrez et placez au moins 4 heures au réfrigérateur. Faites griller ou cuire au four. Servez avec des légumes asiatiques, du riz basmati et de la coriandre.

Avec des crevettes Mélangez les crevettes et la marinade, couvrez et placez 1 à 2 heures au réfrigérateur. Faites griller. Servez avec des tranches de mangue, de la menthe et de la salade aux noix de macadamia.

préparation 5 minutes pour 310 ml

TERIYAKI AU PIMENT

Battez 125 ml de sauce soja, 80 ml de miel cru, 60 ml de vinaigre de cidre, 2 cuillerées à café de gingembre râpé, 1 petit piment rouge épépiné finement haché et ½ cuillerée à café d'huile de sésame.

Avec des blancs de poulet ou des hauts de cuisse Mélangez le poulet et la marinade, couvrez et placez au moins 2 heures au réfrigérateur. Enfilez sur des brochettes et faites griller dans une poêle-gril ou au barbecue. Saupoudrez de graines de sésame. Servez avec du riz ou des légumes asiatiques.

Avec du saumon Mélangez le saumon et la marinade, couvrez et placez au moins 4 heures au réfrigérateur. Faites cuire à la poêle ou au four. Servez avec une salade aux herbes.

Avec du bœuf sauté Mélangez le bœuf avec la marinade, couvrez et placez au moins 2 heures au réfrigérateur. Faites revenir à la poêle avec des oignons verts, des broccolinis et des nouilles hokkien.

préparation + cuisson 1 heure pour 4 personnes

Poulet laqué & NOUILLES UDON

- 4 suprêmes de poulet (720 g) (voir l'astuce)
- 2 c. à s. d'huile de son de riz
- 1 mandarine (200 g) non épluchée, coupée en 4 rondelles épaisses
- 4 gousses d'ail émincées
- 2 longs piments rouges frais, épépinés, coupés en allumettes
- 300 g de poireaux parés, coupés en allumettes
- 270 g de nouilles udon sèches
- 2 oignons verts émincés en biais
- ½ petit bouquet de coriandre fraîche

LAQUE

- 80 ml de sauce soja
- 80 ml de vin jaune chinois (Shaoxing)
- 2 ½ c. à s. de miel cru
- 2 c. à c. de zeste de mandarine râpé
- 80 ml de jus de mandarine
- 2 c. à c. de gingembre frais, râpé
- ½ c. à c. de cannelle
- ¼ de c. à c. de badiane en poudre

1 Préchauffez le four à 200 °C. Chemisez une plaque de papier cuisson.
2 Préparez la laque.
3 Massez la viande avec la moitié de l'huile, assaisonnez. Faites chauffer une grande poêle antiadhésive à feu moyen et saisissez les suprêmes 5 minutes de chaque côté. Transférez-les sur la plaque et badigeonnez-les de laque, au pinceau. Trempez les rondelles de mandarine dans la laque et posez-en une sur chaque suprême. Faites cuire 15 minutes au four ; badigeonnez la viande avec la laque, au pinceau, à mi-cuisson. Couvrez pour garder au chaud.
4 Faites chauffer l'huile restante dans la même poêle, à feu moyen, et faites revenir l'ail et les piments 1 minute. Ajoutez le poireau et faites cuire 5 minutes.
5 Faites cuire les nouilles 10 minutes dans de l'eau bouillante. Égouttez-les en réservant 60 ml d'eau de cuisson.
6 Ajoutez les nouilles et l'eau de cuisson réservée dans la poêle avec les oignons verts et la coriandre, assaisonnez et mélangez. Dressez les nouilles dans des assiettes creuses et déposez 1 suprême et 1 rondelle de mandarine dans chaque assiette. Arrosez avec le reste de laque.
laque Portez à ébullition tous les ingrédients dans une petite casserole et faites chauffer 5 minutes jusqu'à léger épaississement.

astuce Le suprême de poulet est un morceau composé du blanc, avec la peau, et du manchon. Demandez à votre boucher de vous les préparer. Vous pouvez les remplacer par des blancs de poulet sans la peau. Vous pouvez remplacer les nouilles udon par d'autres nouilles asiatiques.

préparation + cuisson 1 heure pour 4 personnes

Soupe chou-fleur & courgettes PROSCIUTTO CROUSTILLANT

- 1 tranche de prosciutto (14 g)
- 1 c. à s. d'huile d'olive
- 1 poireau (350 g) émincé
- 1 gousse d'ail écrasée
- ¾ d'une tête de chou-fleur (750 g), coupée en bouquets
- 2 petites pommes de terre (240 g) grossièrement hachées
- 2 litres d'eau
- 1 c. à c. de bouillon de volaille en poudre à faible teneur en sel
- 2 petites courgettes (180 g) en rondelles épaisses
- 60 ml de crème épaisse
- 4 tranches de pain au levain de 25 g chacune
- 1 c. à s. d'huile d'olive supplémentaire
- 1 c. à s. de feuilles de persil plat frais déchiquetées

1 Faites griller le prosciutto dans une casserole antiadhésive à feu vif 1 minute de chaque côté : il doit devenir croustillant. Cassez-le en petits éclats.

2 Faites chauffer l'huile dans la même casserole à feu moyen. Faites revenir le poireau et l'ail 5 minutes en remuant. Ajoutez le chou-fleur, les pommes de terre, l'eau et le bouillon en poudre. Portez à ébullition. Baissez le feu ; laissez mijoter 10 minutes à découvert. Ajoutez les courgettes et faites cuire 20 minutes en remuant. Ajoutez la crème. À l'aide d'un mixeur plongeant, mixez jusqu'à obtenir une consistance homogène, en ajoutant un peu plus d'eau si nécessaire.

3 Faites chauffer le gril ou une plaque à grillades. Badigeonnez les deux côtés des tranches de pain avec l'huile supplémentaire et faites-les griller.

4 Répartissez la soupe dans des bols, agrémentez de prosciutto et de persil. Poivrez et accompagnez chaque bol de tranches de pain.

conservation Vous pouvez préparer la soupe 2 jours à l'avance et la conserver au réfrigérateur ou la garder 3 mois au congélateur.

préparation + cuisson 10 minutes pour 4 personnes

Houmous de petits pois & TOASTS

- 240 g de pois chiches en boîte, égouttés et rincés
- 120 g de petits pois surgelés, décongelés
- 2 oignons verts émincés
- ½ botte de menthe
- 2 c. à s. de jus de citron
- 1 c. à s. de tahini
- 1 petite gousse d'ail écrasée
- 1 c. à c. de cumin moulu
- 1 c. à c. d'eau bouillante
- 4 tranches de pain aux graines de soja et de lin de 40 g chacune, grillées
- 100 g de tomates poires jaunes, coupées en deux
- 50 g de feta émiettée
- 2 c. à s. de mélange de graines et de fruits à coque
- 1 poignée de micropousses de cresson
- 1 c. à s. d'huile d'olive vierge extra

1 À l'aide d'un robot, mixez les pois chiches, les petits pois, les oignons verts, la menthe, le jus de citron, le tahini, l'ail et le cumin avec l'eau bouillante jusqu'à obtenir une consistance homogène. Poivrez.
2 Étalez le houmous sur les toasts en couche épaisse. Agrémentez de tomates, de feta, du mélange de graines et de micropousses de cresson. Versez dessus un filet d'huile.

astuce Nous avons utilisé un mélange de graines et de fruits à coque à base d'amandes, de graines de tournesol et de noix.
Les micropousses de cresson sont récoltées au moment où le cresson est au stade de plantule. Les feuilles vertes sont tendres avec un goût fort de radis. On les trouve toute l'année. Vous pouvez les remplacer par du persil plat finement haché, de la coriandre ou du cresson à maturité.

préparation + cuisson 45 minutes pour 2 personnes

Saumon grillé

LENTILLES ÉPICÉES & YAOURT À L'ANETH

IL EST RARE QUE L'ON PENSE AUX HERBES COMME SOURCE DE NUTRIMENTS, C'EST REGRETTABLE. LES FEUILLES DE CORIANDRE FRAÎCHE ONT DE BONNES PROPRIÉTÉS D'ANTIOXYDANTS ET UNE FORTE TENEUR EN VITAMINES K, UNE VITAMINE LIPOSOLUBLE PLUS CONNUE POUR LE RÔLE QU'ELLE JOUE DANS LA COAGULATION SANGUINE.

- » 80 g de lentilles vertes
- » 2 litres d'eau
- » 400 g de filet de saumon sans arête, avec la peau
- » 60 ml d'huile d'olive
- » 2 citrons (140 g)
- » 1 c. à c. de fleur de sel
- » 1 c. à c. de poivre noir concassé
- » 1 oignon (150 g) émincé
- » 2 gousses d'ail écrasées
- » 2 c. à c. de cumin moulu
- » 2 c. à c. de coriandre moulue
- » 100 g de jeunes feuilles d'épinard
- » ½ botte de coriandre
- » 2 c. à s. d'aneth finement haché
- » 140 g de yaourt grec
- » citron coupé dans la longueur et brins d'aneth, pour servir

1 Préchauffez le four à 200 °C. Tapissez une plaque de papier cuisson.
2 Mettez les lentilles et l'eau dans une grande casserole à feu moyen-vif. Portez à ébullition. Baissez sur feu moyen et laissez cuire 20 minutes. Égouttez.
3 Disposez le saumon, la peau en dessous, sur la plaque et badigeonnez de 1 cuillerée à soupe d'huile. Râpez finement le zeste de 1 citron sur le saumon, saupoudrez de ½ cuillerée à café de sel et de ½ cuillerée à café de poivre. Faites griller pendant 7 minutes : le saumon doit être presque cuit mais encore légèrement rosé au centre. Découpez le saumon en deux dans la longueur.
4 Faites chauffer le reste d'huile dans une poêle à feu moyen. Faites revenir l'oignon, l'ail et les épices 3 minutes en remuant. Ajoutez les lentilles dans la poêle, faites cuire 1 minute à couvert. Retirez la poêle du feu.
5 Pressez 1 citron dans un saladier. Ajoutez les lentilles, les épinards, la coriandre et le reste de sel et de poivre ; mélangez.
6 Pressez le citron restant dans un petit saladier. Ajoutez l'aneth et le yaourt ; mélangez. Assaisonnez.
7 Répartissez les lentilles dans des assiettes, posez dessus le saumon et agrémentez avec le yaourt. Assaisonnez. Décorez d'aneth et servez avec les tranches de citron.

variante Remplacez le saumon par une truite de mer sans arête et sans peau, et les épinards par de la roquette.

préparation + cuisson 45 minutes pour 4 personnes

Spaghettis de courgette AUX BOULETTES

VOICI UNE VERSION VÉGÉTARIENNE DU PLAT BIEN CONNU DES PÂTES AUX BOULETTES DE VIANDE, SAUF QUE NOUS N'UTILISONS NI PÂTES NI VIANDE. LES HARICOTS, LES NOIX ET LA FETA FERONT OFFICE DE BOULETTES SAVOUREUSES ET COPIEUSES TANDIS QUE LES COURGETTES JOUERONT LE RÔLE DES SPAGHETTIS. LE TOUT VOUS PROCURERA DES LÉGUMES ET COUVRIRA VOS BESOINS QUOTIDIENS EN PROTÉINES ET EN CALCIUM.

» 400 g de haricots blancs en boîte, égouttés et rincés
» 100 g de noix finement hachées
» 1 œuf
» ½ botte basilic, feuilles hachées
» 2 gousses d'ail émincées
» 50 g de farine de pois chiches
» 120 g de feta émiettée
» 60 ml d'huile d'olive vierge extra
» 2 boîtes de 400 g de tomates concassées
» 125 ml de bouillon de légumes ou d'eau
» 4 grandes courgettes (600 g), coupées en spaghettis avec un spiraliseur

1 Écrasez les haricots dans un grand saladier à l'aide d'une fourchette. Ajoutez les noix, l'œuf, la moitié du basilic, l'ail, la farine et la moitié de la feta ; mélangez. Assaisonnez.
2 Avec des mains humides, faites des boulettes de 4 cm de diamètre avec ce mélange.
3 Faites chauffer 1 cuillerée à soupe d'huile dans une grande poêle à feu moyen. Faites revenir les boulettes en les retournant souvent pendant 5 minutes.
4 Versez les tomates, le bouillon et le reste d'huile dans la poêle sur les boulettes ; assaisonnez. Faites cuire 15 minutes jusqu'à ce que la sauce épaississe et réduise légèrement et que les boulettes soient bien enrobées.
5 Mettez les courgettes dans un grand tamis ou une grande passoire par-dessus un grand saladier résistant à la chaleur. Versez de l'eau bouillante pour les ramollir. Égouttez et réservez.
6 Versez la sauce aux boulettes sur les spaghettis de courgette. Agrémentez avec le reste de feta et de basilic. Assaisonnez.

astuce Les spiraliseurs sont vendus dans les magasins d'ustensiles de cuisine. Vous pouvez aussi couper les courgettes en julienne à l'aide d'une mandoline ou d'un couteau pointu.

préparation + cuisson 30 minutes (+ réfrigération & refroidissement) pour 2 personnes

Poulet au gingembre
SALADE D'AGRUMES

- 2 blancs de poulet (500 g)
- 2 c. à s. d'huile végétale
- 1 grande courgette (150 g)
- 1 grosse carotte (180 g)
- 3 betteraves chioggia (350 g) émincées
- 60 g germes de soja
- 40 g de noix de cajou grillées
- 1 oignon vert émincé
- ½ petit pamplemousse rose (175 g)
- 1 citron vert (65 g), coupé en deux

MARINADE

- 60 ml de sauce soja
- 1 c. à s. de sirop d'érable pur
- 2 gousses d'ail
- 2 c. à c. de gingembre frais, finement râpé
- ½ c. à c. de coriandre moulue
- 6 brins de coriandre
- 2 c. à s. de jus de citron vert

VINAIGRETTE

- 1 c. à s. de sirop d'érable pur
- 50 g de noix de cajou grillées
- 1 c. à c. de gingembre frais, finement râpé
- ½ grand piment rouge frais, épépiné
- 2 c. à s. de jus de citron vert
- 1 c. à s. de sauce soja
- ½ botte de coriandre

1 Préparez la marinade.
2 Mettez le poulet dans un saladier, versez dessus la marinade. Couvrez de film alimentaire et laissez mariner au moins 2 heures au réfrigérateur. Égouttez ; jetez la marinade.
3 Faites chauffer l'huile dans une poêle à feu moyen. Faites cuire le poulet 4 minutes de chaque côté. Disposez-le sur une assiette et laissez refroidir 10 minutes. Découpez-le en tranches épaisses.
4 Préparez la vinaigrette.
5 À l'aide d'un épluche-légumes, coupez la courgette et la carotte en longues lanières. Mettez les lanières de légumes, les betteraves, les germes de soja, les noix de cajou et l'oignon vert sur un grand plat.
6 Avec un petit couteau pointu, pelez à vif le pamplemousse et une moitié de citron vert. Découpez les agrumes le long des membranes pour dégager des quartiers ; ajoutez-les à la salade.
7 Disposez sur la salade le poulet en tranches, agrémentez de vinaigrette ; assaisonnez. Coupez la moitié de citron vert restante en deux. Servez la salade avec le citron vert et le reste de vinaigrette.
marinade Mixez tous les ingrédients jusqu'à obtenir une consistance homogène.
vinaigrette Mixez tous les ingrédients jusqu'à obtenir une consistance aussi homogène que possible.

variante Le pamplemousse peut être remplacé par des quartiers d'orange navel ou d'orange sanguine. Pressez les membranes des agrumes pour obtenir 2 cuillerées à soupe de jus que vous pouvez ajouter à la vinaigrette à la place du jus de citron vert.

préparation 25 minutes pour 2 personnes

Bol de légumes crus
NAM JIM À LA NOIX DE COCO

- 2 petites têtes de brocoli (500 g)
- 200 g de daikon coupé en julienne
- 1 carotte violette (120 g) coupée en julienne
- 1 mangue verte (350 g) pelée, coupée en julienne
- 60 g d'asperges coupées en rubans dans la longueur
- 175 g de noix de cajou grillées, hachées
- 6 brins de basilic thaï
- 6 brins de coriandre

NAM JIM À LA NOIX DE COCO

- 2 grands piments verts frais, épépinés, hachés
- 2 échalotes (50 g) épluchées, grossièrement hachées
- 2 gousses d'ail grossièrement hachées
- 2 c. à s. de feuilles de coriandre
- 60 ml de jus de citron vert
- 60 ml de crème de coco
- 1 c. à s. de sauce de poisson
- 1 c. à s. de miel cru

1 Préparez le nam jim à la noix de coco.
2 Avec un couteau pointu, coupez les têtes de brocoli en très petits morceaux. Taillez les tiges ; avec un économe à julienne, détaillez les tiges en longues allumettes fines (à défaut, avec un couteau aiguisé). Mettez le brocoli dans un grand saladier.
3 Ajoutez les autres ingrédients dans le saladier, versez dessus le nam jim à la noix de coco ; remuez pour bien mélanger. Servez.
nam jim à la noix de coco À l'aide d'un mixeur ou d'un robot, mixez les ingrédients jusqu'à obtenir une consistance homogène. (Pour 310 ml)

astuce Un économe à julienne ressemble à un coupe-légumes ordinaire, sauf qu'il est muni de dentelures larges pour faciliter la coupe en julienne. Servez-vous-en pour couper le daikon, la carotte et la mangue en julienne tout comme le brocoli.

variante Si vous n'avez pas de carotte violette, utilisez une carotte ordinaire.

conservation Le nam jim se conserve 3 jours au réfrigérateur dans un récipient hermétique ; remuez-le avant de servir.

Sauces

préparation + cuisson 10 minutes pour 375 ml

SAUCE SATAY À LA NOIX DE COCO

Faites chauffer 1 cuillerée à soupe d'huile d'olive dans une casserole, à feu moyen. Faites revenir 1 cuillerée à café de gingembre râpé, 1 petit piment rouge frais finement haché et 1 gousse d'ail écrasée pendant 2 minutes pour qu'ils embaument. Ajoutez 120 g de beurre de cacahuète avec morceaux sans sel, 3 cuillerées à café de sauce soja, 1 cuillerée à café de sauce de poisson et 1 cuillerée à café de sucre de coco ou de stévia en poudre ; mélangez sur feu moyen. Incorporez progressivement 270 ml de crème de coco en boîte et faites chauffer 3 minutes, en remuant. Ajoutez 1 cuillerée à soupe de jus de citron vert.

idée Servez avec des brochettes de poulet ou de bœuf ou du gado-gado.

préparation + cuisson 35 minutes pour 375 ml

SAUCE BARBECUE FUMÉE

Faites chauffer 1 cuillerée à soupe d'huile d'olive dans une casserole, à feu moyen-vif. Faites revenir 1 oignon (150 g) finement haché 5 minutes. Ajoutez 2 gousses d'ail grossièrement hachées et 1 cuillerée à soupe de paprika ; faites chauffer jusqu'à ce que les parfums se libèrent. Ajoutez 2 cuillerées à café de gingembre râpé, 1 cuillerée à soupe de concentré de tomates, 1 cuillerée à soupe de moutarde de Dijon, 60 ml de sirop d'érable, 60 ml de vinaigre de cidre et 400 g de tomates concassées en boîte. Laissez mijoter 20 minutes, sans couvrir, pour que la sauce épaississe. Mixez en une sauce onctueuse, assaisonnez. Laissez refroidir.

idée Servez avec de l'agneau, du poulet, du bœuf ou du porc grillés.

préparation + cuisson 45 minutes pour 250 ml

SAUCE MIEL & PIMENT

Hachez grossièrement 4 longs piments rouges frais. Épépinez 12 longs piments rouges frais et hachez-les grossièrement. Mixez finement tous les piments avec 2 gousses d'ail. Transférez dans une casserole, ajoutez 425 ml de vinaigre de cidre, 225 g de miel cru et 60 ml d'eau ; faites cuire 5 minutes, en remuant, à feu doux, pour que le miel fonde. Augmentez le feu, portez à frémissement et poursuivez la cuisson 20 minutes, en remuant de temps en temps, jusqu'à ce que la sauce épaississe (elle continuera à épaissir en refroidissant). Laissez refroidir.

conservation Cette sauce se conserve 1 mois au réfrigérateur, dans une boîte hermétique ou un bocal.

idée Servez avec du poulet, des crevettes, du poisson ou des calamars grillés.

préparation + cuisson 1 h 15 pour 500 ml

KETCHUP DE TOMATES

Faites chauffer 1 cuillerée à soupe d'huile d'olive dans une casserole et faites revenir 1 petit oignon (80 g) grossièrement haché pendant 5 minutes. Ajoutez 800 g de tomates concassées en boîte et 125 ml de vinaigre de cidre ; portez à ébullition. Baissez le feu et ajoutez 2 cuillerées à soupe de concentré de tomates, 2 cuillerées à soupe de sirop d'érable, 1 cuillerée à café de fleur de sel, ½ cuillerée à café de clous de girofle moulus, 1 cuillerée à café de poivre de la Jamaïque moulu et ¼ de cuillerée à café de piment de Cayenne. Laissez mijoter 1 heure à feu doux pour que la sauce réduise et épaississe. Mixez si vous souhaitez un ketchup onctueux. Laissez refroidir.

idée Servez avec des hamburgers de bœuf, de poulet ou d'agneau et des frites.

préparation + cuisson 1 heure pour 6 personnes

Curry de pommes de terre, ÉPINARDS & POIS CHICHES

- 60 g de ghee
- 1 oignon (150 g) émincé
- 1 gousse d'ail écrasée
- 1 grand piment rouge frais, épépiné, émincé
- 2 c. à c. de gingembre finement râpé
- 2 c. à c. de graines de moutarde noire
- 2 c. à c. de graines de cumin
- 1 c. à c. de curcuma moulu
- 3 tomates (450 g) coupées en dés
- 1 kg de pommes de terre épluchées et coupées en morceaux de 2 cm
- 80 ml d'eau
- 300 g d'épinards grossièrement hachés
- brins de coriandre pour servir

DOSAS À LA CORIANDRE

- 150 g de farine de pois chiches
- 500 ml d'eau à température ambiante
- 2 c. à s. de jus de citron
- 6 brins de coriandre hachés

1 Faites chauffer 1 ½ cuillerée à soupe de ghee dans une casserole à feu moyen-vif. Faites revenir l'oignon 5 minutes en remuant. Ajoutez l'ail, le piment, le gingembre et les épices, et faites revenir 1 minute en remuant.

2 Versez les tomates dans la casserole. Laissez cuire 2 minutes en remuant. Ajoutez les pommes de terre et l'eau ; remuez. Faites cuire 35 minutes à couvert sur feu doux-moyen, en remuant souvent. Les pommes de terre doivent être tendres.

3 Préparez les dosas à la coriandre.

4 Juste avant de servir, ajoutez les épinards au curry. Laissez cuire 3 minutes jusqu'à ce que les feuilles soient flétries. Assaisonnez.

5 Décorez le curry avec des brins de coriandre. Servez avec les dosas.

dosas à la coriandre Battez la farine de pois chiches, l'eau et le jus de citron dans un saladier jusqu'à la formation d'une pâte homogène. Ajoutez un peu d'eau si nécessaire pour obtenir la consistance souhaitée. Ajoutez la coriandre. Faites chauffer 1 cuillerée à café de ghee dans une grande poêle antiadhésive de 22 cm de diamètre ou dans une poêle à crêpe tapissée d'un disque de papier cuisson à feu vif. Versez 80 ml de pâte dans la poêle en l'inclinant pour que le fond soit totalement recouvert. Laissez cuire 1 min 30 jusqu'à ce que des bulles apparaissent à la surface et que le dosa soit doré en dessous. Retournez-le à l'aide d'une spatule et laissez cuire 1 minute. Disposez-le sur une assiette. Répétez l'opération avec le reste de ghee et de pâte pour faire 6 dosas au total.

préparation + cuisson 1 h 30 (+ réfrigération) pour 4 personnes

Tourtes aux champignons & AU CHOU KALE

- 1 c. à s. d'huile d'olive
- 1 poireau (350 g) émincé
- 200 g champignons de Paris coupés en quatre
- 4 champignons portobello (200 g), grossièrement hachés
- 1 gousse d'ail émincée
- 60 g de feuilles de chou kale, grossièrement hachées
- ½ botte de persil plat, feuilles hachées
- 1 c. à c. de zeste de citron râpé
- 2 c. à c. de jus de citron
- 1 œuf légèrement battu
- 1 c. à c. de graines de sésame
- ½ c. à c. de graines de fenouil, grossièrement concassées
- ½ c. à c. de fleur de sel

PÂTE À L'ÉPEAUTRE

- 200 g de farine d'épeautre
- ¼ de c. à c. de sel fin marin
- 120 g d'huile de coco, à température ambiante
- 1 c. à s. d'eau glacée, environ

SAUCE BLANCHE

- 250 ml de lait
- 1 petit chou-fleur (750 g) finement haché
- 80 g de parmesan râpé

1 Préparez la pâte à l'épeautre.
2 Préparez la sauce blanche.
3 Préchauffez le four à 180 °C. Mettez 4 plats allant au four de 10 cm de diamètre et d'une contenance de 310 ml sur une plaque.
4 Faites chauffer l'huile dans une grande poêle à feu moyen et faites revenir le poireau 5 minutes en remuant. Ajoutez les champignons et l'ail, et laissez cuire 10 minutes en remuant. Versez le chou et faites cuire 1 minute jusqu'à ce que les feuilles soient flétries. Hors du feu, ajoutez le persil, le zeste et le jus de citron. Assaisonnez.
5 Mélangez la garniture aux champignons et la sauce blanche dans un grand saladier ; répartissez dans les plats.
6 Étalez la pâte entre 2 feuilles de papier cuisson sur 3 mm d'épaisseur. Découpez 4 disques de 12 cm de diamètre. Couvrez les plats avec les disques de pâte en pressant sur les bords pour bien fermer. Badigeonnez le dessus d'œuf battu, saupoudrez avec le mélange des graines et le sel. Enfournez 30 minutes.

pâte à l'épeautre Tamisez la farine et le sel dans un grand saladier. Versez des cuillerées à café d'huile de coco. Malaxez avec les doigts jusqu'à ce que le mélange ressemble à du sable humide. Ajoutez l'eau glacée, petit à petit, en remuant avec un couteau à beurre, jusqu'à ce que la pâte se forme. Pétrissez la pâte 30 secondes sur un plan de travail fariné. Enveloppez-la de film alimentaire et placez 10 minutes au réfrigérateur.

sauce blanche Versez le lait et le chou-fleur dans une casserole. Couvrez, faites mijoter 8 minutes sur feu doux-moyen. Laissez légèrement refroidir. Mélangez le chou-fleur et le parmesan jusqu'à obtenir une consistance homogène ; assaisonnez.

préparation + cuisson 40 minutes pour 4 personnes

Poulet mijoté à l'espagnole À LA TOMATE

- 1 pincée de safran
- 60 ml d'eau chaude
- 4 cuisses de poulet de 150 g chacune, dégraissées, sans la peau
- 1 oignon rouge (170 g) émincé
- 30 g de salami grossièrement haché
- 1 gousse d'ail écrasée
- 2 boîtes de 400 g de tomates cerises dans du jus de tomates
- 400 g de haricots cannellini en boîte, égouttés et rincés
- 60 g de lamelles de poivron grillé
- 350 g de broccolinis parés
- 2 c. à s. de persil plat haché
- 4 tranches de ciabatta de 20 g chacune

1 Mélangez le safran et l'eau chaude dans un pot.

2 Faites chauffer une grande poêle antiadhésive profonde à feu moyen. Faites dorer le poulet sur toutes ses faces. Retirez de la poêle.

3 Faites revenir l'oignon et le salami 3 minutes dans la poêle en remuant. Ajoutez l'ail et faites cuire 1 minute en remuant jusqu'à ce que les arômes se libèrent.

4 Versez les tomates et l'eau safranée dans la poêle ; portez à ébullition. Remettez le poulet dans la poêle. Baissez le feu et laissez mijoter 25 minutes à couvert jusqu'à ce que la sauce épaississe légèrement.

5 Ajoutez les haricots et le poivron. Faites mijoter 5 minutes à couvert jusqu'à ce que le poulet soit bien cuit.

6 Faites cuire les broccolinis à l'eau ou à la vapeur, égouttez-les.

7 Agrémentez le mijoté avec le persil. Servez avec les broccolinis et le pain.

variante Vous pouvez remplacer les broccolinis par n'importe quel légume vert cuit à la vapeur : les asperges, les haricots verts, les choux de Bruxelles, les brocolis, les épinards et les courgettes conviennent parfaitement.

préparation + cuisson 1 heure pour 4 personnes

Soupe aux patates douces & CÉLERI-RAVE

- 1 c. à s. d'huile de son de riz
- 1 oignon (150 g) grossièrement haché
- 1 gousse d'ail écrasée
- 2 c. à c. de gingembre frais finement râpé
- 2 c. à c. de cumin moulu
- 800 g de céleri-rave épluché, grossièrement haché
- 500 g de patates douces à chair orangée, épluchées et grossièrement hachées
- 250 ml de bouillon de volaille à faible teneur en sel
- 1,25 litre d'eau
- 70 g de yaourt grec
- 1 c. à s. de ciboulette fraîche hachée

1 Faites chauffer une casserole à feu doux-moyen. Ajoutez l'huile et l'oignon, et faites cuire 5 minutes à couvert en remuant de temps en temps jusqu'à ce que l'oignon soit tendre. Ajoutez l'ail, le gingembre et le cumin, et faites cuire 1 minute en remuant jusqu'à ce que les arômes se libèrent.
2 Ajoutez le céleri-rave, les patates douces, le bouillon et l'eau. Portez à ébullition. Baissez le feu et laissez mijoter 20 minutes, à couvert, puis 20 minutes à découvert. Le céleri-rave et les patates douces doivent être très tendres. Laissez refroidir 10 minutes.
3 À l'aide d'un mixeur ou d'un robot, mixez la soupe jusqu'à obtenir une consistance homogène puis reversez dans la casserole. Réchauffez sur feu doux.
4 Répartissez la soupe dans 4 bols. Agrémentez de yaourt, de ciboulette et de poivre noir fraîchement concassé.

astuce Vous pouvez mixer la soupe à l'aide d'un mixeur plongeant.

préparation + cuisson 30 minutes pour 4 personnes

Beignets de maïs & brocoli
SALADE TOMATE BASILIC

- 95 g de petits bouquets de brocoli, hachés
- 120 g de farine complète
- ½ c. à c. de levure chimique
- 1 œuf
- 125 ml de lait écrémé
- 400 g de lentilles en boîte, égouttées et rincées
- 160 g de grains de maïs en boîte
- 40 g de cheddar râpé
- 2 oignons verts émincés
- ½ botte de basilic, finement haché
- 1 c. à s. d'huile d'olive
- 2 tomates (300 g) coupées en petits morceaux
- ½ botte de basilic supplémentaire
- 2 c. à c. de vinaigre balsamique

1 Versez l'eau bouillante sur les brocolis dans un saladier. Laissez reposer 1 minute puis égouttez.
2 Versez la farine et la levure dans un grand saladier, faites un puits au centre. Petit à petit, incorporez l'œuf et le lait jusqu'à obtenir une consistance homogène. Ajoutez les lentilles, le maïs, les brocolis, le fromage, les oignons verts et le basilic. Poivrez.
3 Faites chauffer l'huile dans une grande poêle antiadhésive à feu moyen-vif. En procédant par lots, versez des cuillerées à soupe de pâte dans la poêle, en laissant de la place pour que les beignets s'étalent. Faites cuire 2 minutes de chaque côté jusqu'à ce que les beignets soient dorés et bien cuits. Répétez l'opération pour faire 12 beignets au total.
4 Mélangez les tomates, les feuilles de basilic et le vinaigre dans un petit saladier.
5 Servez les beignets accompagnés de salade de tomates.

conservation S'il vous reste des beignets, vous pouvez les conserver 3 jours au réfrigérateur.

préparation + cuisson 45 minutes pour 4 personnes

Mijoté AU POISSON & AU FENOUIL

LES TOMATES SONT ACIDES, IL PEUT ÊTRE JUDICIEUX DE COMPENSER CETTE ACIDITÉ AVEC UN INGRÉDIENT SUCRÉ. POUR ÉQUILIBRER LES SAVEURS DE CE PLAT, NOUS AVONS CHOISI LE STÉVIA.

» 60 ml d'huile d'olive vierge extra
» 1 oignon (150 g) émincé
» 2 bulbes de fenouil (600 g) émincés, réservez les feuilles
» 2 gousses d'ail écrasées
» 1 grand piment rouge frais, émincé
» 125 ml de vin blanc sec
» 750 m de fumet de poisson (voir page 121)
» 800 g de tomates en dés en boîte
» ¼ de c. à c. de stévia liquide ou de sucre non raffiné (facultatif)
» 750 g de filets de poisson blanc, sans arêtes, coupés en morceaux de 3 cm
» 2 c. à s. de persil plat frais grossièrement haché
» 4 tranches de pain au levain aux céréales (280 g)
» 2 c. à c. de zeste de citron râpé
» 1 citron (140 g) coupé en tranches dans la longueur

1 Faites chauffer 1 ½ cuillerée à soupe d'huile d'olive dans une grande poêle à feu moyen. Faites revenir l'oignon et le fenouil 5 minutes en remuant jusqu'à ce qu'ils soient tendres. Ajoutez l'ail et le piment, et laissez cuire 1 minute pour que les arômes se libèrent.
2 Versez le vin et portez à ébullition. Ajoutez le fumet de poisson, les tomates et la stévia ; portez à ébullition. Baissez sur feu doux-moyen et laissez mijoter 20 minutes à couvert. Assaisonnez. Ajoutez le poisson et faites cuire 5 minutes à couvert en remuant de temps en temps jusqu'à ce que le poisson soit bien cuit. Ajoutez le persil.
3 Juste avant de servir, faites chauffer une poêle-gril à feu moyen. Badigeonnez les tranches de pain avec le reste d'huile d'olive. Faites-les griller 1 minute de chaque côté.
4 Agrémentez le plat avec le zeste de citron et les feuilles de fenouil. Servez avec le pain grillé et les tranches de citron.

astuce Pour cette recette nous avons choisi du vivaneau. Vous pouvez aussi ajouter quelques fruits de mer comme des crevettes et des moules.

préparation + cuisson 40 minutes pour 4 personnes

Truite & radicchio
SALADE DE CÉRÉALES

- 200 g d'un mélange de riz complet et de quinoa
- 500 g de filets de truite de mer fraîche
- huile en vaporisateur
- 340 g d'asperges parées, coupées très finement dans la longueur (voir l'astuce)
- 2 miniconcombres (260 g) coupés finement dans la longueur (voir l'astuce)
- 200 g de jeune laitue romaine, feuilles séparées
- 100 g de radicchio, feuilles séparées
- 2 c. à s. de jus de citron
- 1 ½ c. à s. d'huile d'olive
- 140 g de yaourt grec
- 2 c. à c. de moutarde de Dijon
- 1 c. à c. de petites câpres au vinaigre, égouttés, rincés et finement hachés
- 2 filets d'anchois égouttés, finement hachés
- 1 citron coupé en quartiers

1 Faites cuire le mélange riz-quinoa comme indiqué sur le paquet ; égouttez, rincez à l'eau froide, égouttez de nouveau.

2 Vaporisez légèrement la truite d'huile, assaisonnez avec du poivre noir. Faites-la cuire 3 minutes dans une grande poêle antiadhésive, la peau en dessous, à feu vif ; retournez-la et faites cuire encore 2 minutes. Retirez la peau, puis émiettez la chair.

3 Mélangez les céréales, la truite, les asperges, les concombres, la laitue et le radicchio sur un grand plat. Ajoutez le jus de citron et l'huile ; remuez légèrement.

4 Préparez la vinaigrette. Mélangez les ingrédients restants dans un pot, sauf les quartiers de citron. Servez la salade avec la vinaigrette et les quartiers de citron.

astuce Servez-vous d'un épluche-légumes, d'une mandoline ou d'une lame en V pour couper finement les asperges et le concombre.

préparation + cuisson 1 heure (+ réfrigération) pour 4 personnes

Tarte aux blettes & AUX CHAMPIGNONS

- 110 g de farine d'épeautre complète
- 110 g de farine d'épeautre blanche
- 1 c. à c. de graines de fenouil
- 60 ml d'huile d'olive
- 1 œuf
- 1 c. à s. d'eau glacée, environ
- 20 g de margarine allégée
- 1 échalote émincée
- 3 gros champignons portobello (300 g), émincés
- 750 g de blettes parées et hachées
- 1 gousse d'ail écrasée
- 2 œufs supplémentaires, légèrement battus
- 50 g de fromage de chèvre
- 2 c. à s. de feuilles de persil plat

1 À l'aide d'un robot, mixez les farines et les graines jusqu'à ce que le tout soit bien mélangé. Ajoutez l'huile, l'œuf et l'eau ; mixez jusqu'à ce que les ingrédients soient bien incorporés. Formez un disque de pâte, enveloppez-le dans du film alimentaire et placez 30 minutes au réfrigérateur.
2 Faites fondre la margarine dans une grande poêle à feu vif. Faites revenir l'échalote et les champignons 8 minutes en remuant de temps en temps jusqu'à ce que le liquide se soit évaporé. Ajoutez les blettes et l'ail, et faites cuire 2 minutes en remuant jusqu'à ce que les feuilles soient flétries. Assaisonnez, laissez refroidir.
3 Préchauffez le four à 180 °C.
4 Étalez la pâte entre 2 feuilles de papier cuisson en un disque de 30 cm de diamètre et de 3 mm d'épaisseur. Retirez la feuille du dessus. Mettez la pâte avec la feuille du dessous sur une plaque. Disposez la garniture sur la pâte en laissant un bord de 6 cm. Rabattez les bords sur la garniture en formant des plis tous les 5 cm.
5 Badigeonnez les bords avec un peu d'œuf ; versez le reste d'œufs sur la farniture. Faites cuire 40 minutes au four.
6 Servez la tarte agrémentée de fromage de chèvre et de persil.

astuce La pâte est assez fragile ; si des fissures apparaissent, refermez-les avec les doigts.

conservation Si vous avez des restes de tarte, vous pouvez les conserver 2 jours au réfrigérateur.

préparation + cuisson 30 minutes (+ réfrigération) pour 4 personnes

Salade de lentilles, TOMATES ANCIENNES & ASPERGES

- 250 g de lentilles vertes
- 1 c. à c. d'huile de son de riz
- 1 oignon (150 g) finement haché
- 1 gousse d'ail écrasée
- 1 c. à c. de gingembre frais, finement râpé
- 1 c. à c. de garam masala
- 1 c. à s. de jus de citron vert
- 170 g d'asperges parées et coupées en tronçons de 5 cm
- 400 g de tomates cerises coupées en deux
- 2 branches de céleri (300 g), parées et coupées en allumettes
- ½ botte de menthe
- 40 g d'amandes nature effilées, grillées
- 80 g de feta émiettée

1 Faites cuire les lentilles selon les indications sur le paquet, rincez-les, égouttez-les.

2 Faites chauffer l'huile dans une poêle antiadhésive à feu moyen. Faites revenir l'oignon 5 minutes en remuant jusqu'à ce qu'il soit fondant. Ajoutez l'ail, le gingembre et le garam masala. Faites cuire 1 minute en remuant jusqu'à ce que les arômes se libèrent. Mettez le mélange d'oignon dans un grand récipient résistant à la chaleur. Ajoutez les lentilles et le jus de citron vert ; remuez. Assaisonnez. Laissez refroidir.

3 Versez de l'eau bouillante sur les asperges dans un récipient résistant à la chaleur. Laissez reposer 1 minute, égouttez. Refroidissez à l'eau froide ; égouttez de nouveau.

4 Ajoutez les asperges, les tomates, le céleri et la menthe au mélange de lentilles ; remuez. Servez agrémenté d'amandes et de feta.

Boissons glacées

préparation 10 minutes (+ réfrigération)
pour 1 litre

THÉ VERT GLACÉ AU CONCOMBRE

Faites infuser 2 sachets de thé vert dans 875 ml d'eau bouillante 5 minutes. Ajoutez 1 cuillerée à soupe de poudre cristallisée Pure Via® et mélangez jusqu'à dissolution. Placez au réfrigérateur. Remplissez à moitié un grand pichet de glaçons. Passez 2 miniconcombres (260 g) à l'extracteur de jus puis versez le jus dans le pichet. Ajoutez 1 cuillerée à soupe de jus de citron vert, les feuilles de ½ botte de menthe écrasées, 1 miniconcombre (130 g) en tranches fines, ½ pomme pink lady (75 g) en tranches fines et le thé vert refroidi. Mélangez.

astuce Si vous n'avez pas d'extracteur de jus, mixez les concombres dans un blender puis filtrez.

préparation 25 minutes (+ réfrigération)
pour 1,25 litre

CHAÏ GLACÉ AU LAIT D'AMANDE

Versez 750 ml d'eau dans une casserole, ajoutez 2 cuillerées à café de feuilles de thé noir, 2 bâtons de cannelle, 1 gousse de vanille fendue en deux, 1 cuillerée à soupe de poudre cristallisée Pure Via®, 5 tranches épaisses de gingembre, 6 clous de girofle, 8 gousses de cardamome écrasées, ½ cuillerée à café de grains de poivre noir et 1 lanière de zeste d'orange de 3 × 5 cm. Portez à ébullition. Baissez le feu et laissez mijoter 20 minutes : le liquide doit réduire jusqu'à 250 ml. Laissez refroidir puis placez au réfrigérateur. Remplissez 4 grands verres de glaçons. Versez 60 ml de chaï dans chaque verre et ajoutez 250 ml de lait d'amande par verre.

astuce Le chaï se conserve 2 semaines au réfrigérateur.

préparation 25 minutes (+ réfrigération)
pour 1 litre

INFUSION GLACÉE CITRON CAMOMILLE

Portez 1,25 litre d'eau à ébullition dans une casserole. Hors du feu, ajoutez 3 sachets de camomille, 2 cuillerées à soupe de thym citron frais et 4 rondelles de citron. Ajoutez 2 cuillerées à soupe de poudre cristallisée Pure Via® et mélangez jusqu'à dissolution. Couvrez et laissez infuser 20 minutes. Filtrez puis placez 1 heure au réfrigérateur. Servez avec des glaçons, des rondelles de citron et quelques brins de thym citron.

astuce La camomille est connue pour ses effets calmants et apaisants. Prenez un peu de cette infusion avant de vous coucher.

préparation 10 minutes (+ réfrigération)
pour 1,25 litre

THÉ GLACÉ FRAISES & BASILIC

Portez 1 litre d'eau à ébullition dans une casserole. Hors du feu, ajoutez 3 sachets de thé blanc et 1 grosse poignée de feuilles de basilic, couvrez et laissez infuser 5 minutes. Retirez les sachets de thé et le basilic. Placez le thé au réfrigérateur. Mixez 250 g de fraises équeutées, 60 ml de thé infusé et 1 cuillerée à soupe de poudre cristallisée Pure Via®, filtrez à travers un tamis. Incorporez la purée de fraises au thé avec 2 cuillerées à soupe de jus de citron. Remplissez à moitié un grand pichet de glaçons, ajoutez 2 brins de basilic et 10 fraises coupées en deux. Versez le thé et mélangez.

préparation + cuisson 50 minutes (+ repos) pour 4 personnes

Pains plats agneau & betterave
YAOURT AU TAHINI

- 80 g de farine complète
- 150 g de farine blanche
- 160 ml d'eau, environ
- 1 c. à s. d'huile de riz
- 1 oignon rouge (170 g) émincé
- 200 g d'agneau maigre haché
- 3 gousses d'ail écrasées
- 2 c. à c. de cumin moulu
- ¼ de c. à c. de piment séché
- 200 g de betterave sous vide, coupée en tranches
- 250 g de tomates cerises coupées en deux
- 6 brins de menthe
- 6 brins de coriandre

YAOURT AU TAHINI

- 140 g de yaourt nature allégé
- 1 c. à s. de tahini
- 1 gousse d'ail écrasée
- 1 c. à s. de jus de citron
- 1 c. à s. de coriandre ciselée
- 1 c. à s. de menthe ciselée
- 1 c. à c. de cumin moulu
- 1 c. à s. d'eau

1 Mélangez les farines tamisées dans un saladier. Ajoutez assez d'eau pour obtenir une pâte molle. Pétrissez la pâte 1 minute sur un plan de travail fariné pour qu'elle soit homogène. Divisez-la en 2 pâtons. Couvrez et laissez reposer 30 minutes.
2 Faites chauffer l'huile dans une grande sauteuse antiadhésive à feu moyen-doux. Faites revenir l'oignon 5 minutes, puis ajoutez la viande hachée et faites sauter 5 minutes à feu vif. Ajoutez l'ail, le cumin et le piment, et faites revenir 1 minute en remuant.
3 Préchauffez le four à 220 °C. Abaissez un pâton entre 2 feuilles de papier cuisson pour obtenir un ovale de 30 cm. Jetez la feuille du dessus. Placez la feuille du dessous et le fond de pâte sur une grande plaque de cuisson. Garnissez avec la moitié de l'agneau, de la betterave et de la tomate. Répétez avec l'autre pâton et le reste des ingrédients pour former 2 pains plats garnis.
4 Faites cuire 15 minutes, en intervertissant les plaques à mi-cuisson, jusqu'à ce que la pâte soit dorée et croustillante.
5 Préparez le yaourt au tahini.
6 Servez les pains plats avec le yaourt. Parsemez de menthe et de coriandre.
yaourt au tahini Mélangez les ingrédients dans un bol. Assaisonnez.

préparation + cuisson 1 heure pour 4 personnes

Salade sabji À LA COURGE

- 1,2 kg de courge kabocha
- 80 ml d'huile d'olive vierge extra
- 2 c. à c. de zeste de citron râpé
- 2 c. à s. de jus de citron
- 4 radis (60 g), en fines rondelles
- 2 oignons verts émincés
- ½ petit bouquet de basilic
- ½ petit bouquet de coriandre
- ½ petit bouquet de menthe
- ½ petit bouquet d'aneth
- 4 pains plats libanais (320 g)
- 280 g de labné
- 250 g de petites tomates de différentes couleurs, en rondelles ou en quartiers
- 45 g de pistaches hachées

MÉLANGE D'ÉPICES ADVIEH

- 2 c. à c. de pétales de rose séchés
- 1 c. à c. de graines de carvi
- 1 c. à c. de cannelle
- 1 c. à c. de noix de muscade
- 1 c. à c. de cardamome moulue
- ½ c. à c. de cumin moulu
- ½ c. à c. de clous de girofle moulus

1 Préchauffez le four à 220 °C. Chemisez 2 plaques de papier cuisson.

2 Préparez le mélange d'épices advieh.

3 Lavez la courge, coupez-la en deux et retirez les graines. Coupez-la en 12 tranches. Répartissez les tranches sur les plaques. Arrosez-les avec 2 cuillerées à soupe d'huile et assaisonnez-les avec 2 cuillerées à café de mélange d'épices, du sel et du poivre. Faites-les cuire 40 minutes au four.

4 Fouettez le reste d'huile avec le zeste et le jus de citron dans un bol. Assaisonnez.

5 Faites tremper les radis et les oignons verts dans de l'eau glacée 5 minutes puis égouttez-les et séchez-les sur du papier absorbant. Mélangez-les avec les herbes dans un saladier.

6 Faites griller les pains 3 minutes au four. Déposez-les sur les assiettes et garnissez-les de labné. Ajoutez de la courge, des tomates et de la salade de radis aux herbes. Parsemez de pistaches et arrosez de sauce avant de servir.

mélange d'épices advieh Pilez les pétales de rose avec les graines de carvi dans un mortier pour obtenir une poudre grossière. Mélangez avec les autres épices.

astuce L'advieh est un mélange d'épices iranien, utilisé pour parfumer des légumes, de la viande ou du poisson. Vous pouvez préparer vous-même le labné en suivant la recette page 78. Nous avons utilisé des tomates de diverses variétés pour apporter de la couleur. Coupez-les en deux, en quatre ou en rondelles en fonction de leur taille.

préparation + cuisson 25 minutes pour 4 personnes

Bouillon miso AU SAUMON & NOUILLES SOBA

- » 140 g de nouilles soba
- » 2 c. à c. d'huile de sésame
- » 1 ½ c. à c. de pâte de miso blanc (shiro)
- » 1 litre d'eau
- » 100 g de pois gourmands, émincés
- » 200 g de pousses d'épinard
- » 200 g de champignons enoki, parés
- » 240 g de saumon à sashimi, coupé en fines lamelles en travers des fibres
- » 2 c. à c. de graines de sésame grillées
- » 2 oignons verts émincés

1 Faites cuire les nouilles soba à l'eau frémissante 3 minutes puis égouttez-les. Rincez-les sous l'eau froide puis égouttez-les de nouveau. Mélangez-les avec l'huile de sésame dans un bol.

2 Mélangez le miso et l'eau dans une petite casserole ; faites chauffer à feu vif, en remuant, jusqu'à l'ébullition. Retirez du feu.

3 Répartissez les nouilles, les pois gourmands, les épinards, les champignons et le saumon entre des assiettes creuses et versez le bouillon chaud par-dessus. Parsemez de graines de sésame et d'oignons verts. Servez sans attendre.

astuce Vous pouvez saisir le saumon de chaque côté et le couper en tranches fines juste avant de l'ajouter à la soupe. Vous pouvez le remplacer par du thon ou de la truite saumonée.

préparation + cuisson 20 minutes (+ réfrigération) pour 4 personnes

Burgers aux crevettes FAÇON THAÏE

- 1 gousse d'ail
- 4 racines de coriandre, avec 1 cm de tige
- 1 c. à s. de gingembre frais, grossièrement haché
- 4 feuilles de citron kaffir, effilochées
- 2 grands piments rouges frais, émincés
- 16 petites crevettes royales crues (200 g), décortiquées et finement hachées
- 2 petites pommes de terre (240 g) grossièrement râpées
- 2 c. à s. d'huile de son de riz
- 1 ½ c. à s. de jus de citron vert
- 4 petits pains complets (85 g), coupés en deux dans la longueur
- 8 feuilles de laitue
- 1 petit oignon rouge (80 g), émincé
- 40 g de germes de soja
- 1 miniconcombre (130 g) coupé en lanières
- 1 petite botte de coriandre fraîche

1 Mélangez l'ail, les racines et les tiges de coriandre, le gingembre, les feuilles de citron kaffir et la moitié des piments. À l'aide d'un mortier et d'un pilon, broyez le mélange jusqu'à ce qu'il forme une pâte épaisse. Divisez la pâte en deux.

2 Mélangez une moitié de la pâte avec les crevettes et les pommes de terre dans un petit saladier ; avec des mains humides, formez 4 galettes. Couvrez, placez au moins 2 heures au réfrigérateur.

3 Versez la moitié de l'huile et 2 cuillerées à café de jus de citron vert dans le reste de pâte, dans un petit saladier. Couvrez, placez au réfrigérateur.

4 Faites chauffer le reste d'huile dans une petite poêle antiadhésive à feu doux et faites cuire les galettes 3 minutes de chaque côté. Disposez-les sur une assiette et versez dessus le reste de jus de citron vert.

5 Mettez les petits pains, côté croûte sur le dessus, dans la même poêle pendant 1 minute pour les réchauffer.

6 Mélangez la laitue, l'oignon, les germes de soja, le concombre, les feuilles de coriandre et le reste des piments dans la pâte réservée. Montez les burgers avec la salade et les galettes.

astuce Épépinez les piments si vous les préférez moins forts. Vous pouvez remplacer les crevettes par 200 g de filets de poisson blanc ferme, si vous le souhaitez.

préparation + cuisson 45 minutes pour 4 personnes

Calamar grillé
BOULGOUR AU CITRON FAÇON RISOTTO

- 400 g de têtes de calamar coupées en deux
- 1 gousse d'ail écrasée
- 1 c. à s. d'origan frais haché
- 2 c. à c. de zeste de citron râpé
- 2 c. à s. d'huile d'olive
- 1 petit oignon (80 g) finement haché
- 2 gousses d'ail écrasées supplémentaires
- 1 c. à s. de thym citron frais
- 160 g de boulgour
- 1 litre d'eau
- 240 g de petits pois surgelés
- 2 c. à s. de jus de citron
- 1 c. à s. de feuilles d'origan frais supplémentaires

1 Incisez l'intérieur du calamar en croisillons avec un petit couteau pointu. Découpez en lanières de 4 cm. Mélangez avec l'ail, l'origan haché, le zeste de citron et 1 cuillerée à soupe d'huile dans un saladier.
2 Faites chauffer le reste d'huile dans une poêle antiadhésive, à feu moyen. Faites revenir 5 minutes l'oignon et l'ail supplémentaire avec le thym citron, en remuant, jusqu'à ce qu'ils soient tendres.
3 Ajoutez le boulgour et l'eau. Faites cuire 15 minutes, en remuant de temps en temps, pour que le boulgour soit tendre. Ajoutez les petits pois et le jus de citron, et faites sauter 2 minutes ou jusqu'à ce que le mélange soit bien chaud.
4 Faites cuire le calamar 2 minutes sur une poêle-gril chaude (ou au barbecue ou sous un gril), en retournant à mi-cuisson pour qu'il soit juste cuit.
5 Émincez le calamar. Servez le boulgour avec le calamar et parsemez d'origan.

variante Vous pouvez remplacer les calamars par des lanières de poulet ou de porc.

préparation + cuisson 20 minutes (+ réfrigération) pour 4 personnes

Bar croustillant
SALSA AUX MANDARINES

» 2 carottes (240 g) coupées en fines allumettes
» 1 branche de céleri (150 g) parée, coupée en fines allumettes
» 4 oignons verts, coupés en biseau
» 4 filets de bar de 150 g chacun, avec la peau
» 4 petites mandarines (150 g), en quartiers
» 80 g de graines de grenade
» 1 citron coupé en quartiers

VINAIGRETTE AU CITRON
» 1 c. à c. de moutarde de Dijon
» 2 c. à s. de jus de citron
» 1 c. à s. d'huile d'olive
» 1 c. à c. de graines de sésame noir

1 Mettez les carottes, le céleri et les oignons verts dans un saladier rempli d'eau glacée. Placez 1 heure au réfrigérateur jusqu'à ce que des torsades se forment ; égouttez. Mettez dans du papier absorbant et tapotez jusqu'à ce que le tout soit sec.
2 Préparez la vinaigrette au citron.
3 Faites chauffer une poêle antiadhésive à feu moyen-vif. Faites cuire le poisson, côté peau, pendant 3 minutes. Retournez-le et faites cuire 1 minute jusqu'à ce qu'il soit bien cuit.
4 Mélangez les carottes, le céleri, les oignons verts, les mandarines, les graines de grenade et la vinaigrette dans un grand saladier.
5 Servez le poisson accompagné de la salsa aux mandarines et des quartiers de citron.
vinaigrette au citron Versez les ingrédients dans un shaker pour sauce à salade, fermez et secouez.

préparation + cuisson 2 heures (+ réfrigération) pour 6 personnes

Tarte Tatin
OIGNONS & PATATE DOUCE

- 20 g de beurre
- 1 c. à s. d'huile d'olive
- 1 c. à s. de sirop d'érable pur
- 3 gousses d'ail émincées
- ½ c. à c. de noix de muscade
- 1 c. à s. de feuilles de thym citron frais
- 350 g de petites patates douces, coupées en rondelles de 1 cm d'épaisseur
- 250 ml d'eau
- 1 rouleau de pâte feuilletée
- 1 jaune d'œuf
- 1 c. à s. de lait ou d'eau
- 100 g de faisselle de chèvre

OIGNONS CARAMÉLISÉS

- 20 g de beurre
- 1 c. à s. d'huile d'olive
- 4 oignons (800 g) émincés
- 60 ml de vinaigre balsamique
- 2 c. à s. de sirop d'érable pur
- 1 c. à s. de moutarde de Dijon

1 Préparez les oignons caramélisés.

2 Faites chauffer le beurre, l'huile et le sirop d'érable dans une poêle de 30 cm de diamètre, à feu moyen. Faites revenir l'ail 1 minute, en remuant. Retirez du feu. Saupoudrez la noix de muscade et le thym sur le fond de la poêle puis déposez les rondelles de patate douce, en une seule couche. Assaisonnez. Versez la moitié de l'eau sur la patate douce. Remettez la poêle sur le feu et faites cuire 8 minutes pour que l'eau s'évapore. Ajoutez le reste d'eau et poursuivez la cuisson 8 minutes pour que la patate douce soit caramélisée à la base. Laissez reposer 5 minutes hors du feu.

3 Déposez les oignons caramélisés en une seule couche sur la patate douce, en les étalant avec le dos d'une cuillère. Laissez refroidir complètement au réfrigérateur.

4 Préchauffez le four à 200 °C.

5 Posez la pâte sur la poêle. Rentrez les bords de pâte dans la poêle pour entourer la garniture. Badigeonnez la pâte d'œuf battu avec le lait, au pinceau, et piquez-la avec une fourchette. Faites cuire 20 minutes au four. Laissez reposer 5 minutes.

6 Avant de servir, faites chauffer la poêle 30 secondes à feu moyen pour décoller le fond, puis retournez la tarte sur une planche en bois. Garnissez de cuillerées de faisselle de chèvre et de thym citron.

oignons caramélisés Faites chauffer le beurre et l'huile dans une poêle à fond épais, à feu moyen. Faites revenir les oignons 30 minutes, en remuant souvent. Ajoutez le vinaigre, le sirop d'érable et la moutarde, et poursuivez la cuisson 30 minutes à feu doux, pour que les oignons soient caramélisés. Assaisonnez.

idée Parsemez la tarte de feuilles de roquette.

Apéros, entrées & en-cas

SAINS & ÉQUILIBRÉS

préparation + cuisson 10 minutes pour 6 personnes

Pop-corn À L'ANETH

- 1 c. à c. de coriandre moulue
- 1 c. à c. de graines de moutarde jaune
- 1 c. à c. de grains de poivre noir
- 1 c. à c. de sel à l'ail
- 1 c. à c. de fleur de sel
- ½ botte d'aneth, finement haché
- 60 ml d'huile d'olive
- 2 c. à s. d'huile d'olive supplémentaire
- 180 g de maïs à pop-corn

1 Écrasez les épices et les sels dans un mortier à l'aide d'un pilon. Ajoutez l'aneth et l'huile.
2 Faites chauffer l'huile supplémentaire dans une grande casserole à fond épais à feu moyen. Ajoutez le maïs, couvrez et faites cuire pendant 3 minutes en secouant la casserole de temps en temps jusqu'à ce que le maïs ait éclaté.
3 Versez le pop-corn dans un grand saladier ; jetez tout maïs non éclaté. Ajoutez l'assaisonnement à l'aneth et mélangez. Servez.

VARIANTES
pop-corn moelleux N'utilisez pas les ingrédients de l'étape 1. Mélangez 60 ml d'huile d'olive, 1 cuillerée à café de paprika fumé, ½ cuillerée à café de sel à l'ail et 15 g de flocons de levure nutritionnelle. Mélangez au pop-corn chaud.
pop-corn au wasabi, au nori & au sésame N'utilisez pas les ingrédients de l'étape 1. Coupez 2 feuilles d'algue nori en fines lamelles avec des ciseaux de cuisine. Mélangez 2 cuillerées à café de pâte de wasabi, 2 cuillerées à café de tamari, 2 cuillerées à café d'huile de sésame et 2 cuillerées à café d'huile d'olive jusqu'à obtenir un mélange homogène.
Mélangez cet assaisonnement au pop-corn chaud. Ajoutez le nori et 2 cuillerées à soupe de graines de sésame. Remuez pour que le pop-corn soit bien enrobé.

AUSTRA

préparation + cuisson 35 minutes pour 4 personnes

Minifrittatas AUX ÉPINARDS & AU POIREAU

- » 2 c. à c. d'huile d'olive
- » 1 petit poireau émincé
- » ½ gousse d'ail écrasée
- » 120 g de jeunes pousses d'épinard ciselées
- » 5 œufs
- » 125 ml de crème liquide
- » 1 c. à s. de menthe ciselée
- » 1 c. à s. de basilic ciselé
- » 1 c. à s. d'aneth ciselé
- » 100 g de feta émiettée

1 Préchauffez le four à 180 °C. Chemisez 8 alvéoles d'un moule pour 12 muffins avec des caissettes en papier.
2 Dans une casserole, faites revenir le poireau dans l'huile pendant 3 minutes, en remuant. Ajoutez l'ail et faites cuire 2 minutes jusqu'à ce que le poireau soit tendre. Ajoutez les épinards et faites-les cuire 30 secondes, en remuant, jusqu'à ce qu'ils tombent. Retirez du feu.
3 Battez les oeufs avec la crème et les herbes dans un bol, assaisonnez.
4 Répartissez la préparation aux épinards dans les alvéoles du moule. Versez par-dessus le mélange aux œufs, puis recouvrez de feta.
5 Enfournez les frittatas 20 minutes jusqu'à ce qu'elles prennent. Laissez-les reposer 5 minutes dans le moule. Servez-les chaudes ou à température ambiante.

conservation Les frittatas se conservent 5 jours au réfrigérateur dans une boîte hermétique, ou 1 mois au congélateur.

préparation + cuisson 1 heure pour 4 personnes

Frites de légumes AU GUACAMOLE

VOUS DEVREZ PEUT-ÊTRE DÉCLENCHER LA VENTILATION DE VOTRE FOUR AU COURS DES 5 À 10 DERNIÈRES MINUTES DE CUISSON SI VOUS TROUVEZ QUE LES FRITES NE SONT PAS ASSEZ DORÉES. LA SPIRULINE N'EST PAS INDISPENSABLE POUR LE GUACAMOLE, ELLE EST LÀ POUR VOUS APPORTER TOUS LES NUTRIMENTS NÉCESSAIRES.

» 1 grosse patate douce à chair orangée (500 g)
» 2 gros panais (700 g)
» 60 ml d'huile d'olive vierge extra

» **GUACAMOLE**
» 2 gros avocats (500 g)
» 1 petit piment rouge frais, émincé
» 1 petite gousse d'ail écrasée
» 1 c. à s. de jus de citron vert
» ½ botte de coriandre hachée
» ¼ de c. à c. de spiruline (facultatif)

1 Préchauffez le four à 220 °C. Tapissez 2 grandes plaques de papier cuisson.
2 Brossez les légumes, séchez-les dans du papier absorbant. Coupez les légumes non épluchés en frites d'une épaisseur de 1 cm. Mettez les frites dans un saladier, arrosez-les d'huile d'olive et remuez pour bien les enrober.
3 Étalez les légumes en une seule couche égale sur les plaques. Salez.
4 Faites cuire 45 minutes au four, en retournant les frites à mi-cuisson, jusqu'à ce qu'elles soient tendres et dorées.
5 Préparez le guacamole.
6 Servez les frites chaudes avec le guacamole.
guacamole Écrasez les avocats dans un saladier. Ajoutez les autres ingrédients, mélangez et assaisonnez.

info nutrition La spiruline est une algue de mer riche en nutriments, bourrée de minéraux, de vitamine B et de fer. Il est préférable de l'acheter en petites quantités car il semblerait que ses bénéfices nutritionnels diminuent après 3 mois d'ouverture. On la trouve dans les grands supermarchés et dans les magasins bio. Vous pouvez aussi servir cette recette avec une salade d'épinards et de cresson pour un repas plus substantiel.

préparation + cuisson 20 minutes pour 4 personnes

Dip crémeux CAROTTES & MISO

» 4 tortillas de blé (50 g)
» huile en vaporisateur
» 2 carottes (260 g) grossièrement hachées
» 1 petite gousse d'ail hachée
» 1 échalote (25 g) grossièrement hachée
» 2 c. à s. de miso blanc (shiro)
» 60 ml d'huile d'avocat ou d'huile végétale
» 2 c. à c. d'huile de sésame
» 2 c. à s. de vinaigre de vin de riz
» 1 c. à s. d'eau
» 1 c. à c. de graines de sésame noir
» 1 c. à s. de microfeuilles de coriandre

1 Préchauffez le four à 200 °C.
2 Disposez les tortillas sur 2 plaques, vaporisez-les d'huile des 2 côtés, salez. Faites cuire 4 minutes au four jusqu'à ce qu'elles soient dorées et croustillantes. Cassez-les en gros morceaux.
3 À l'aide d'un mixeur ou d'un robot, mixez les carottes, l'ail, l'échalote, le miso, les huiles, le vinaigre et l'eau pendant 30 secondes jusqu'à ce que le mélange soit homogène ; assaisonnez.
4 Servez le dip agrémenté de graines de sésame et de mocrofeuilles de coriandre, et accompagnée de morceaux de tortilla croustillants.

conservation Les morceaux de tortilla croustillants se conservent 3 jours dans un récipient hermétique. Le dip se conserve 3 jours au réfrigérateur ; remuez-le avant de servir.

préparation + cuisson 15 minutes pour 6 personnes

Soupe aux petits pois, AUX HERBES & À LA NOIX DE COCO

- 2 c. à s. d'huile de coco
- 200 g d'oignons verts émincés
- 1 kg de petits pois surgelés
- 400 ml de crème de coco en boîte
- 3 c. à c. de fleur de sel
- 750 ml d'eau bouillante
- 80 ml de jus de citron
- 2 bottes de basilic
- 2 bottes de coriandre
- ½ botte de brins d'aneth
- ½ botte de menthe
- yaourt grec ou yaourt de coco sans sucre pour servir (facultatif)

1 Faites chauffer l'huile de coco dans une grande casserole à feu moyen-vif. Faites revenir les oignons 3 minutes en remuant jusqu'à ce qu'il ramollisse. Augmentez sur feu vif, ajoutez les petits pois, la crème de coco, le sel et l'eau. Portez à ébullition puis laissez cuire 5 minutes en remuant de temps en temps jusqu'à ce que les petits pois soient bien cuits.

2 Retirez du feu, ajoutez le jus de citron et les herbes ; réservez 1 grosses poignée d'herbes pour le service. Laissez refroidir 5 minutes. Mixez petit à petit jusqu'à obtenir une consistance homogène. Remettez la soupe dans la casserole et réchauffez rapidement.

3 Servez la soupe dans des bols, agrémentée d'herbes et de yaourt, si vous le souhaitez ; assaisonnez.

préparation + cuisson 30 minutes pour 10 rouleaux

Rouleaux de printemps
PETITS POIS, MISO & MENTHE

» 240 g de petits pois surgelés, décongelés
» 1 avocat (250 g) grossièrement haché
» 1 c. à s. de miso blanc (shiro)
» 1 c. à c. de zeste de citron vert râpé
» 1 c. à s. de jus de citron vert
» 6 brins de menthe, feuilles hachées
» 10 feuilles de riz de 22 cm de diamètre
» 160 g de chou rouge finement haché
» 100 g de daikon coupé en julienne
» 1 c. à c. de graines de sésame noir
» gingembre mariné pour servir

1 À l'aide d'un robot, mixez grossièrement les petits pois, l'avocat, le miso, le zeste, le jus de citron vert et la menthe. Assaisonnez.
2 Mettez les feuilles de riz dans un saladier rempli d'eau tiède pendant 15 secondes pour qu'elles ramollissent. Disposez-les sur un torchon propre ou sur du papier absorbant.
3 Versez 1 cuillerée à soupe de chou au centre de chaque feuille, ajoutez dessus 2 cuillerées à soupe de purée aux petits pois et 1 cuillerée à soupe de daikon. Refermez et enroulez la feuille fermement pour bien envelopper la garniture. Agrémentez de quelques graines de sésame noir. Répétez l'opération avec les autres feuilles, la garniture et les graines. Servez avec du gingembre mariné.

conservation Il est préférable de préparer ces rouleaux le jour même. Vous pouvez les faire quelques heures à l'avance et les conserver recouverts de papier absorbant humide dans un récipient hermétique au réfrigérateur.

préparation + cuisson 20 minutes pour 400 g

Mix à grignoter épicé
AMANDES & GRAINES

PRENEZ CE MÉLANGE POUR VOUS REMETTRE DE VOTRE SÉANCE DE SPORT, OU CONSERVEZ-LE DANS UN POT À PORTÉE DE MAIN SUR VOTRE BUREAU. UNE SEULE POIGNÉE VOUS AIDERA À STABILISER VOTRE TAUX DE SUCRE DANS LE SANG JUSQU'AU PROCHAIN REPAS.

» 1 ½ c. à s. de miel cru
» ½ c. à c. de poivre de Cayenne
» ½ c. à c. de paprika fumé
» 1 ½ c. à c. de sel fin marin
» 1 ½ c. à s. d'huile de coco
» 160 g d'amandes nature
» 70 g de noisettes mondées
» 100 g de graines de courge
» 35 g de graines de tournesol
» 25 g de flocons de noix de coco

1 Préchauffez le four à 150 °C. Tapissez une grande plaque de papier cuisson.
2 Mélangez le miel, les épices, le sel et l'huile de coco dans un grand saladier. Ajoutez les amandes, les noisettes, les graines et la noix de coco ; mélangez jusqu'à ce que le tout soit bien enrobé.
3 Étalez le mélange en une seule couche sur la plaque.
4 Faites cuire 15 minutes au four en remuant de temps en temps jusqu'à légère coloration. Laissez refroidir sur la plaque. Divisez le mélange en petites portions.

conservation Vous pouvez conserver ce mélange dans un récipient hermétique pendant 1 semaine.

KEEP ON GOING

préparation + cuisson 1 heure pour 4 personnes

Chips de chou kale
AU SÉSAME & À LA CORIANDRE

CETTE RECETTE EST PLUS QU'UN EN-CAS. VOUS POUVEZ L'UTILISER POUR AGRÉMENTER DES SOUPES, DES SALADES ET DES ŒUFS.

» 70 g de tahini complet
» 2 c. à c. de coriandre moulue
» 1 c. à s. d'huile d'olive vierge extra
» 2 c. à s. de graines de sésame
» 1 c. à c. de fleur de sel
» 250 g de chou kale, sans les tiges

1 Préchauffez le four à 120 °C en chaleur tournante. Tapissez 2 grandes plaques de papier cuisson.
2 Mélangez le tahini, la coriandre, l'huile, les graines et le sel dans un grand saladier. Déchiquetez les feuilles du chou en morceaux de la taille d'une bouchée. Avec vos mains, frottez les feuilles avec le mélange de tahini pour bien les imprégner.
3 Disposez le chou en une seule couche sur les plaques. Faites cuire 50 minutes au four, en permutant les plaques à mi-cuisson : le chou doit être sec et croustillant.

astuce Le temps nécessaire pour faire sécher le chou peut varier selon la taille des morceaux.

conservation Les chips de chou kale se conservent 2 semaines dans un récipient hermétique.

préparation + cuisson 20 minutes pour 4 personnes

Guacamole au chia & à la tomate
CHIPS AU SUMAC

» huile en vaporisateur
» 4 tortillas
» 1 ½ c. à c. de sumac moulu
» 2 avocats grossièrement coupés
» 80 ml de jus de citron vert
» 1 petit oignon rouge émincé
» 60 g de tomates semi-séchées émincées
» 10 g de coriandre ciselée
» ½ c. à c. de paprika fumé
» 1 ½ c. à s. de graines de chia noir ou blanc
» 2 longs piments rouges émincés

1 Préchauffez le four à 200 °C. Chemisez 3 plaques de papier cuisson. Graissez celui-ci à l'huile de cuisson.
2 Coupez chaque tortilla en 16 triangles. Mettez-les en une seule couche sur les plaques. Avec un pinceau, badigeonnez de l'huile sur leur surface. Parsemez de sumac, assaisonnez. Enfournez 5 minutes pour qu'ils croustillent.
3 Mettez l'avocat et le jus de citron dans un bol. Écrasez légèrement à la fourchette. Incorporez l'oignon rouge, les tomates, la coriandre, le paprika, 1 cuillerée à soupe de graines de chia et trois quarts des piments. Salez.
4 Mettez le guacamole dans un bol de service. Garnissez du reste de piment et des graines de chia. Servez avec les chips au sumac.

conservation Le guacamole se conserve 2 jours au réfrigérateur. Les chips se conservent 1 semaine dans un récipient hermétique à température ambiante.

préparation + cuisson 1 heure (+ réfrigération) pour 12 boules

Boules d'énergie AU RIZ COMPLET

» 200 g de riz complet à grain moyen
» 625 ml de bouillon de volaille
» 2 c. à s. de tahini
» 1 c. à s. de tamari
» 1 c. à s. de vinaigre de cidre
» 2 c. à s. de graines de chia
» 2 oignons verts émincées
» 2 c. à c. de gingembre frais râpé
» 2 c. à s. de graines de sésame noir
» 2 c. à s. de graines de sésame blanc

1 Rincez le riz sous l'eau courante. Mettez le riz et le bouillon dans une casserole. Portez à ébullition. Baissez le feu, couvrez et faites cuire 40 minutes pour que le bouillon soit presque absorbé. Ôtez du feu. Couvrez, laissez reposer 5 minutes.
2 Mettez le riz chaud dans un saladier. Incorporez immédiatement le tahini, le tamari, le vinaigre, les graines de chia, les oignons verts et le gingembre. Assaisonnez. Laissez refroidir 5 minutes.
3 Faites des boules de 2 cuillerées à soupe du mélange. Roulez-les dans le sésame noir et blanc. Posez-les dans un plat sur un papier cuisson. Réfrigérez-les 30 minutes avant de manger.

astuce Les recettes contenant du riz doivent toujours être réfrigérées et jamais laissées à température ambiante (dans ce cas, le riz développe une bactérie pathogène).

conservation Les boules de riz peuvent être conservées 5 jours au réfrigérateur.

préparation 15 minutes pour 2 personnes

Salade de choux crus
MIETTES DE PUMPERNICKEL

POUR 2 EN PLAT VÉGÉTARIEN OU POUR 4 EN ACCOMPAGNEMENT, AVEC DU SAUMON OU DU PORC GRILLÉS.

» 125 g de choux de Bruxelles
» 1 minichou-fleur (125 g)
» 1 petit bulbe de fenouil (200 g)
» 40 g de raisins de Smyrne
» 1 ½ c. à c. de vinaigre de cidre
» 80 ml d'huile d'olive vierge extra
» ½ c. à c. de fleur de sel
» ½ c. à c. de poivre noir concassé
» 70 g de yaourt grec
» 1 tranche de pain de seigle pumpernickel (50 g), grossièrement hachée
» 1 c. à c. de câpres
» ½ pomme verte (75 g)

1 Retirez le bout et les premières feuilles des choux de Bruxelles. À l'aide d'un couteau pointu, coupez les choux de Bruxelles et le chou-fleur en tranches fines. Mettez-les dans un grand saladier. Parez le fenouil ; réservez la moitié des feuilles pour la décoration. Coupez le fenouil en tranches fines et ajoutez-les aux choux.
2 Mélangez les raisins de Smyrne, le vinaigre, 60 ml d'huile d'olive, le sel, le poivre et le yaourt dans un petit saladier.
3 Mixez le pumpernickel jusqu'à obtenir de grosses miettes. Faites chauffer une poêle à feu vif. Versez les miettes dans la poêle et faites-les griller à sec 4 minutes, en remuant.
4 Faites chauffer le reste d'huile dans une petite poêle à feu vif et faites revenir les câpres 2 minutes, en remuant, jusqu'à ce que la peau éclate. (Attention aux éclaboussures !)
5 Coupez la pomme en fines tranches dans le sens de la longueur. Ajoutez-la aux légumes. Versez dessus la sauce au yaourt et remuez délicatement.
6 Servez la salade agrémentée de miettes de pumpernickel, de câpres et de feuilles de fenouil.

préparation 15 minutes pour 4 personnes

Avocat à la purée d'amandes & AU MISO

- 1 ½ c. à s. de miso blanc (shiro)
- 2 c. à s. de purée d'amandes
- 2 c. à s. d'huile d'olive
- ½ c. à c. d'huile de sésame
- 1 c. à s. de mirin (saké très doux)
- 1 c. à s. d'eau
- 2 avocats
- 50 g de noix de cajou grillées et grossièrement hachées
- ½ c. à c. graines de sésame noir

1 Mélangez le miso, la purée d'amandes, les huiles et l'eau dans un pot jusqu'à obtenir une consistance lisse. Assaisonnez.
2 Coupez les avocats non pelés en deux. Jetez les noyaux, mettez l'assaisonnement dans leur creux. Parsemez de noix de cajou et de sésame. Servez.

astuce Utilisez vos assaisonnements ou dips préférés avec cet en-cas facile et rapide. Le miso à la purée d'amandes se conserve dans un récipient hermétique ; il accompagne également la salade verte.

préparation + cuisson 45 minutes pour 24 minipizzas

Minipizzas AU CHOU-FLEUR

- 300 g de fleurettes de chou-fleur hachées
- 60 g de poudre d'amandes
- 30 g de cheddar vieux
- 1 c. à c. de romarin frais, finement ciselé
- 1 c. à c. d'origan frais, finement ciselé
- 1 œuf légèrement battu
- 2 petites aubergines (160 g)
- 2 courgettes (240 g)
- 1 c. à s. d'huile d'olive
- 150 g de tomates concassées en boîte
- 1 gousse d'ail écrasée
- 20 g de feta émiettée
- 40 g de pignons de pin grillés
- 2 c. à s. de feuilles d'origan

1 Préchauffez le four à 220 °C. Graissez 2 moules à 12 minitartelettes et chemisez les fonds des alvéoles avec des petits disques de papier cuisson.
2 Mixez le chou-fleur dans un robot afin de le réduire en chapelure, puis versez-le dans un saladier. Ajoutez la poudre d'amandes, le cheddar, les herbes ciselées et l'œuf. Assaisonnez et mélangez. Répartissez cette préparation dans les moules en pressant la pâte au fond et sur les parois afin de lui donner la forme du fond de tarte. Enfournez 10 minutes jusqu'à ce que les fonds soient dorés et croustillants. Ôtez-les du four ; laissez le four allumé.
3 À l'aide d'une mandoline à lame droite ou en forme de V, coupez les aubergines et les courgettes en tranches de 3 mm d'épaisseur. Faites griller les légumes, d'un côté seulement, sur un gril chaud huilé pendant 2 minutes. Transvasez-les dans un saladier, ajoutez l'huile et assaisonnez. Remuez pour bien enrober les légumes d'huile.
4 Mélangez les tomates et l'ail. Versez 1 cuillerée à café de ce mélange sur chaque fond de pizza, puis recouvrez de légumes grillés et de feta.
5 Enfournez 5 minutes jusqu'à ce que la feta soit dorée. Aidez-vous d'un couteau à beurre pour démouler les minipizzas. Parsemez de pignons de pin et de feuilles d'origan.

astuce Préparez le double de fonds de pizza et congelez-en la moitié, de manière à en avoir tout prêts. Vous pouvez réaliser les minipizzas la veille et les réchauffer au micro-ondes, sur une assiette recouverte de papier absorbant, 1 minute à puissance maximale. Laissez reposer 2 minutes avant de servir.

préparation + cuisson 4 h 10 (+ refroidissement) pour 30 crackers

Crackers AUX GRAINES

SAVEZ-VOUS CE QUE VOUS POUVEZ FAIRE DE TOUTE LA PULPE DE LÉGUMES QUI VOUS RESTE APRÈS LES AVOIR PASSÉS À L'EXTRACTEUR DE JUS ? DES CRACKERS ! LA TEXTURE SÈCHE ET FIBREUSE DE LA PULPE EST PARFAITE POUR FAIRE DE SAVOUREUX CRACKERS À DÉGUSTER EN EN-CAS.

» 80 g de graines de lin
» 2 c. à s. (20 g) de graines de chia
» 80 ml d'eau
» 1 c. à s. de tamari
» 150 g de pulpe de légumes qui reste après l'extraction du jus (voir l'astuce)
» 35 g de graines de tournesol
» 2 c. à c. de graines de sésame
» ½ c. à c. de graines de cumin
» 1 c. à c. de grains de carvi
» 2 c. à c. de miel cru

1 Préchauffez le four à 100 °C. Graissez légèrement une plaque, puis tapissez-la de papier cuisson.
2 Mélangez les graines, l'eau et le tamari dans un grand saladier. Laissez reposer 5 minutes. Ajoutez les ingrédients restants ; mélangez. Tracez un rectangle de 30 × 40 cm sur du papier cuisson, retournez-le. À l'aide d'une cuillère, étalez le mélange au centre du rectangle tracé sur le papier ; placez dessus un second morceau de papier. Étalez la pâte jusqu'à remplir le rectangle, retirez le papier du dessus. Si vous préférez des crackers d'une seule et même taille, tracez des carrés de 5 cm sur la pâte à l'aide d'un couteau pointu.
3 Faites cuire 2 heures au four, retournez les crackers puis faites cuire encore 2 heures. Éteignez le four ; laissez les crackers refroidir complètement à l'intérieur.
4 Cassez les crackers en morceaux ou, à l'aide des marques, coupez-les en carrés. Mettez-les dans un récipient hermétique.

astuce Vous pouvez choisir n'importe quel légume avec lequel vous avez fait du jus ; nous nous sommes servis de carottes et de betteraves. Si vous faites un jus de fruits et de légumes, faites le jus de légumes en premier et retirez la pulpe qui vous servira pour les crackers avant de faire le jus de fruit. Vous pouvez conserver la pulpe de légumes 2 jours au réfrigérateur.

idées
Servez ces crackers avec de l'écrasé de fèves (voir page 122).
Tartinez-les avec du frawmage fumé (voir page 106).
Trempez-les dans la soupe aux petits pois, aux herbes & à la noix de coco (voir page 254).

conservation Les crackers se conservent 4 jours dans un récipient hermétique.

préparation + cuisson 1 heure pour 4 personnes

Pois chiches & haricots blancs SUCRÉS-SALÉS

- 2 boîtes de 400 g de pois chiches
- 2 boîtes de 400 g de haricots blancs
- 1 c. à s. d'huile d'olive vierge extra
- 1 c. à s. de zeste de citron vert en lanières très fines
- 2 c. à c. de cumin moulu
- 2 c. à c. de coriandre moulue
- 1 c. à c. de piment séché en flocons
- 1 c. à s. de sucre de coco

1 Préchauffez le four à 220 °C. Chemisez une plaque de four de papier cuisson.
2 Égouttez puis rincez les pois chiches et les haricots. Mettez-les dans un saladier résistant à la chaleur. Couvrez-les d'eau bouillante. Égouttez. Séchez-les bien sur du papier absorbant : plus ils sont secs, plus ils seront croustillants une fois sortis du four.
3 Mettez les pois chiches et les haricots sur la plaque. Enfournez 50 minutes, remuez de temps en temps.
4 Transférez les pois chiches et les haricots grillés dans un saladier. Ajoutez l'huile, le zeste de citron vert, le cumin, la coriandre, les flocons de piment et le sucre de coco. Assaisonnez généreusement de sel et de poivre noir fraîchement moulu. Mélangez bien.

astuce Vous pouvez faire cette recette avec des légumes secs : faites-les tremper une nuit puis faites-les cuire 1 h 30 dans de l'eau bouillante. Aromatisez avec les herbes et épices de votre choix.

conservation Ce mélange se conserve 4 jours dans un récipient hermétique.

préparation + cuisson 40 minutes pour 8 personnes

Socca aux oignons rôtis
YAOURT AU PIMENT

LA SOCCA, PARFOIS APPELÉE « FARINATA » EST UNE GALETTE TRADITIONNELLE D'ITALIE ET DE LA RÉGION DE NICE, À BASE DE FARINE DE POIS CHICHES.

Pour réaliser cette recette, il vous faudra une poêle allant au four.

» 1 oignon (150 g)
» 125 ml d'huile d'olive
» 180 g de farine de pois chiches
» 1 c. à c. de fleur de sel
» 310 ml d'eau tiède
» 2 c. à c. de romarin frais haché
» 1 c. à s. de petites tiges de romarin frais
» 20 g de parmesan finement râpé

YAOURT AU PIMENT

» 140 g de yaourt grec
» 1 c. à c. de miel cru
» 1 c. à s. de persil plat finement haché
» ¼ de c. à c. de piment séché en flocons

1 Préchauffez le four à 200 °C. Chemisez une plaque de papier cuisson.
2 Coupez l'oignon en 8 quartiers et séparez les épaisseurs les unes des autres. Mélangez-les dans un saladier avec 1 cuillerée à soupe d'huile pour les enrober. Assaisonnez. Étalez-les sur la plaque et faites rôtir 20 minutes au four.
3 Mélangez la farine, le sel, l'eau tiède, le romarin haché et 60 ml d'huile dans un saladier, au fouet, pour obtenir une pâte onctueuse. Poivrez. Laissez reposer 5 minutes.
4 Préparez le yaourt au piment.
5 Augmentez la température du four à 250 °C. Faites chauffer une grande poêle à fond épais allant au four, à feu moyen-vif. Ajoutez le reste d'huile et faites-la chauffer quelques secondes, puis versez la pâte et garnissez avec les oignons et les feuilles de romarin. Faites cuire 1 minute sur le feu puis poursuivez la cuisson 10 minutes au four pour que la socca soit dorée ; elle doit se détacher des parois de la poêle.
6 Servez la socca coupée en parts, garnie de parmesan et de yaourt au piment.
yaourt au piment Mélangez tous les ingrédients dans un bol.

conservation La socca se conserve 3 jours au réfrigérateur, dans une boîte hermétique, et 1 mois au congélateur. Réchauffez-la dans un appareil à croque-monsieur, en la plaçant entre 2 feuilles de papier cuisson.

préparation + cuisson 15 minutes pour 60 chips

Chips de nori AUX ÉPICES

» 2 c. à c. de graines de sésame
» 1 c. à c. de sel marin
» 10 feuilles d'algue nori
» 2 c. à s. d'huile de sésame

SHICHIMI TOGARASHI
» 1 c. à s. de zeste d'orange râpé
» 2 c. à c. de poivre noir concassé
» 1 c. à s. de piment séché en flocons
» 2 c. à c. de graines de sésame noir

1 Préparez le shichimi togarashi.
2 Écrasez les graines de sésame dans un mortier à l'aide d'un pilon ; mélangez-les avec 2 cuillerées à café de shichimi togarashi et avec le sel. (Gardez le reste de shichimi togarashi pour un autre usage.)
3 Avec des ciseaux, coupez chaque feuille de nori en triangles ou en carrés. Disposez-les sur une grande plaque tapissée de papier cuisson ; badigeonnez légèrement le nori avec de l'huile de sésame.
4 Faites chauffer une grande poêle antiadhésive à feu moyen-vif ; faites griller le nori, par lots, pendant 2 minutes de chaque côté jusqu'à ce qu'il soit croustillant. Remettez le nori sur la plaque tapissée de papier cuisson ; versez tout de suite dessus le shichimi togarashi.
shichimi togarashi Faites cuire le zeste dans une petite poêle à feu moyen pendant 5 minutes jusqu'à ce qu'il soit sec et croustillant. Mettez-le dans un pot à couvercle avec les autres ingrédients, secouez le pot pour bien mélanger.

astuce Le shichimi togarashi est un mélange japonais de 7 épices. Le mélange contient des poivres rouges, du poivre sansho, du zeste d'orange, des graines de sésame noir et blanc, des algues et du gingembre. Vous en trouverez du tout fait dans des boutiques asiatiques si vous ne souhaitez pas le préparer vous-même.

préparation + cuisson 25 minutes (+ refroidissement) pour 650 g

Noix de pécan & amandes AU ROMARIN

- 240 g de noix de pécan
- 320 g d'amandes nature
- 1 c. à s. de romarin frais finement haché
- 1 c. à c. de fleur de sel
- ½ c. à c. de poivre noir fraîchement moulu
- 180 ml de sirop de malt de riz

1 Préchauffez le four à 180 °C.

2 Disposez les noix de pécan et les amandes sur une plaque et faites-les griller 10 minutes (voir l'astuce). Mettez-les tout de suite dans un grand saladier résistant à la chaleur. Ajoutez le romarin, le sel et le poivre ; mélangez bien.

3 Versez le sirop de malt de riz dans une petite casserole à fond épais. Faites chauffer à feu vif sans remuer, en inclinant la casserole de temps en temps, pendant 10 minutes : le sirop doit atteindre 150 °C (jusqu'au grand cassé) sur le thermomètre à sucre. (Ou bien, versez une goutte de sirop dans un verre rempli d'eau glacée ; le sirop devrait former des filaments friables qui cassent si on les plie.)

4 En procédant rapidement, ajoutez le sirop au mélange tiède des fruits à coque ; remuez vigoureusement (voir l'astuce) à l'aide d'une cuillère en métal jusqu'à ce que le sirop durcisse. Avec les mains, cassez la préparation grossièrement et mélangez.

5 Laissez refroidir complètement puis mettez les fruits à coque caramélisés dans un grand pot hermétique.

astuce Pendant que les fruits à coque grillent, commencez l'étape 3 de sorte qu'ils soient chauds quand vous les mélangez au sirop. Il vous faudra travailler vite car le sirop durcit rapidement. Soyez toujours vigilant quand vous manipulez des sirops brûlants, ils peuvent provoquer des brûlures.

conservation Ce mélange se conserve 2 semaines au réfrigérateur.

préparation + cuisson 15 minutes pour 2 personnes

Soupe miso PIMENTÉE

- 75 g de pâte de miso avec dashi
- 750 ml d'eau
- 150 g de tofu soyeux coupé en cubes de 1 cm
- 3 oignons verts émincés en biais
- 1 long piment rouge émincé en biais
- 2 feuilles d'algue nori grillées, coupées en 8 morceaux
- 2 c. à c. de graines de sésame noir

1 Fouettez la pâte de miso et l'eau dans une petite casserole. Laissez frémir sur feu moyen.
2 Répartissez le tofu, les oignons verts, le piment et le nori dans 2 bols.
3 Versez la soupe miso par-dessus. Saupoudrez de sésame. Servez.

préparation + cuisson 50 minutes (+ repos) pour 4 personnes

Pain plat à la farine de teff

PÂTE À TARTINER AUX NOIX DE CAJOU

Cette recette est à commencer la veille.

- 100 g de farine de teff
- 1 c. à c. de levure chimique sans gluten
- ¼ de c. à c. fleur de sel
- 1 c. à c. de graines de nigelle
- 80 ml d'eau
- 3 œufs
- 1 c. à c. de vinaigre de cidre
- 1 c. à c. d'huile de coco ou d'huile en vaporisateur

PÂTE À TARTINER AUX NOIX DE CAJOU

- 250 g de noix de cajou nature
- 2 c. à c. de fleur de sel
- 2 c. à c. de flocons de levure nutritionnelle (voir page 106)
- 3 c. à c. d'huile d'olive
- 80 ml d'eau
- 2 c. à s. de jus de citron
- 1 gousse d'ail

1 Préparez la pâte à tartiner aux noix de cajou.
2 Tamisez la farine et la levure dans un saladier, ajoutez le sel et les graines. Faites un puits au centre, versez l'eau, les œufs et le vinaigre, et fouettez.
3 Faites chauffer une poêle antiadhésive de 15 cm de diamètre à feu moyen. Badigeonnez la poêle avec ¼ de cuillerée à café d'huile de coco ou vaporisez-la d'huile. Versez 80 ml de pâte dans la poêle chaude, étalez-la sur toute la surface avec un couteau à palette coudé. Faites cuire 2 minutes de chaque côté. Mettez le pain plat sur une assiette, couvrez-le pour le maintenir au chaud.
4 Répétez l'opération pour faire 4 pains plats au total. Coupez-les en grandes parts et servez-les avec la pâte à tartiner aux noix de cajou.
pâte à tartiner aux noix de cajou Mettez les noix de cajou dans un petit saladier. Couvrez-les d'eau froide et laissez tremper au moins 4 heures, à couvert. Égouttez les noix de cajou, rincez-les à l'eau froide. Mixez avec les autres ingrédients à l'aide d'un mixeur très puissant. (Pour 500 ml)

conservation Les pains plats sont meilleurs le jour même. Ils se gardent 1 mois au congélateur. La pâte de noix de cajou se conserve 3 semaines au réfrigérateur dans un récipient hermétique.

idée Ajoutez des tomates cerises anciennes coupées en deux ou en quatre, des feuilles de basilic, du sel et du poivre.

info nutrition La farine de teff provient des graines d'une herbe rustique. C'est un aliment de base en Éthiopie où on l'utilise pour faire l'iniera, du pain plat fermenté. Le teff est riche en protéines, en calcium et en amidon résistant, une forme de fibre alimentaire qui aide à équilibrer le taux de sucre dans le sang. Son goût agréable de noisette et son statut sans gluten ont contribué à le rendre populaire dans les pays occidentaux.

préparation + cuisson 45 minutes (+ réfrigération & congélation) pour 4 personnes

Soupe de nouilles au poulet CONTRE LA GRIPPE

CETTE RECETTE CONVIENT PARFAITEMENT POUR UN REPAS AU BUREAU EN PÉRIODE DE RHUMES ET DE GRIPPES. PRÉPAREZ UN LOT DE CONCENTRÉ DE CETTE SOUPE ET GARDEZ-LE AU CONGÉLATEUR EN PRÉVISION DES TEMPÉRATURES HIVERNALES. POUR CETTE RECETTE, IL VOUS FAUDRA 4 POTS À COUVERCLE DE 500 ML RÉSISTANTS À LA CHALEUR.

» 3 litres de bouillon de volaille (voir page 121)
» 5 cm de gingembre frais, émincé
» 5 cm de curcuma frais, finement râpé
» 2 gousses d'ail écrasées
» 200 g de nouilles de varech (nouilles d'algues)
» 180 g de grains de maïs en boîte
» 3 petits bok choy (450 g), coupés en quatre dans la longueur
» 1 grand piment rouge frais, émincé (facultatif)
» 220 g de poulet cuit, en tranches ou effiloché
» 6 oignons verts émincés
» 2 c. à s. de tamari
» 1,5 litre d'eau bouillante

1 Mélangez le bouillon de volaille, le gingembre, le curcuma et l'ail dans une grande casserole. Portez à ébullition et faites bouillir 35 minutes pour faire réduire à 750 ml. Passez au travers d'une passoire fine dans un saladier résistant à la chaleur ; retirez les résidus solides. Laissez légèrement refroidir puis mettez 2 heures au réfrigérateur.
2 Retirez toute graisse solidifiée de la surface du bouillon. Versez le concentré de bouillon dans 2 moules à glaçons ; mettez à congeler, au maximum pendant 3 mois.
3 Juste avant de servir, répartissez les nouilles, le maïs, le bok choy, le piment, le poulet et les oignons verts dans 4 pots à couvercle d'une contenance de 500 ml résistants à la chaleur. Ajoutez 4 glaçons de bouillon congelé et 2 cuillerées à café de tamari dans chaque pot. Versez 375 ml d'eau bouillante dans chaque pot ; remuez pour faire fondre les glaçons de bouillon.

astuce Pour faire cuire le poulet en même temps que le bouillon, faites mijoter doucement 250 g de blancs de poulet dans du bouillon de volaille (ou de l'eau) dans une casserole à feu doux pendant 10 minutes ; laissez refroidir 5 minutes dans le bouillon. Faites refroidir et coupez le poulet finement. Mettez-le dans un sachet à glissière ; il se garde 1 mois au congélateur.

préparation 10 minutes pour 8 personnes

Houmous de betterave AU BEURRE DE CACAHUÈTE

» 3 betteraves (500 g)
» 60 ml de jus de citron
» 130 g de beurre de cacahuète avec morceaux
» 200 g de haricots cannellini
» 1 c. à c. de fleur de sel
» 2 gousses d'ail épluchées
» ¼ de c. à c. de cumin moulu
» ½ botte de coriandre

CHIPS DE PITA

» 2 grands pains complets libanais (200 g)
» 2 c. à s. d'huile d'olive vierge extra
» 1 c. à c. de cumin moulu
» 1 c. à c. de sumac
» ¼ de c. à c. de fleur de sel

1 Préparez les chips de pita.
2 Avec des gants de cuisine, pelez les betteraves puis hachez-les grossièrement.
3 Mixez les betteraves avec les autres ingrédients jusqu'à obtenir une consistance homogène.
4 Servez le houmous avec des chips de pita.
chips de pita Préchauffez le four à 200 °C. Avec des ciseaux, incisez le bord des pains puis détachez-les. Mettez le pain côté mie sur le dessus sur 2 grandes plaques. Badigeonnez d'huile ; saupoudrez avec les épices. Faites cuire au four, en permutant les plaques du haut vers le bas pendant 4 minutes ou jusqu'à ce que le pain soit doré. Faites refroidir ; assaisonnez légèrement avec du sel. Cassez les pains en gros morceaux.

conservation Ce houmous se conserve 3 jours au réfrigérateur. Les chips de pita se conservent 1 semaine dans un récipient hermétique au garde-manger.

variante Remplacez le beurre de cacahuète par la même quantité de purée d'amandes ou de noix de macadamia.

idée Servez avec des miniconcombres à tremper coupés en quatre ou en deux, si vous le souhaitez.

Une pause sucrée...

SANS SUCRE

préparation + cuisson 25 minutes (+ réfrigération & congélation) pour 15 minibombes

Minibombes glacées au cacao & FRUIT DE LA PASSION

- 4 dattes fraîches (80 g), dénoyautées
- 60 ml d'eau bouillante
- 60 g de beurre de cacao grossièrement haché, brut de préférence
- 55 g d'huile de coco, solide
- 2 c. à s. de cacao en poudre
- 1 c. à s. de sirop d'érable pur
- 2 pincées de sel marin
- ¼ de c. à c. d'extrait de vanille pur
- le pulpe de 3 fruits de la Passion

1 Couvrez les dattes d'eau bouillante dans un petit saladier. Laissez reposer 15 minutes. Disposez 15 minimoules ronds en carton sur une grande plaque.
2 Faites fondre le beurre de cacao, l'huile de coco, la cacao en poudre, le sirop d'érable et 1 pincée de sel dans une petite casserole à feu moyen. Mélangez bien.
3 Répartissez la moitié du chocolat dans les moules en prenant 1 ½ cuillerée à café pour chaque moule. Réservez le reste de chocolat. Laissez prendre 10 minutes au congélateur.
4 Égouttez les dattes, en réservant 1 cuillerée à soupe de liquide. À l'aide d'un robot, mixez les dattes, le liquide réservé, la vanille et 1 pincée de sel jusqu'à obtenir une consistance homogène. Versez ½ cuillerée à café de caramel aux dattes au centre de chaque moule ; versez dessus le reste de mélange chocolaté, lissez la surface.
5 Laissez prendre 1 heure au réfrigérateur puis placez au congélateur. Servez agrémenté de pulpe de fruit de la Passion.

astuce L'huile de coco doit être à l'état solide pour cette recette. Si vous ne trouvez pas de beurre de cacao brut, vous pouvez le remplacer par du beurre de cacao raffiné.

conservation Ces minibombes glacées se conservent 2 semaines au congélateur.

préparation + cuisson 15 minutes (+ congélation) pour 18 parts

Glace à la noix de coco
AU TAHINI & AUX GRAINES DE SÉSAME

» 250 ml de crème de coco
» 80 ml de tahini
» 2 c. à s. de sirop d'érable pur
» 1 c. à c. d'extrait de vanille pur
» 1 pincée de sel marin
» 2 c. à s. d'huile de coco
» 1 c. à c. de poudre de mesquite (facultatif)
» 1 c. à c. de graines de sésame noir

1 Graissez un moule à pain de 10 × 20 cm, tapissez le fond et les côtés de papier cuisson.
2 À l'aide d'un robot, mixez la crème de coco, le tahini, le sirop d'érable, la vanille, le sel, l'huile de coco et la poudre de mesquite jusqu'à obtenir une consistance homogène.
3 Versez dans le moule ; parsemez les graines de sésame. Placez 2 heures au congélateur.
4 Avec un couteau enduit d'huile, coupez la glace en 18 parts.

info nutrition La poudre de mesquite est issue des graines du mesquite originaire de l'Amérique du Nord et de l'Amérique du Sud. Elle est appréciée pour sa saveur douce qui rappelle le caramel, elle est riche en minéraux et en protéines. Vous la trouverez dans les magasins bio.

conservation Cette glace se garde 2 semaines au congélateur. Laissez tiédir à température ambiante 10 minutes avant de servir.

préparation + cuisson 20 minutes (+ repos & congélation) pour 16 caramels

Caramels aux dattes
À LA POINTE DE SEL

- 310 g de dattes fraîches dénoyautées
- 150 g d'huile de coco
- 25 g de cacao en poudre
- 1 c. à c. d'extrait de vanille pur
- 2 c. à s. d'huile de coco à température ambiante
- ½ c. à c. de fleur de sel
- 50 g de farine de noix de coco
- fleur de sel, pour saupoudrer

1 Mettez les dattes dans un saladier, couvrez-les d'eau bouillante et laissez-les ramollir 10 minutes. Égouttez-les et jetez l'eau.

2 Faites fondre l'huile de coco dans une casserole. Mélangez-la avec le cacao tamisé. Laissez épaissir quelques instants.

3 Mixez les dattes avec l'extrait de vanille, les 2 cuillerées à soupe d'huile et la fleur de sel jusqu'à l'obtention d'un mélange onctueux. Transférez la préparation dans un bol, couvrez-la et laissez-la prendre 30 minutes au congélateur.

4 Chemisez une plaque de papier cuisson. Mettez la farine de noix de coco dans un bol. Humidifiez vos mains et formez des boulettes avec des cuillerées à soupe de préparation. Passez-les dans la farine. À l'aide d'une cuillère, trempez-les dans l'enrobage au cacao, puis déposez-les sur la plaque. Saupoudrez-les de fleur de sel. Placez-les 10 minutes au congélateur afin que l'enrobage durcisse.

astuce Il est possible que l'enrobage blanchisse légèrement à cause de l'huile de coco, mais cela n'affectera pas son goût. Conservez les caramels au congélateur : lorsque vous les sortez, dégustez-les immédiatement. Servez-les dans des caissettes en papier.

préparation 5 minutes pour 2 personnes (1 litre)

Smoothie à l'avoine
SAVEUR TARTE AUX POMMES

EN PLUS D'ÊTRE UN FORMIDABLE EN-CAS POUR L'APRÈS-MIDI, VERSÉ DANS UNE BOUTEILLE, VOUS POURREZ BOIRE CE SMOOTHIE SUR LA ROUTE AU PETIT DÉJEUNER.

» 90 g de flocons d'avoine
» 2 c. à s. de poudre de maca
» 250 ml de lait d'amande
» 250 ml de jus de pomme
» 2 petites pommes rouges (260 g), sans trognon, grossièrement hachées
» 70 g de yaourt grec
» 4 dattes medjool fraîches (20 g), dénoyautées, grossièrement hachées
» 1 c. à c. de cannelle
» ¼ de c. à c. de noix de muscade moulue
» 1 gousse de vanille fendue en deux, les graines grattées
» 6 glaçons

1 Mettez les ingrédients dans un mixeur ; mixez jusqu'à obtenir une consistance homogène.
2 Versez le smoothie dans des verres hauts et saupoudrez avec un peu de cannelle.

info nutrition Vous trouverez la poudre de maca dans les grands supermarchés et les magasins bio. La maca est la racine d'une plante originaire de l'Amérique du Sud, où elle est consommée depuis plusieurs milliers d'années. Elle est riche en vitamine C, en fer, en cuivre et en calcium, et se révèle être une bonne source de riboflavine, de niacine, de vitamine B6, de potassium et de manganèse. Elle contient aussi environ 14 % de protéines et apporte des fibres en bonnes quantités.

variante Quand c'est la saison des poires, choisissez une variété juteuse à la place des pommes et du jus de poire à la place du jus de pomme.

préparation + cuisson 15 minutes pour 2 personnes

Papaye à la noix de macadamia
YAOURT AU LAIT DE COCO

- 1 petite papaye (650 g)
- 280 g de yaourt de coco
- 35 g de noix de macadamia coupées en deux
- 15 g de copeaux de noix de coco, grillés
- 2 c. à c. de zeste de citron vert râpé
- 2 citrons verts (180 g), coupés en quartiers

1 Coupez la papaye en deux dans la longueur, retirez les graines.
2 Garnissez le creux de chaque moitié de papaye avec du yaourt et parsemez de noix de macadamia, de copeaux de noix de coco et de zeste de citron vert.
3 Servez sans attendre, avec des quartiers de citron vert.

préparation + cuisson 10 minutes (+ congélation) pour 25 bouchées

Bouchées glacées POUR UN PLEIN D'ÉNERGIE

» 3 bananes mûres (600 g)
» 30 g de poudre d'amandes
» 70 g de dattes dénoyautées hachées
» 80 g raisins de Corinthe
» 90 g de noix de pécan grossièrement hachées
» 35 g graines de sésame
» 25 g de cacao en poudre
» 2 c. à s. de beurre de coco, fondu
» 40 g de flocons de quinoa
» 1 c. à s. de poudre de spiruline
» 2 c. à s. de sirop de malt d'orge
» 25 minibâtonnets de glace en bois
» 20 g de noix de coco râpée
» 30 g de noix de pécan hachées supplémentaires

1 Écrasez les bananes à l'aide d'une fourchette dans un grand saladier. Ajoutez la poudre d'amandes, les dattes, les raisins, les noix de pécan, les graines de sésame, le cacao, le beurre de coco, les flocons de quinoa, la poudre de spiruline et le sirop ; mélangez.
2 Remplissez de mélange un moule à glaçons de 25 compartiments (d'une capacité de 2 cuillerées à soupe) à l'aide d'une cuillère. Insérez les bâtonnets et placez 5 heures au congélateur.
3 Faites dorer la noix de coco râpée dans une petite poêle 5 minutes à feu moyen. Versez immédiatement dans un petit saladier ; laissez refroidir. Incorporez les noix de pécan supplémentaires.
4 Démoulez les bouchées glacées ; trempez-les dans le mélange de noix de coco. Conservez dans un récipient hermétique au congélateur jusqu'à la dégustation.

info nutrition Le beurre de coco est la chair mixée de la noix de coco. La spiruline est une cyanobactérie (parfois appelée « algue bleu-vert » même si cela n'est pas techniquement correct) qui pousse dans les lacs. Vous la trouverez sous forme de poudre ou de comprimés. La poudre de spiruline est riche en protéines (1 cuillerée à soupe apporte 4 g de protéines) et contient tous les acides aminés indispensables. C'est aussi une très bonne source de fer, ce qui la rend très intéressante pour les personnes vegan et végétariennes. Elle est riche en vitamines B, en cuivre et en manganèse, elle contient aussi des oméga 3, et de l'acide alpha-linoléique. Vous trouverez du beurre de coco et de la spiruline dans les magasins bio.

conservation Ces bouchées se conservent 1 mois au congélateur.

préparation + cuisson 15 minutes (+ réfrigération) pour 26 bûchettes

Bûchettes au gingembre & AU SÉSAME

- 100 g de noix
- 140 g de noix de macadamia
- 90 g de flocons d'avoine
- 400 g de dattes medjool fraîches, dénoyautées
- 1 ½ c. à c. de gingembre moulu
- ½ c. à c. de sel marin
- 75 g de graines de sésame

1 Mixez finement les noix et les flocons d'avoine. Ajoutez les dattes, le gingembre et le sel. Mixez de nouveau jusqu'à obtenir une pâte.
2 Donnez à chaque cuillerée à soupe rase du mélange une forme de bûchette de 5 cm de long. Posez-les dans un plat, sur du papier cuisson. Mettez 15 minutes au réfrigérateur.
3 Faites dorer 2 minutes les graines de sésame dans une poêle sur feu moyen. Laissez refroidir.
4 Roulez les bûchettes dans les graines de sésame. Gardez-les 2 heures au réfrigérateur.

conservation Stockées dans un récipient hermétique, les bûchettes se conservent 2 semaines au réfrigérateur et 3 mois au congélateur.

préparation + cuisson 25 minutes (+ repos & congélation) pour 10 esquimaux

Esquimaux à la rhubarbe & AU VINAIGRE BALSAMIQUE

Pour réaliser cette recette, il vous faudra 10 moules à esquimau de 120 ml et 10 bâtonnets.

» 6 tiges de rhubarbe parées (330 g), coupées en tronçons de 8 cm
» 125 g de framboises
» 1 gousse de vanille fendue en deux, graines grattées
» 1 c. à s. de jus d'orange fraîchement pressé
» 1 c. à s. de poudre cristallisée Pure Via®
» 400 ml de crème de coco en boîte
» 55 g de poudre cristallisée Pure Via® supplémentaire
» 80 g d'amandes effilées, grossièrement hachées

ENROBAGE AU CHOCOLAT

» 1 c. à s. de poudre cristallisée Pure Via®
» 100 g d'huile de coco
» 25 g de cacao en poudre
» 1 c. à c. d'extrait de vanille pur

1 Préchauffez le four à 200 °C. Chemisez une plaque de papier cuisson.
2 Disposez la rhubarbe, les framboises, la gousse de vanille et les graines grattées sur une plaque. Arrosez de jus d'orange mélangé au Pure Via®. Faites rôtir 15 minutes, puis laissez refroidir. Jetez la gousse de vanille.
3 Mixez la rhubarbe, les framboises et le jus de cuisson avec la crème de coco et le Pure Via® supplémentaire. Versez dans les moules à esquimau. Couvrez ces derniers avec 2 épaisseurs de film alimentaire (pour que les bâtonnets restent droits). Fendez le film au-dessus de chaque moule avec un couteau et plantez un bâtonnet dans chacun. Laissez prendre 4 heures au congélateur.
4 Préparez l'enrobage de chocolat juste avant d'enrober les esquimaux.
5 Chemisez une plaque de papier cuisson et placez-la au congélateur. Versez l'enrobage au chocolat dans un bol étroit et profond. Placez les amandes dans un autre récipient. Trempez rapidement les moules à esquimau dans de l'eau chaude et démoulez les glaces. Plongez chaque esquimau dans l'enrobage au chocolat jusqu'à mi-hauteur, puis dans les amandes. Posez-les sur la plaque froide. Glissez-les 5 minutes au congélateur afin que l'enrobage durcisse.
enrobage au chocolat Passez le Pure Via® dans un moulin à épices. Faites chauffer l'huile de coco sur feu doux. Ajoutez le Pure Via®, le cacao tamisé et l'extrait de vanille. Laissez revenir à température ambiante.

conservation Les esquimaux se gardent 1 mois au congélateur.

préparation + cuisson 50 minutes pour 8 cakes

Cakes aux courgettes & AUX MYRTILLES

- 75 g de poudre cristallisée Pure Via®
- 3 courgettes (360 g) grossièrement râpées
- 300 g de poudre d'amandes
- 2 c. à c. de cannelle
- ½ c. à c. de sel marin
- 2 c. à c. de levure chimique
- 110 g d'huile de coco, fondue
- 3 œufs légèrement battus
- 1 gousse de vanille, fendue en deux, graines grattées
- 3 c. à c. de zeste d'orange râpé
- 80 ml de jus d'orange fraîchement pressé
- 150 g de myrtilles surgelées
- 25 g de copeaux de noix de coco, grillés

1 Préchauffez le four à 180 °C. Graissez 8 petits moules à cake de 125 ml et chemisez la base et les côtés les plus longs avec des bandes de papier cuisson, en le laissant dépasser de 3 cm de chaque côté.
2 Mixez le Pure Via® jusqu'à ce qu'il ait une consistance du sucre glace.
3 Pressez les courgettes pour ôter le maximum de liquide et mettez-les dans un saladier. Ajoutez la poudre d'amandes, le Pure Via®, la cannelle, le sel et la levure ; mélangez.
4 Fouettez l'huile de coco, les œufs, les graines de vanille, le zeste et le jus d'orange. Versez sur la préparation à la courgette et mélangez délicatement. Incorporez les myrtilles. Répartissez la pâte dans les moules.
5 Faites cuire 35 minutes jusqu'à ce que les cakes soient gonflés et légèrement craquelés sur le dessus. Laissez-les reposer 5 minutes avant de les démouler et de les laisser refroidir sur une grille.
6 Parsemez les copeaux de noix de coco sur les cakes.

variante Remplacez les myrtilles par des framboises pour un résultat plus acidulé.

conservation Ces cakes se conservent 2 jours dans une boîte hermétique à température ambiante.

préparation + cuisson 45 minutes pour 16 pièces

Shortbreads au miel, MACADAMIA & ROMARIN

» 250 g de beurre doux, ramolli
» 2 c. à s. de sucre de coco
» 2 c. à s. de miel
» 300 g de farine d'épeautre blanche
» 60 g de farine de riz
» 2 c. à s. de romarin frais finement haché
» 75 g de moitiés de noix de macadamia grillées, grossièrement hachées

1 Préchauffez le four à 160 °C. Tapissez 2 plaques de papier cuisson.
2 Battez le beurre et le sucre de coco dans un saladier à l'aide d'un batteur électrique jusqu'à obtenir une consistance légère et mousseuse. Incorporez le miel, en battant. Ajoutez les farines tamisées, le romarin et les noix de macadamia en 2 fois.
3 Divisez la pâte en deux, disposez chaque moitié sur une plaque. Avec les mains légèrement farinées, étalez la pâte pour obtenir des disques de 22 cm de diamètre. Avec les doigts, tassez le pourtour pour faire un bord. À l'aide d'un couteau pointu, incisez la pâte pour former 8 parts sur chaque sablé. Dessinez des motifs en piquant doucement tout autour avec une fourchette enduite de farine.
4 Faites cuire 25 minutes au four, en tournant les plaques à mi-cuisson jusqu'à ce que les shortbreads soient dorés. Laissez refroidir sur les plaques.
5 En vous servant des marques, découpez les parts.

variante Remplacez les noix de macadamia par des pignons de pin ou des noisettes.

conservation Les shortbreads se conservent 2 semaines dans un récipient hermétique.

préparation 20 minutes (+ congélation & réfrigération) pour 16 barres

Barres chocolatées À LA NOIX DE COCO

- » 200 g de noix de coco râpée
- » 2 c. à s. d'huile de coco, fondue
- » 125 ml de crème de coco
- » ¼ de c. à c. de sel marin fin
- » 90 g de sirop de malt de riz

GLAÇAGE AU CACAO

- » 100 g d'huile de coco
- » 120 g de beurre de cacao, finement haché
- » 80 ml de sirop d'érable pur
- » 100 g de cacao en poudre

1 Graissez un moule à pain de 11 × 21 cm, d'une contenance de 1 litre ; tapissez-le de film alimentaire, en laissant des bords retomber de chaque côté. Tapissez une plaque de papier cuisson.
2 À l'aide d'un robot, mixez la noix de coco râpé, l'huile de coco, la crème de coco, le sel et le sirop de malt de riz. En pressant fortement et uniformément, tassez le mélange dans le moule ; laissez raffermir 30 minutes au congélateur.
3 Préparez le glaçage au cacao.
4 Retirez la garniture de noix de coco du congélateur. Coupez-la en 8 barres ; coupez chaque barre en deux dans le sens de la longueur. Avec 2 fourchettes, trempez les barres de noix de coco dans le glaçage au cacao : elles doivent être bien enrobées. Disposez les barres sur la plaque tapissée. Laissez prendre 30 minutes au réfrigérateur. Retirez l'excédent de chocolat.
glaçage au cacao Faites fondre l'huile de coco, le beurre de cacao et le sirop d'érable dans un saladier résistant à la chaleur au-dessus d'une casserole d'eau bouillante ; mélangez. Incorporez le cacao en poudre.

astuce Vous pouvez saupoudrez les barres enduites de cacao avec de la noix de coco séchée avant de les mettre au réfrigérateur.

conservation Ces barres se conservent 2 semaines au réfrigérateur, dans un récipient hermétique.

préparation 5 minutes (+ repos & réfrigération) pour 4 personnes

Mousse AUX FRUITS ROUGES

SI VOUS LE PRÉFÉREZ, VOUS POUVEZ DÉGUSTER CETTE MOUSSE DE SUITE EN SMOOTHIE ÉPAIS PLUTÔT QUE DE LA METTRE À RÉFRIGÉRER.

» 225 g de framboises fraîches ou surgelées
» 115 g de myrtilles fraîches ou surgelées
» 300 g de tofu soyeux
» 90 g de miel cru
» ½ c. à c. de poudre de maqui (facultatif)
» 1 c. à s. de framboises fraîches ou surgelées supplémentaires
» 1 c. à s. de myrtilles fraîches ou surgelées supplémentaires

1 Si vous utilisez des fruits rouges surgelés, faites-les décongeler dans un saladier à température ambiante pendant 1 heure ; égouttez-les.
2 Mixez les framboises et les myrtilles avec le tofu, le miel et le maqui jusqu'à obtenir une consistance la plus homogène possible à l'aide d'un mixeur très puissant. Répartissez le mélange en parts égales dans 4 verres ou pots d'une contenance de 180 ml.
3 Laissez prendre 4 heures au réfrigérateur. Agrémentez de framboises et de myrtilles avant de servir.

info nutrition Vous trouverez de la poudre de maqui dans certains magasins bio. Sa saveur est sucrée et aigrelette. Les baies de maqui sont considérées comme le fruit le plus riche en antioxydants.

idées
Parsemez la mousse de confettis (voir page 328).

conservation Cette mousse se conserve 4 jours au réfrigérateur, recouverte de film alimentaire.

préparation + cuisson 1 heure (+ réfrigération) pour 12 muffins

Muffins aux amandes AUX MÛRES & AUX POMMES

La crème fouettée à la noix de coco est à commencer la veille.

» 2 c. à s. de poudre cristallisée Pure Via®
» 225 g de farine
» 120 g de son d'avoine
» 2 c. à c. de levure chimique
» 1 c. à c. de bicarbonate de soude
» 1 c. à c. de cannelle
» ½ c. à c. de sel
» 2 pommes (170 g) grossièrement hachées
» 150 g de mûres surgelées
» 2 œufs
» 310 ml de lait d'amande
» 95 g purée d'amandes
» 2 c. à c. d'extrait de vanille pur
» 1 c. à c. de son d'avoine supplémentaire
» 20 g d'amandes effilées, grillées

CRÈME FOUETTÉE MÛRE-COCO

» 270 ml de crème de coco en boîte, non ouverte
» 1 c. à s. de poudre cristallisée Pure Via®
» 50 g de mûres surgelées, décongelées et séchées

1 Préparez la crème fouettée mûre-coco.
2 Préchauffez le four à 180 °C. Graissez 2 moules à muffins à 6 alvéoles de 180 ml ; tapissez-les de grands carrés de papier cuisson.
3 Mixez le Pure Via® dans un moulin à épices jusqu'à obtenir la consistance du sucre glace.
4 Mélangez les ingrédients secs dans un grand saladier. Incorporez les pommes et la moitié des mûres.
5 Battez les œufs, le lait, la purée d'amandes et la vanille. Incorporez aux ingrédients secs.
6 Mettez des cuillerées de pâte dans les alvéoles des moules, parsemez le son supplémentaire et le reste des mûres.
7 Enfournez 30 minutes : la pointe d'un couteau doit ressortir propre quand vous l'insérez dedans. Laissez refroidir dans les moules.
8 Versez des cuillerées de crème fouettée sur les muffins refroidis ; parsemez d'amandes. Dégustez de préférence le jour même.

crème fouettée mûre-coco Faites refroidir la crème de coco au réfrigérateur toute une nuit de sorte que la crème se sépare et prenne sur le dessus. Sans secouer ni incliner la boîte, prenez des cuillerées de crème épaisse qui se trouve sur le dessus. Mixez le Pure Via® dans un moulin à épices. Fouettez la crème de coco, le Pure Via® et les mûres à l'aide d'un batteur électrique à forte puissance pendant 5 minutes. Mettez au réfrigérateur jusqu'à utilisation.

variante Utilisez du yaourt de coco à la place de la crème de coco pour faire la crème fouettée : mixez 180 g de yaourt de coco, 2 cuillerées à café de Pure Via® en poudre et les mûres jusqu'à obtenir une consistance homogène.

préparation 20 minutes pour 42 boulettes

Boulettes délicieuses

ABRICOT & TAHINI

» 100 g d'abricots secs
» 30 g de graines de lin
» 160 g d'amandes
» ¼ de pomme verte (30 g) avec la peau, grossièrement râpée
» 1 c. à s. de miel cru, de sirop de riz ou de sirop d'érable pur
» 1 c. à s. de tahini
» ¼ de c. à c. d'eau de fleur d'oranger (facultatif)
» 40 g de noix de coco râpée

FIGUE & NOISETTE

» 140 g de noisettes mondées, grillées
» 100 g de figues séchées
» 30 g de graines de lin
» ¼ de pomme verte (30 g), grossièrement râpée
» ¼ de c. à c. de cannelle
» 2 c. à s. de graines de chia blanc

DATTES & GRUÉ DE CACAO

» 100 g de dattes fraîches, dénoyautées
» 160 g d'amandes
» 35 g de grué de cacao
» ¼ de pomme verte (30 g), grossièrement râpée
» 4 c. à c. de cacao en poudre maigre

1 Mixez les abricots avec les graines de lin, les amandes et la pomme pendant 1 minute environ afin d'obtenir une pâte sableuse. Ajoutez le miel, le tahini et l'eau de fleur d'oranger, et continuez à mixer 1 minute jusqu'à ce que la préparation s'agglomère.

2 Formez 14 boulettes avec cette préparation, puis roulez-les dans la noix de coco râpée.

figue & noisette Mixez les noisettes avec les figues séchées, les graines de lin, la pomme râpée et la cannelle pendant 2 minutes jusqu'à ce que la préparation commence à s'agglomérer. Formez 14 boulettes, puis roulez-les dans les graines de chia.

dattes & grué de cacao Mixez les dattes avec les amandes, le grué de cacao, la pomme râpé et 2 cuillerées à café de cacao pendant 2 minutes jusqu'à ce que la préparation commence à s'agglomérer. Formez 14 boulettes et saupoudrez-les de cacao restant.

préparation + cuisson 10 minutes pour 4 personnes

Pop-corn AUX ÉPICES CHAÏ

- 2 c. à c. de poudre cristallisée Pure Via®
- 60 ml d'huile d'olive
- 2 c. à c. de cannelle
- 1 c. à c. de gingembre moulu
- ½ c. à c. de cardamome moulue
- ½ c. à c. de poivre de la Jamaïque moulu
- ½ c. à c. de fleur de sel
- 2 c. à s. d'huile d'olive supplémentaire
- 120 g de maïs à pop-corn

1 Passez le Pure Via® dans un moulin à épices pour qu'il ait la consistance du sucre glace.
2 Dans un bol, mélangez l'huile d'olive, le Pure Via®, les épices et le sel.
3 Faites chauffer les 2 cuillerées à soupe d'huile dans une grande casserole, sur feu moyen. Ajoutez le maïs et couvrez. Laissez cuire 5 minutes environ, en secouant la casserole de temps en temps, jusqu'à ce que vous n'entendiez plus d'éclats. Transvasez le maïs dans un saladier.
4 Versez la préparation aux épices sur le pop-corn et mélangez pour bien l'enrober.

astuce Si possible, utilisez une casserole avec un couvercle en verre, pour mieux contrôler la cuisson du pop-corn.

conservation Le pop-corn peut être préparé la veille et conservé, refroidi, dans une boîte hermétique.

préparation 10 minutes pour 500 ml

Pâte à tartiner CHOCOLAT-NOISETTES

» 1 c. à s. de poudre cristallisée Pure Via®
» 210 g de noisettes
» 25 g de cacao en poudre
» ¼ de c. à c. de fleur de sel
» 1 c. à c. d'extrait de vanille
» 1 c. à s. d'huile de coco vierge

1 Préchauffez le four à 180 °C.
2 Passez le Pure Via® dans un moulin à épices pour qu'il ait la consistance du sucre glace.
3 Étalez les noisettes sur une plaque de four et faites-les torréfier 8 minutes. Frottez les noisettes torréfiées dans un torchon propre pour retirer les peaux.
4 Mixez les noisettes 4 minutes jusqu'à l'obtention d'un mélange lisse, en raclant les parois du bol de temps en temps.
5 Ajoutez les ingrédients restants et mixez 2 minutes jusqu'à l'obtention d'une consistance lisse.
6 Versez la préparation dans une boîte hermétique.

idée Utilisez cette pâte à tartiner pour garnir des gâteaux ou des cookies, ou tartinez-la sur du pain.

conservation Cette pâte à tartiner se conserve 3 semaines dans un récipient hermétique, à température ambiante.

préparation 10 minutes (+ réfrigération) pour 10 portions

Friandises ORIENTALES

» 200 g d'huile de coco
» 50 g de cacao en poudre
» 1 pincée de sel marin
» 115 g de sirop de riz
» 50 g d'amandes crues, grossièrement hachées
» 50 g de cerises séchées
» 4 g de pétales de rose comestibles

1 Graissez un moule de 20 × 30 cm. Chemisez-le de papier cuisson en le laissant dépasser de 5 cm sur les côtés les plus longs.
2 Mettez l'huile de coco, le cacao tamisé et le sel dans un saladier. Fouettez. Incorporez progressivement le sirop de riz.
3 Étalez la préparation dans le moule et lissez la surface. Parsemez les amandes, les cerises et les pétales de rose. Faites durcir au réfrigérateur. Cassez grossièrement et servez.

astuce Il est possible que la surface blanchisse légèrement à cause de l'huile de coco, mais cela n'affectera pas le goût. Il est préférable de conserver la préparation au réfrigérateur, sinon elle sera trop molle et difficile à manipuler.

préparation 15 minutes (+ réfrigération) pour 8 personnes

Cookies sans cuisson
AUX PÉPITES DE CHOCOLAT

- 100 g de noix du Brésil
- 200 g d'amandes nature
- 1 gousse de vanille
- 60 ml de sirop d'érable pur
- ¼ de c. à c. de cannelle
- 2 c. à s. d'huile de coco, à température ambiante
- 1 c. à c. de fleur de sel
- 30 g de grué de cacao

1 Tapissez une plaque de 18 × 28 cm de papier cuisson.
2 À l'aide d'un robot, mixez les noix du Brésil jusqu'à obtenir une chapelure fine. Fendez la gousse de vanille dans le sens de la longueur ; retirez les graines avec la pointe d'un couteau.
Ajoutez les graines dans le robot avec le sirop d'érable, la cannelle, l'huile de coco et le sel.
Actionnez le robot jusqu'à ce qu'une pâte molle se forme ; elle sera assez collante.
3 Pressez la pâte sur la plaque avec une cuillère trempée dans un peu d'eau froide. Saupoudrez de 2 cuillerées à soupe de grué de cacao ; appuyez pour enfoncer le cacao. Laissez raffermir 25 minutes au réfrigérateur.
4 Retirez le papier cuisson avec la pâte de la plaque. En vous aidant du papier, roulez la pâte pour lui donner la forme d'une saucisse. Saupoudrez du reste de grué, roulez de nouveau la pâte dans le papier puis le tout dans du papier d'aluminium. Fermez les extrémités du papier d'aluminium et du papier cuisson en serrant pour obtenir la forme d'une bûche. Placez 20 minutes au réfrigérateur.
5 Coupez en tranches épaisses puis servez.

idée Accompagnez ces cookies crus de glace vanille & noix de coco (voir page 102) et parsemez de copeaux de chocolat sans sucre, si vous le souhaitez.

conservation Cette pâte à cookies se conserve 5 jours au réfrigérateur.

préparation 5 minutes pour 4 personnes

Puddings banane tahini CONFETTIS

- 3 bananes mûres (300 g)
- 6 dattes fraîches (60 g), dénoyautées
- 90 g de tahini
- 80 g d'huile de coco, fondue
- 2 c. à s. de lait de coco
- 1 c. à s. d'extrait de vanille pur
- 2 figues fraîches (60 g), coupées en quartiers

- **CONFETTIS**
- 2 c. à s. de gruau de sarrasin trempé 8 heures dans de l'eau
- 2 c. à s. de pistaches grossièrement hachées
- 2 c. à s. de noix de coco râpée
- 2 c. à s. de grué de cacao
- 2 c. à c. de graines de chia noir
- 2 c. à s. de pétales de rose séchés (facultatif)
- 1 c. à s. de pollen d'abeille (facultatif)

1 Préparez les confettis.
2 Mixez les bananes, les dattes, le tahini, l'huile de coco, le lait de coco et la vanille jusqu'à obtenir une consistance la plus homogène possible à l'aide d'un mixeur très puissant.
3 Répartissez le mélange dans 4 bols de 180 ml. Agrémentez les puddings de figues et saupoudrez de confettis.
confettis Mélangez tous les ingrédients dans un bol. (Pour 1 bol)

info nutrition Le pollen d'abeille, que vous trouverez dans les magasins bio, ne convient pas à tout le monde ; il est nécessaire de s'enquérir d'antécédents de réactions aux graminées et à d'autres allergènes aérogènes.

idées
Saupoudrez des confettis sur des smoothie bowls aux fruits.
Incorporez des confettis dans la glace vanille & noix de coco (voir page 102) pour plus de croquant.

variante Remplacez les pétales de rose séchés par 2 cuillerées à soupe de graines de grenade et le pollen d'abeille par un peu de pollen de fenouil, si vous le souhaitez, surtout si vous êtes sujet à des allergies aux abeilles ou au miel.

conservation Ces puddings sont à déguster de préférence de suite. Vous pouvez conserver les confettis 2 semaines dans un pot hermétique au garde-manger.

préparation + cuisson 1 heure (+ repos & congélation) pour 17 carrés

Lamingtons à la confiture
FRAMBOISES & GRAINES DE CHIA

Cette recette est à commencer la veille.

» 200 g de noix de cajou nature
» 150 g de beurre de cacao, haché
» 70 g de cacao en poudre
» 180 g de miel cru
» 40 g de noix de coco râpée
» 240 g d'huile de coco
» ¼ de c. à c. d'extrait de vanille pur
» 2 c. à c. de sirop de malt de riz
» 75 g de noix de coco râpée supplémentaire

CONFITURE FRAMBOISES & GRAINES DE CHIA

» 225 g de framboises surgelées
» 2 c. à s. d'eau du robinet tiède
» 2 c. à s. de miel cru
» 2 c. à s. de graines de chia blanc

1 Faites tremper les noix de cajou au moins 4 heures dans de l'eau froide, à couvert. Égouttez-les, rincez-les à l'eau froide, égouttez-les bien.

2 Préparez la confiture framboises & graines de chia.

3 Graissez un moule de 20 × 30 cm ; tapissez-le de papier cuisson.

4 Faites fondre le beurre de cacao dans une petite casserole à fond épais sur feu moyen. Ajoutez la cacao en poudre et la moitié du miel ; remuez jusqu'à obtenir une consistance homogène. Hors du feu, incorporez la noix de coco râpée. Étalez le mélange uniformément dans le moule. Laissez prendre 30 minutes au congélateur.

5 Faites chauffer 5 minutes l'huile de coco, la vanille et le reste de miel dans une petite casserole propre à fond épais sur feu moyen. Mixez au robot le mélange à l'huile de coco avec les noix de cajou. Laissez refroidir et étalez le mélange uniformément sur la couche de cacao refroidi à l'aide d'une spatule. Couvrez de film alimentaire. Placez 2 heures au congélateur.

6 Avec un couteau sec et chaud, découpez des carrés de 4 cm. Mettez 1 cuillerée à café de confiture sur la moitié des carrés et recouvrez avec les carrés restants. Badigeonnez le dessus avec du sirop de malt de riz et saupoudrez avec la noix de coco râpé. Placez les carrés dans un récipient hermétique ; mettez au congélateur. À déguster directement sortis du congélateur.

confiture framboises & graines de chia Mettez les framboises dans un robot et laissez-les décongeler. Diluez le miel avec l'eau tiède ; ajoutez aux framboises. Mixez puis transvasez la purée dans un saladier et ajoutez les graines de chia. Couvrez et laissez épaissir 3 heures au réfrigérateur.

astuce Étalez le reste de confiture sur des toasts ou ajoutez-la à votre yaourt favori.
Vous pouvez remplacer les framboises par des fraises fraîches.

conservation La confiture se conserve 3 jours dans un pot au réfrigérateur.
Les lamingtons se conservent 2 semaines dans un récipient hermétique au congélateur.

Desserts gourmands

POUR TERMINER LE REPAS EN BEAUTÉ

préparation 45 minutes (+ repos & congélation) pour 12 personnes

Tarte au citron MERINGUÉE

Cette recette est à commencer la veille.

» 300 g de noix de cajou nature
» 255 g de gruau de sarrasin trempé 8 heures dans de l'eau
» 180 g de noix de pécan
» 8 dattes fraîches (160 g), dénoyautées
» 70 g d'huile de coco, fondue
» 125 ml de crème de coco
» 90 g de miel cru
» 2 c. à s. de zeste de citron râpé
» 125 ml de jus de citron
» ¾ de c. à c. de curcuma moulu
» 100 g d'huile de coco fondue supplémentaire

MERINGUE À LA NOIX DE COCO

» 3 jeunes noix de coco à boire (3,6 kg)
» 125 ml de crème de coco
» 1 ½ c. à s. de miel cru
» 70 g d'huile de coco, fondue
» 1 c. à c. de jus de citron

1 Faites tremper les noix de cajou au moins 4 heures dans de l'eau froide, à couvert. Égouttez-les, rincez-les à l'eau froide, égouttez-les de nouveau.
2 Graissez un moule à tarte de 25 cm de diamètre à fond amovible.
3 À l'aide d'un robot, mixez le sarrasin, les noix de pécan, les dattes et l'huile de coco jusqu'à obtenir une consistance friable. Tassez le mélange sur le fond et le long des parois du moule avec le dos d'une cuillère. Placez au moins 4 heures au congélateur.
4 Mixez les noix de cajou égouttées avec la crème de coco, le miel, le zeste, le jus de citron et le curcuma. Ajoutez l'huile de coco supplémentaire et mixez de nouveau : la garniture doit être homogène. Étalez-la sur le fond de tarte, égalisez le dessus. Laissez raffermir au moins 4 heures au congélateur.
5 Préparez la meringue à la noix de coco.
6 À l'aide d'une cuillère, versez la meringue dans une poche à douille munie d'un embout lisse de 1,5 cm de diamètre ; pochez des petites boules sur le dessus de la tarte. Placez la tarte 2 heures au congélateur. (Les meringues ne seront pas aussi fermes que la garniture.)
meringue à la noix de coco Placez 1 noix de coco sur une planche à découper ; tranchez avec précaution le haut en forme de dôme à l'aide d'un hachoir ou d'un couteau large. Faites un trou suffisamment grand pour pouvoir retirer la chair avec une cuillère – il vous faudra aussi un peu de force. Versez l'eau de coco dans une carafe (réservez-la pour un autre usage). Avec une cuillère, retirez la chair molle. Répétez l'opération avec les autres noix de coco ; vous devriez obtenir 270 g de chair. Mixez celle-ci avec les autres ingrédients. Versez la meringue dans un petit saladier. Couvrez et placez 2 heures au congélateur jusqu'à épaississement. Fouettez la meringue vigoureusement pour obtenir une consistance uniforme. Transvasez-la dans un saladier et laissez raffermir au réfrigérateur.

conservation Cette tarte se conserve 2 jours au réfrigérateur ou 2 mois au congélateur mais sans la meringue.

préparation + cuisson 25 minutes (+ congélation) pour 4 personnes

Rochers DE FRUITS ROUGES

- 250 g de petites fraises, avec la queue
- 175 g de mûres
- 125 g de framboises
- 1 c. à s. de poudre ctistallisée Pure Via®
- 400 g de yaourt grec
- 1 gousse de vanille, fendue en deux, graines grattées
- 90 g de pistaches finement hachées

1 Disposez les fruits sur une plaque, en les espaçant. Placez-les 30 minutes au congélateur.
2 Passez le Pure Via® dans un moulin à épices pour qu'il ait la consistance du sucre glace.
3 Mélangez le yaourt, le Pure Via®, les graines de vanille et la moitié des pistaches dans un saladier. Ajoutez la moitié des framboises congelées et mélangez en les écrasant contre la paroi du saladier avec une cuillère en bois.
4 Piquez chaque fruit congelé avec une pique à cocktail et trempez-les dans la préparation puis posez-les sur une plaque recouverte de papier cuisson. Placez 3 heures au congélateur pour que l'enrobage soit glacé. Couvrez le saladier de préparation au yaourt et réservez au réfrigérateur.
5 Trempez de nouveau les fruits dans le reste de préparation au yaourt. Parsemez les fruits avec le reste de pistaches. Placez 5 heures au congélateur pour qu'ils soient bien glacés. Conservez-les au congélateur, dans une boîte hermétique.

astuce S'il vous reste du yaourt, utilisez-le au petit déjeuner ou au goûter.

variante Remplacez les fruits rouges par de la mangue ou de l'ananas.

conservation Les rochers de fruits se conservent 2 semaines au congélateur dans une boîte hermétique.

préparation + cuisson 30 minutes (+ repos & congélation) pour 12 tartelettes

Tartelettes chocolat
CARAMEL AU TAHINI

- 150 g de noix de cajou nature
- 750 ml d'eau
- 220 g de dattes séchées, hachées
- 45 g de beurre de coco
- 65 g de tahini complet
- 80 ml de sirop d'érable pur
- 1 c. à c. de gros sel
- 60 ml d'eau supplémentaire

BASE

- 220 g de dattes séchées, hachées
- 140 g de noix de macadamia hachées
- 2 c. à s. de fèves de cacao concassées

GLAÇAGE CHOCOLAT

- 80 g de beurre de coco
- 125 ml de sirop d'érable pur
- 50 g de cacao en poudre
- 1 gousse de vanille fendue en deux, graines grattées
- 2 c. à s. d'eau chaude

1 Faites tremper les noix de cajou 2 heures dans l'eau. Égouttez bien.

2 Graissez un moule à muffins à 12 alvéoles de 80 ml. Chemisez chaque alvéole avec 2 bandes de papier cuisson en les croisant.

3 Préparez la base et tassez dans chaque alvéole 1 cuillerée à soupe bien pleine de ce mélange. Mettez au réfrigérateur.

4 Mixez les noix de cajou, les dattes, le beurre de coco, le tahini, le sirop d'érable, le sel et l'eau supplémentaire pour obtenir une consistance lisse. Mouillez vos doigts et étalez sur chaque fond de tartelette 1 cuillerée à soupe de ce caramel. Égalisez sa surface.

5 Préparez le glaçage. Déposez 1 cuillerée à soupe pleine de glaçage sur le caramel. Étalez avec une cuillère chaude et mouillée. Laissez prendre 40 minutes au congélateur.

6 Dégagez délicatement les tartelettes de leur alvéole en passant autour une lame de couteau chauffée. Démoulez-les en soulevant les bandes de papier.

base Mixez les dattes en pâte épaisse. Ajoutez les noix de macadamia et les fèves de cacao concassées. Mixez grossièrement.

glaçage choco Faites fondre le beurre de coco et le sirop d'érable dans une casserole sur feu moyen. Hors du feu, ajoutez en fouettant le cacao en poudre, les graines de vanille et l'eau chaude.

astuce On obtient le beurre de coco par la transformation de la chair de la noix de coco. On le trouve dans les magasins bio et les épiceries fines.

préparation 20 minutes (+ congélation) pour 6 personnes

Granité de pastèque AU CITRON

Cette recette est à commencer la veille.

- 1 sachet de tisane au citron
- 250 ml d'eau bouillante
- 1 c. à s. de stévia en poudre
- 500 g de pastèque épépinée, coupée en dés
- 1 ½ c. à s. de jus de citron
- 600 g de pastèque épépinée, coupée en fines tranches supplémentaire

SEL DE FENOUIL

- 1 c. à s. de sel
- 1 c. à c. de graines de fenouil
- 1 c. à c. de zeste de citron râpé

1 Faites infuser le sachet de tisane 10 minutes dans l'eau bouillante, jetez le sachet. Incorporez la stévia et mélangez pour la dissoudre.
2 Mixez la pastèque en dés jusqu'à l'obtention d'une purée lisse. Ajoutez la tisane et le jus de citron. Versez la préparation dans un plat creux.
3 Placez le mélange 1 heure au congélateur. Grattez les cristaux de glace avec une fourchette. Répétez l'opération toutes les heures pendant 6 heures jusqu'à ce que le granité soit glacé.
4 Préparez le sel de fenouil.
5 Répartissez les tranches de pastèque dans les verres de service, recouvrez-les de granité et saupoudrez de sel de fenouil.
sel de fenouil Écrasez tous les ingrédients dans un mortier.

idée Servez avec de fines lanières de zeste de citron et avec des micropousses de menthe.

préparation 35 minutes (+ réfrigération) pour 12 personnes

Carrot cake cru
GLAÇAGE À LA CRÈME DE COCO

Cette recette est à commencer la veille.

- 225 ml de crème de coco en boîte, non ouverte
- 150 g de noix de cajou nature
- 120 g de poudre d'amandes
- ½ c. à c. de noix de muscade
- 2 c. à c. de cannelle
- 1 c. à c. de gingembre moulu
- 285 g de dattes fraîches dénoyautées, hachées
- ¼ de c. à c. de sel fin
- 6 carottes (720 g) épluchées, finement râpées
- 80 g de noix de coco séchée
- 55 g de raisins de Smyrne
- 125 g de noix hachées
- 60 ml de sirop d'érable pur
- 2 c. à s. d'huile de coco, fondue
- 1 gousse de vanille fendue en deux dans la longueur, graines grattées

1 Placez la boîte de crème de coco toute une nuit au réfrigérateur de sorte que la crème se sépare et remonte sur le dessus.
2 Faites tremper les noix de cajou au moins 4 heures dans de l'eau froide. Égouttez-les, rincez-les à l'eau froide, égouttez-les de nouveau.
3 Graissez un moule à charnière de 20 cm de diamètre, tapissez le fond et les côtés de papier cuisson.
4 À l'aide d'un robot, mixez la poudre d'amandes, les épices moulues, les dattes et la moitié du sel.
5 Pressez les carottes pour retirer l'excédent de liquide. Ajoutez les carottes et la noix de coco dans le robot ; mixez jusqu'à ce que le tout soit bien mélangé. Retirez la lame du robot ; incorporez les raisins et deux tiers des noix. Tassez le mélange dans le moule. Mettez au moins 1 heure au réfrigérateur.
6 Préparez le glaçage à la crème de coco. Sans secouer ni incliner la boîte de crème, versez des cuillerées de crème de coco épaissie dans un petit bol (réservez le liquide dans un récipient hermétique au réfrigérateur pour un autre usage). Battez la crème de coco à l'aide d'un batteur électrique pendant 5 minutes.
7 Mixez les noix de cajou, le sirop d'érable, l'huile de coco, les graines de vanille et le reste de sel jusqu'à obtenir une consistance très homogène. Incorporez ce mélange à la crème de coco fouettée. Recouvrez le saladier de film alimentaire ; mettez 20 minutes au réfrigérateur jusqu'à ce que le glaçage ait la bonne consistance pour être étalé.
8 Retirez le gâteau du moule, disposez-le sur un plateau et étalez le glaçage. Laissez prendre 30 minutes au réfrigérateur. Décorez avec le reste de noix.

variante Remplacez les noix par des noix de pécan et la poudre d'amandes par de la poudre de noisettes.

idée Servez avec des jeunes carottes coupées dans la longueur, agrémentez de sirop d'érable pur, si vous le souhaitez.

préparation 25 minutes (+ repos & congélation) pour 16 carrés

Carrés de cookie cru À LA CRÈME DE COCO

Cette recette est à commencer la veille.

» 115 g de noix de cajou nature
» 130 g de gruau de sarrasin trempé 8 heures dans de l'eau
» 120 g d'amandes nature
» 50 g de noix de coco râpée
» 50 g de cacao en poudre
» 80 ml de sirop d'érable pur
» 150 g d'huile de coco, fondue
» ½ c. à c. d'extrait de vanille pur
» 2 jeunes noix de coco à boire (2,4 kg)
» 250 ml de crème de coco
» 80 ml de sirop de riz
» 2 c. à c. d'extrait de vanille pur supplémentaire

1 Faites tremper les noix de cajou au moins 4 heures dans de l'eau froide. Égouttez-les, rincez-les à l'eau froide, égouttez-les de nouveau.

2 Graissez un moule à gâteau carré de 20 cm de côté, tapissez le fond et les côtés de papier cuisson en laissant dépasser les bords de 5 cm. Tapissez une plaque de papier cuisson.

3 À l'aide d'un robot, mixez le gruau de sarrasin, les amandes, la noix de coco râpée, la cacao en poudre, le sirop d'érable, 50 g d'huile de coco et la vanille jusqu'à l'obtention d'une chapelure grossière. Tassez deux tiers du mélange dans le moule avec une spatule. Tassez le reste de mélange sur la plaque en formant un rectangle d'une épaisseur de 1 cm. Placez au congélateur pendant que vous préparez la garniture à la crème.

4 Disposez 1 noix de coco sur une planche à découper. Tranchez le haut en forme de dôme à l'aide d'un hachoir – il vous faudra un peu de force. Versez l'eau de coco dans une carafe. À l'aide d'une cuillère, retirez la chair molle. Répétez l'opération avec l'autre noix de coco ; vous devriez obtenir 180 g de chair de noix de coco (réservez l'eau de coco pour un autre usage).

5 Mixez la chair des noix de coco, les noix de cajou égouttées, la crème de coco, le sirop de riz et la vanille supplémentaire jusqu'à obtenir une consistance homogène. Incorporez le reste d'huile de coco en mixant. Versez la garniture à la crème sur le fond du cookie dans le moule.

6 Découpez le cookie rectangulaire de la plaque en morceaux de 1 cm. Répartissez-les dans la garniture à la crème en les enfonçant légèrement. Placez 5 heures au congélateur.

7 Retirez le cookie du moule 10 minutes avant de servir pour qu'il ramollisse légèrement. Coupez-le en 16 carrés.

astuce Utilisez l'eau de coco pour préparer un smoothie.

conservation Ces carrés se conservent 5 jours au réfrigérateur et 2 mois au congélateur.

préparation 20 minutes (+ réfrigération & congélation) pour 12 personnes

Tarte crue À LA PÂTE À TARTINER AU CACAO

Cette recette est à commencer la veille.

» 2 boîtes de 400 ml de crème de coco, non ouvertes
» 300 g noix de cajou nature
» 170 g de gruau de sarrasin trempé 8 heures dans de l'eau
» 120 g de noix de pécan
» 5 dattes fraîches (100 g), dénoyautées
» 35 g de cacao en poudre
» 2 c. à s. de sirop d'érable pur
» 2 c. à s. d'huile de coco, fondue
» 140 g de pâte à tartiner crue au cacao et aux noisettes sans sucre
» 160 ml de crème de coco supplémentaire
» 125 ml de sirop d'érable pur supplémentaire
» 50 g d'huile de coco fondue supplémentaire
» ¼ de c. à c. d'arôme naturel de noisette
» 1 c. à c. d'extrait de vanille pur
» ¼ de c. à c. de fleur de sel
» 60 g de chocolat noir sans sucre, en morceaux
» 35 g de noisettes grillées, hachées (facultatif)

1 Faites refroidir les boîtes de crème de coco toute une nuit au réfrigérateur de sorte que la crème se sépare et remonte sur le dessus.
2 Faites tremper les noix de cajou au moins 4 heures dans de l'eau froide. Égouttez-les, rincez-les à l'eau froide, égouttez-les de nouveau.
3 Graissez un moule à tarte de 22 cm de diamètre.
4 À l'aide d'un robot, mixez le sarrasin, les noix de pécan, les dattes, 25 g de cacao, le sirop d'érable et l'huile de coco jusqu'à l'obtention d'une chapelure grossière. Tassez le mélange sur le fond du moule à l'aide d'une spatule. Mettez au congélateur pendant que vous préparez la garniture.
5 Mixez les noix de cajou avec le reste de cacao, la pâte à tartiner crue, la crème de coco, le sirop d'érable et l'huile de coco supplémentaires, l'arôme de noisette, la vanille et le sel jusqu'à obtenir une consistance homogène. Versez le mélange sur le fond de la tarte, égalisez la surface. Couvrez et mettez 3 heures au congélateur.
6 Sans secouer ni incliner les boîtes de crème de coco, retirez la crème épaissie qui s'est formée sur le dessus à l'aide d'une cuillère. Battez la crème dans un petit saladier à l'aide d'un batteur électrique ; versez la crème sur le dessus de la tarte.
7 Faites fondre le chocolat au bain-marie puis versez-le sur la tarte. Parsemez les noisettes grillées, si vous le souhaitez.

astuce Vous trouverez l'arôme naturel de noisette dans certains magasins bio ou en ligne. La pâte à tartiner au cacao crue est fabriqué à partir de cacao, noisettes et sucre ou sirop de coco. Vous la trouverez dans les magasins bio. Comme les noisettes saupoudrées sur le dessus sont grillées, elles ne sont pas complètement crues. Vous pouvez ne pas les utiliser.

conservation La tarte se conserve 5 jours au réfrigérateur et 2 mois au congélateur, sans la crème fouettée.

préparation + cuisson 15 minutes (+ congélation) pour 24 pièces

Bananes glacées
CHOCOLAT & CACAHUÈTES

- 6 bananes (1,2 kg)
- 55 g de poudre cristallisée Pure Via®
- 150 g d'huile de coco
- 100 g de cacao en poudre
- 2 c. à c. d'extrait de vanille
- 120 g de cacahuètes grillées salées, finement hachées
- 24 petits bâtonnets à esquimau

1 Chemisez une plaque de papier cuisson.
2 Pelez les bananes et coupez-les en tronçons de 4 cm. Posez-les debout sur la plaque. Plantez 1 bâtonnet dans chaque morceau de banane et placez-les 1 heure au congélateur.
3 Mixez le Pure Via® afin d'obtentir une consistance du sucre glace.
4 Faites fondre l'huile de coco dans une petite casserole à feu doux. Ajoutez le Pure Via®, la cacao et la vanille ; fouettez pour que le mélange soit homogène. Versez le mélange dans un récipient résistant à la chaleur et placez sur un bol d'eau bouillante pour qu'il reste fluide.
5 Plongez chaque morceau de banane dans la sauce au cacao jusqu'aux trois quarts puis saupoudrez de cacahuètes hachées. Posez-les sur la plaque et mettez 30 minutes au congélateur pour que l'enrobage durcisse.

variante Remplacez les cacahuètes par un autre fruit à coque de votre choix.

conservation Ces bananes glacées se conservent 3 jours au congélateur, dans une boîte hermétique.

préparation + cuisson 15 minutes pour 4 personnes

Crêpes aux myrtilles & AU PAVOT

- 120 g de mascarpone
- 125 g de myrtilles
- 2 c. à c. de zeste d'orange râpé
- 75 g de farine d'épeautre complète
- 2 c. à c. de graines de pavot
- 1 œuf
- 160 ml de lait
- 2 c. à c. de sirop de riz
- 1 c. à c. d'extrait de vanille
- huile en vaporisateur
- 2 c. à s. de sirop de riz supplémentaire

1 Dans un saladier, mélangez le mascarpone, 60 g de myrtilles et le zeste d'orange à la fourchette, en écrasant les myrtilles.
2 Dans un bol, fouettez la farine avec les graines de pavot, l'œuf, le lait, 2 cuillerées à café de sirop de riz et l'extrait de vanille.
3 Huilez légèrement une crêpière ou une petite poêle à fond épais. Faites-la chauffer sur feu moyen. Versez 60 ml de pâte et faites pivoter la crêpière pour que la préparation recouvre entièrement le fond. Faites cuire la crêpe 2 minutes environ. Retournez-la et laissez-la cuire 1 minute sur l'autre face. Répétez l'opération avec la pâte restante pour confectionner 4 crêpes.
4 Garnissez chaque crêpe de 1 cuillerée à soupe de mascarpone aux myrtilles et pliez-les en triangles. Servez-les décorées de myrtilles et arrosées avec le sirop de riz restant. Vous pouvez les garnir de très fines lanières de zeste d'orange.

préparation + cuisson 10 minutes (+ congélation) pour 4 personnes

Sorbet mangue, MELON & PIMENT VERT

- 520 g de mangue fraîche, en petits dés (voir l'astuce)
- 450 g de melon honeydew frais, en petits dés (voir l'astuce)
- 1 long piment vert frais, épépiné et finement haché
- 1 ½ c. à s. de menthe finement hachée
- 1 poignée de toutes petites feuilles de menthe

SIROP

- 125 ml de pur jus de pomme
- 1 c. à s. de zeste de citron vert râpé
- 2 c. à s. de jus de citron vert
- 65 g d'édulcorant du fruit du moine

1 Étalez les dés de mangue et de melon en une seule couche sur une plaque chemisée de papier cuisson et parsemez avec le piment. Couvrez et placez au moins 5 heures au congélateur.
2 Préparez le sirop.
3 Mettez les fruits congelés, le piment et la menthe hachée dans le bol d'un robot. Mettez le robot en marche et versez doucement le sirop sucré en mixant jusqu'à l'obtention d'un sorbet onctueux. Versez dans un récipient adapté et placez 3 h 30 au congélateur, en fouettant une fois pour briser les cristaux de glace.
4 Servez des boules de sorbet dans des coupes froides. Décorez de petites feuilles de menthe.
sirop Portez le jus de pomme à ébullition dans une petite casserole et faites-le réduire de moitié, à feu moyen. Ajoutez le zeste et laissez revenir à température ambiante. Incorporez le jus de citron vert et l'édulcorant ; fouettez pour qu'il se dissolve.

astuce Pour réaliser cette recette, il vous faudra 3 mangues et ½ melon. Vous pouvez remplacer la mangue par de l'ananas.

conservation Le sorbet de garde 2 semaines au congélateur. S'il est trop ferme, laissez-le ramollir 5 à 10 minutes avant de le servir.

préparation 30 minutes (+ congélation & réfrigération) pour 6 personnes

Mousse de halva AUX FRAISES

- 500 ml de crème de coco
- 250 g de fraises équeutées
- 2 c. à s. de poudre cristallisée Pure Via®
- 3 c. à c. d'extrait de vanille
- 280 g de yaourt grec
- 210 g de tahini complet (pâte de sésame)
- 250 g de fraises coupées en lamelles
- 65 g de graines de grenade
- 35 g de pistaches hachées
- 1 c. à s. de graines de sésame grillées

1 Versez la crème de coco dans un saladier métallique et placez-la 30 minutes au congélateur pour qu'elle soit bien froide.
2 Mixez les fraises avec 1 cuillerée à soupe de Pure Via® et 1 cuillerée à café d'extrait de vanille jusqu'à l'obtention d'une préparation onctueuse.
3 Passez le reste de Pure Via® dans un moulin à épices pour qu'il ait la consistance du sucre glace.
4 Fouettez la crème de coco avec le yaourt, le tahini, le Pure Via® moulu et le reste d'extrait de vanille afin que la crème épaississe légèrement. Incorporez la purée de fraises en effectuant des spirales.
5 Répartissez la mousse dans 6 coupes de 250 ml. Couvrez et placez 2 heures au réfrigérateur.
6 Garnissez chaque mousse de fraises coupées, de graines de grenade, de pistaches et de graines de sésame. Servez.

astuce Vérifiez que la crème de coco est bien 100 % naturelle. La crème de coco contenant des additifs risque de se séparer en plusieurs couches.

conservation Vous pouvez préparer la mousse la veille et la conserver au réfrigérateur, recouverte de film alimentaire.

préparation 25 minutes (+ repos & réfrigération) pour 12 tartelettes

Key lime TARTELETTES

- 225 g de noix de cajou
- 150 g de dattes fraîches, dénoyautées et hachées
- 115 g de noix de coco râpée, grillée
- ½ c. à c. de fleur de sel
- 150 g d'huile de coco, fondue
- 125 ml de jus de citron vert
- 60 ml de jus de citron
- 2 avocats (500 g), grossièrement hachés
- 80 ml de sirop d'érable pur
- 8 gouttes de stévia liquide
- zeste de citron vert râpé pour servir

1 Faites tremper les noix de cajou 2 heures dans de l'eau froide. Égouttez-les, rincez-les à l'eau froide, égouttez-les de nouveau.

2 À l'aide d'un robot, mixez un tiers des noix de cajou jusqu'à ce qu'elles soient finement hachées. Ajoutez les dattes et mixez jusqu'à former une pâte presque fluide. Ajoutez la noix de coco râpée, la moitié du sel et 2 cuillerées à soupe d'huile de coco ; mixez.

3 Tapissez un moule à muffins de 12 alvéoles (80 ml) avec 2 bandes de papier cuisson en les croisant et en les laissant dépasser des alvéoles. Tassez des cuillerées à soupe de mélange dans chaque alvéole, en appuyant bien le long des parois. Laissez prendre au réfrigérateur le temps nécessaire.

4 Mixez le reste de noix de cajou avec les autres ingrédients. Avec une cuillère, répartissez la garniture uniformément dans les alvéoles. Placez au moins 4 heures au réfrigérateur. Servez les tartelettes parsemées de zeste de citron vert.

conservation Ces tartelettes se conservent 4 jours au réfrigérateur.

préparation 25 minutes (+ repos & congélation) pour 2 personnes

Affogato À LA NOIX DE COCO

- 15 g de café fraîchement moulu
- 180 ml d'eau bouillante
- copeaux de noix de coco grillés, pour servir (facultatif)

GLACE À LA NOIX DE COCO

- 2 c. à s. de noix de coco râpée
- 1 gousse de vanille
- 400 ml de crème de coco en boîte
- 125 ml de sirop d'érable pur
- 1 c. à s. d'huile de coco, à température ambiante
- ½ c. à c. de fleur de sel

1 Préparez la glace à la noix de coco.
2 Mettez le café dans une cafetière à piston, versez dessus l'eau bouillante. Laissez reposer 4 minutes. Versez le café dans 2 tasses à expresso. (Ou bien, mélangez l'eau bouillante et le café dans une carafe résistante à la chaleur, laissez reposer 4 minutes puis égouttez à travers un tamis fin.)
3 Retirez la glace du congélateur. Laissez-la ramollir légèrement. Mixez-la dans un petit mixeur jusqu'à obtenir une consistance suffisamment molle pour être dégustée. (Pour une consistance moins ferme, mixez le mélange de noix de coco glacé jusqu'à ce qu'il soit fluide, remettez dans le sachet à glissière ; remettez au congélateur jusqu'à ce qu'il soit glacé.)
4 Pour servir, avec une cuillère, répartissez la glace à la noix de coco dans 2 verres de 375 ml ou des coupes. Parsemez les copeaux de noix de coco. Présentez la glace avec le café pour que chacun puisse en verser sur la glace avant de la déguster.
glace à la noix de coco Faites dorer la noix de coco dans une petite poêle à feu vif, en remuant 1 minute. Transvasez sur une assiette et laissez refroidir complètement. Fendez la gousse de vanille dans la longueur, retirez les graines avec la pointe d'un couteau. À l'aide d'un robot, mixez les graines de vanille, la crème de coco, le sirop d'érable, l'huile de coco et le sel jusqu'à obtenir une consistance homogène. Incorporez la noix de coco grillée à la cuillère ; transvasez le tout dans un sachet à glissière. Refermez le sachet, mettez-le sur une plaque en métal, aplatissez et placez 3 heures au congélateur.

préparation 45 minutes (+ repos, congélation & réfrigération) pour 20 bouchées

Bouchées À LA MENTHE POIVRÉE

Cette recette est à commencer la veille.

- » 115 g de noix de cajou nature
- » 80 g d'amandes entières
- » 60 g de noix de pécan
- » 65 g de gruau de sarrasin trempé 8 heures dans de l'eau
- » 50 g de noix de coco râpée
- » 50 g de cacao en poudre
- » 40 g de sucre de coco
- » 4 dattes fraîches (80 g), dénoyautées
- » 140 g d'huile de coco, fondue
- » 60 ml de crème de coco
- » 2 c. à s. de sirop d'agave clair
- » ½ c. à c. d'extrait de menthe poivrée

NAPPAGE CHOCOLAT

- » 50 g d'huile de coco
- » 60 g de beurre de cacao, haché
- » 2 c. à s. de sirop d'érable pur
- » 50 g de cacao en poudre

1 Faites tremper les noix de cajou au moins 4 heures dans de l'eau froide, à couvert. Égouttez-les, rincez à l'eau froide, égouttez-les de nouveau.

2 Graissez un moule rectangulaire de 20 × 30 cm. Chemisez le fond et les parois de film alimentaire en le faisant dépasser de 5 cm sur les côtés.

3 Mixez les amandes avec les noix de pécan, le sarrasin, la noix de coco râpée, le cacao, le sucre de coco, les dattes et 100 g d'huile de coco jusqu'à l'obtention de grosses miettes. Veillez à ne pas trop mixer. Pressez la pâte obtenue dans le fond du moule avec une spatule. Égaliser la couche à 5 mm d'épaisseur. Placez 15 minutes au congélateur.

4 Démoulez le biscuit sur une planche. Découpez 15 disques à l'aide d'un emporte-pièce de 5 cm de diamètre. Placez-les sur une plaque chemisée de papier cuisson. Réservez au congélateur.

5 Préparez la crème de menthe poivrée. Mixez les noix de cajou avec l'huile de coco restante, la crème de coco et le sirop d'agave en un mélange lisse. Ajoutez l'extrait de menthe poivrée. Mixez bien. Versez dans un bol. Couvrez et placez 1 heure au congélateur, en remuant souvent, jusqu'à ce que la crème soit épaisse.

6 Versez 2 cuillerées à café de crème de menthe poivrée sur chaque biscuit rond. Avec le dos d'une cuillère à café, appuyez pour la répartir équitablement. Laissez figer 3 heures au congélateur.

7 Préparez le nappage chocolat. Avec une fourchette, plongez les biscuits dedans un à un. Laissez s'écouler l'excédent de nappage et posez-les sur une plaque. Laissez durcir 30 minutes au réfrigérateur.

nappage chocolat Faites fondre l'huile de coco et le beurre de cacao au bain-marie. Fouettez en un mélange lisse. Incorporez le sirop d'érable. Ajoutez le cacao en fouettant. Versez dans un bol.

astuce Préférez l'extrait de menthe poivrée plutôt que l'huile ou l'essence, car le goût du biscuit pourrait être affecté. On en trouve dans les magasins bio.

conservation Ces biscuits se conservent 5 jours au réfrigérateur, dans un récipient hermétique.

Boissons végétales

préparation 10 minutes (+ repos)
pour 3 verres (750 ml)

LAIT D'AMANDE À LA VANILLE

Cette recette est à commencer la veille.

Faites tremper 160 g d'amandes nature avec 1 pincée de sel fin 8 heures dans de l'eau froide, à couvert. Égouttez les amandes, rincez-les à l'eau froide, égouttez-les de nouveau. Mixez les amandes avec 750 ml d'eau filtrée jusqu'à obtenir une consistance homogène. Filtrez au travers d'un sac à lait végétal (ou un tamis tapissé d'un linge fin) dans une grande carafe ; pressez bien le sac pour libérer tout le liquide. Fendez 1 gousse de vanille dans la longueur, retirez les graines et mettez-les dans le liquide ; remuez.

conservation Cette boisson se conserve 3 jours dans une bouteille en verre fermée au réfrigérateur.

préparation 15 minutes (+ repos)
pour 2 personnes (400 ml)

SMOOTHIE AUX FRAISES

Préparez le lait d'amande à la vanille (voir ci-contre). Mixez 250 ml de ce lait d'amande froid avec 10 fraises fraîches ou congelées, 1 cuillerée à soupe de purée de noix de cajou et 1 cuillerée à soupe de miel cru.

astuce Servez ce smoothie avec des biscuits fourrés à la fraise (voir page 406).

préparation 20 minutes (+ repos)
pour 2 personnes (400 ml)

SMOOTHIE CHOCOLAT-CACAHUÈTE

Préparez le lait d'amande à la vanille (voir page 362). Préparez la sauce au chocolat. Mixez 250 ml de lait d'amande froid avec 2 boules de glace vanille & noix de coco (voir page 102) ou 140 g de yaourt de coco sans sucre, 3 dattes fraîches dénoyautées, 2 cuillerées à soupe de beurre de cacahuète et 1 cuillerée à soupe de cacao en poudre jusqu'à obtenir une consistance homogène. Versez 1 ½ cuillerée à soupe de sauce au chocolat sur les parois de 2 verres ou 2 bouteilles d'une contenance de 180 ml, puis versez la boisson.

sauce au chocolat Mélangez 1 cuillerée à soupe de cacao en poudre, 1 cuillerée à soupe d'huile de coco fondue et 1 cuillerée à soupe de sirop d'érable pur.

préparation 15 minutes (+ repos)
pour 2 personnes (400 ml)

LATTE SHAKE

Préparez le lait d'amande à la vanille (voir page 362). Mixez 250 ml de ce lait d'amande froid avec 80 ml d'expresso refroidi ou de café fort, 2 boules de glace vanille & noix de coco (voir page 102) ou 140 g de yaourt de coco sans sucre et 1 datte fraîche jusqu'à obtenir une consistance homogène. Servez le latte shake avec 1 boule de glace vanille & noix de coco ou de votre glace sans sucre favorite, si vous le souhaitez.

préparation 25 minutes (+ réfrigération & congélation) pour 16 carrés

Carrés au cacao & CARAMEL DE DATTES

- 115 g de dattes fraîches, dénoyautées
- 130 g d'amandes, grillées
- 1 ½ c. à s. d'huile de coco, fondue
- ¼ de c. à c. de fleur de sel

CARAMEL DE DATTES

- 230 g de dattes fraîches, dénoyautées
- 125 ml de sirop d'érable pur
- 95 g de beurre de cacahuète avec morceaux
- 60 ml d'huile de coco, fondue

GLAÇAGE AU CACAO

- 20 g de cacao en poudre cru
- 60 ml d'huile de coco, fondue
- 2 c. à c. de sirop d'érable pur

1 Chemisez de papier cuisson un moule carré de 19 cm de côté.
2 Mixez les dattes avec les amandes et l'huile de coco jusqu'à obtenir une préparation onctueuse. Étalez-la au fond du moule, en appuyant bien. Laissez prendre 1 heure au réfrigérateur.
3 Préparez le caramel de dattes et étalez-le en une couche uniforme sur la pâte de dattes. Laissez prendre 1 heure au congélateur.
4 Préparez le glaçage au cacao. Versez-le rapidement sur le caramel et saupoudrez de sel. Laissez durcir 1 heure au réfrigérateur.
5 Avec un grand couteau à lame chaude, coupez en 16 carrés.
caramel de dattes Mixez tous les ingrédients pendant 2 minutes pour obtenir une préparation très onctueuse.
glaçage au cacao Fouettez les ingrédients dans un bol pour obtenir une préparation onctueuse.

astuce Préparez le glaçage juste avant de le verser sur le caramel de dattes pour qu'il n'ait pas le temps de commencer à durcir.

conservation Ces carrés se conservent 1 semaine au réfrigérateur, dans une boîte hermétique.

préparation + cuisson 25 minutes (+ congélation) pour 8 esquimaux

Esquimaux MANGUE & NOIX DE COCO

- 265 g de mangue surgelée, en cubes
- 125 ml de pur jus de pomme
- 2 c. à s. d'édulcorant du fruit du moine
- 60 ml d'eau
- 270 ml de crème de coco
- ½ c. à c. de fleur de sel
- 8 moules à esquimaux de 125 ml, avec bâtonnets
- 10 g de copeaux de noix de coco, grillés

1 Mixez la mangue avec le jus de pomme jusqu'à l'obtention d'un mélange lisse. Déposez 2 cuillerées à soupe de purée de mangues dans chaque moule et placez-les 30 minutes au congélateur.

2 Diluez l'édulcorant dans l'eau et faites chauffer à feu doux jusqu'à ce qu'il soit dissous (ne pas porter à ébullition, sinon la préparation risque de cristalliser). Fouettez ce sirop avec la crème de coco et le sel. Remplissez les moules de cette préparation. Couvrez les moules avec 2 épaisseurs de film alimentaire (pour que les bâtonnets restent droits). Fendez le film au-dessus de chaque moule avec un couteau et plantez 1 bâtonnet dans chaque moule. Placez au moins 4 heures au congélateur.

3 Pour démouler les esquimaux, trempez rapidement les moules dans de l'eau chaude. Versez les copeaux de noix de coco dans un bol. Trempez chaque esquimau dans de l'eau chaude puis dans la noix de coco. Posez-les sur une plaque recouverte de papier cuisson et placez 10 minutes au congélateur ou jusqu'au moment de servir.

préparation 15 minutes (+ réfrigération) pour 6 personnes

Puddings de graines de chia
FRUITS ROUGES & COCO

» 625 ml de lait de coco
» 55 g de graines de chia blanc
» 1 c. à c. d'extrait de vanille
» 1 banane (200 g) coupée en morceaux
» 1 c. à s. de poudre cristallisée Pure Via®
» 2 c. à c. de zeste d'orange râpé
» 300 g d'un mélange de fruits rouges
» petites feuilles de menthe pour servir

1 Mélangez le lait de coco, les graines de chia et l'extrait de vanille dans un récipient. Couvrez et placez au moins1 heure au réfrigérateur.
2 Mixez la préparation avec la banane, le zeste d'orange, le Pure Via® et 200 g de fruits rouges. Versez dans 6 coupes de 180 ml et placez 30 minutes au réfrigérateur afin que le pudding épaississe.
3 Garnissez les puddings avec les fruits rouges restants et de petites feuilles de menthe. Servez.

astuce Utilisez un mélange de vos fruits rouges préférés. Vous pouvez ajouter quelques cerises dénoyautées. Vous pouvez utiliser un robot pour obtenir un pudding très onctueux.

conservation Les puddings peuvent être préparés la veille et conservés au réfrigérateur, couverts de film alimentaire. Garnissez-les de fruits juste avant de les servir.

chia

préparation + cuisson 15 minutes (+ refroidissement) pour 20 pièces

Pop-corn salé
AUX FRUITS À COQUE

» 45 g de pop-corn salé
» 150 g de noix de macadamia grillées et salées, hachées
» 160 g de cacahuètes grillées et salées, hachées
» 80 g de chips de noix de coco
» 450 g de miel cru

1 Tapissez une plaque de papier cuisson.
2 Mélangez le pop-corn, les noix de macadamia, les cacahuètes et les chips de noix de coco dans un saladier. Versez le miel dans une poêle et portez à ébullition sur feu moyen-vif. Baissez le feu et faites cuire 5 minutes jusqu'à ce que le miel commence à caraméliser. Surveillez la cuisson pour que le caramel ne brûle pas.
3 Versez aussitôt le miel sur le pop-corn et mélangez rapidement. À l'aide d'une spatule, déposez le mélange sur la plaque et couvrez de papier cuisson. Étalez le mélange avec un rouleau à pâtisserie, retirez le papier cuisson du dessus et laissez durcir. Coupez en morceaux avant de servri.

astuce Vous pouvez utiliser les fruits à coque de votre choix pour cette recette.

conservation Ce pop-corn se conserve 2 semaines au réfrigérateur dans une boîte hermétique.

préparation + cuisson 1 h 30 (+ repos, refroidissement, réfrigération & congélation)
pour 4 personnes

Glace riz & coco MANGUE

Cette recette est à commencer la veille.

- 75 g de riz gluant noir (voir l'astuce)
- 1 feuille de pandan nouée (facultatif)
- 500 ml d'eau
- 2 boîtes de 400 ml de crème de coco
- 110 g de poudre cristallisée Pure Via®
- 60 g d'huile de coco
- ¾ de c. à c. de sel marin
- 1 c. à s. de poudre d'arrow-root
- 2 c. à s. de graines de sésame noir
- 2 petites mangues (600 g) coupées finement dans la longueur

1 Faites tremper le riz au moins 8 heures dans de l'eau.
2 Égouttez le riz, mettez-le dans une petite casserole avec la feuille de pandan et l'eau. Portez à ébullition, baissez sur feu moyen et laissez cuire 20 minutes : le riz doit être tendre et l'eau presque complètement absorbée.
3 Ajoutez la moitié de la crème de coco et faites cuire 10 minutes. Ajoutez le reste de crème de coco, le Pure Via®, l'huile de coco et le sel, mélangez. Ajoutez l'arrow-root et faites cuire 3 minutes jusqu'à épaississement.
4 Retirez la feuille de pandan, jetez-la. Transvasez le mélange dans un grand saladier, couvrez de film alimentaire et laissez refroidir 45 minutes. À l'aide d'un mortier et d'un pilon, écrasez les graines de sésame (voir l'astuce).
5 Mettez le mélange dans une turbine à glace. Faites turbiner en suivant les instructions du fabricant jusqu'à obtenir une consistance crémeuse presque ferme. Ajoutez trois quarts des graines de sésame écrasées, ½ cuillerée à café à la fois. Transvasez le mélange dans un récipient hermétique de 1 litre et mettez au moins 4 heures au congélateur.
6 Servez les boules de glace accompagnées de mangue, saupoudrées du reste de graines de sésame.

astuce Retirez la glace du congélateur 45 minutes avant de servir pour qu'elle ramollisse.
Vous trouverez du riz noir gluant et des feuilles de pandan dans les épiceries asiatiques. Les feuilles de pandan sont souvent vendues surgelées. Pour écraser les graines de sésame sans mortier, mettez-les sur une planche à découper et pressez-les à l'aide d'une petite casserole à fond épais, en faisant des rotations.

conservation Cette glace se conserve 1 mois au congélateur.

préparation + cuisson 1 heure (+ refroidissement & congélation) pour 4 personnes

Yaourt glacé ABRICOTS & PISTACHES

» 150 g d'abricots secs
» 560 ml de pur jus de pomme
» 1 c. à c. de cardamome moulue
» 630 g de yaourt grec
» 90 g de miel cru
» 2 c. à s. de graines de sésame, grillées
» 70 g de pistaches grossièrement hachées

1 Portez les abricots et le jus de pomme à ébullition dans une poêle. Baissez le feu et laissez mijoter 15 minutes pour que les abricots soient tendres et gonflés et que le jus devienne sirupeux. Laissez refroidir.
2 Mixez la préparation refroidie avec la cardamome jusqu'à obtenir un mélange onctueux. Transférez dans un saladier. Couvrez et placez au réfrigérateur jusqu'au moment de servir.
3 Mélangez le yaourt, le miel, les graines de sésame et la moitié des pistaches dans un saladier. Transférez cette préparation dans une turbine à glace (voir l'astuce). Faites tourner la turbine en suivant les indications du fabricant jusqu'à ce que la glace soit prise (40 minutes environ). Transférez le yaourt glacé dans le saladier avec la préparation aux abricots et mélangez délicatement pour créer des marbrures. Versez dans un moule à cake de 1,25 litre, couvrez et placez au moins 5 heures au congélateur.
4 Servez le yaourt glacé garni du reste de pistaches.

astuce Si vous n'avez pas de turbine à glace, transférez la préparation à base de yaourt dans un moule à cake, couvrez de papier d'aluminium et placez 1 heure au congélateur. Mixez au robot pour casser les cristaux de glace. Remettez dans le moule, couvrez et répétez l'opération. Mélangez avec les abricots, transférez le tout dans le moule, couvrez de papier d'aluminium et placez au moins 5 heures au congélateur.

conservation Ce yaourt glacé se conserve jusqu'à 2 semaines au congélateur.

préparation + cuisson 30 minutes (+ repos & congélation) pour 6 personnes

Gelée à l'orange sanguine

POUR RÉALISER CES DÉLICIEUSES GELÉES, IL EST IMPÉRATIF D'AVOIR PLACÉ LES COUPES VIDES AU CONGÉLATEUR AVANT UTILISATION, ET DE METTRE RAPIDEMENT LES COUPES REMPLIES AU CONGÉLATEUR AFIN DE PRÉSERVER LES BULLES.

» 750 ml de jus d'orange sanguine
» 110 g de poudre cristallisée Pure Via®
» 12,5 g de feuilles de gélatine
» 310 ml d'eau pétillante, fraîche
» 2 c. à s. de petites feuilles de basilic

SALADE D'ORANGES SANGUINES
» 2 c. à c. de poudre cristallisée Pure Via®
» 4 oranges sanguines (680 g)
» 2 pamplemousses roses (700 g)
» 100 g de fraises, en tranches épaisses
» 1 c. à c. de feuilles de basilic frais, ciselées

1 Placez 6 coupes à dessert de 125 ml au congélateur.
2 Filtrez le jus au-dessus d'une sauteuse à fond épais. Ajoutez le Pure Via® et mélangez sur feu moyen jusqu'à ce qu'il soit dissous. Portez à ébullition. Baissez le feu et faites réduire le jus pendant 15 minutes, en écumant, pour obtenir 420 ml de liquide.
3 Faites ramollir les feuilles de gélatine dans de l'eau froide pendant 3 minutes. Essorez-les et ajoutez-les au jus réduit. Mélangez pour les dissoudre. Laissez revenir à température ambiante.
4 Versez le sirop dans un pichet. Ajoutez l'eau gazeuse puis versez dans les coupes froides. Placez 1 h 30 au congélateur. (Si vous ne servez pas les gelées tout de suite, couvrez-les et conservez-les au réfrigérateur.)
5 Avant de servir, préparez la salade d'oranges sanguines.
6 Servez les gelées garnies de salade d'oranges sanguines et de basilic.
salade d'oranges sanguines Passez le Pure Via® dans un moulin à épices pour qu'il ait la consistance du sucre glace. Pelez les oranges à vif au-dessus d'un saladier pour récupérer le jus. Prélevez les segments des oranges en coupant de part et d'autre des membranes. Pressez les membranes pour récupérer le maximum de jus. Faites de même avec les pamplemousses. Ajoutez les fraises, le basilic et le Pure Via®, mélangez. Couvrez et placez au réfrigérateur jusqu'au moment de servir.

astuce Vous pouvez utiliser 1 cuillerée à soupe de gélatine en poudre. Saupoudrez-la sur le jus réduit à l'étape 2 puis fouettez pour la dissoudre. Passez directement à l'étape 4.

conservation Ces gelées peuvent être préparées la veille. Elles se conservent 4 jours au réfrigérateur.

préparation 40 minutes (+ réfrigération) pour 10 personnes

Fruits glacés AU CHOCOLAT

TROUVEZ UNE BOUTIQUE BIO OU UNE BOUTIQUE DE FRUITS ET LÉGUMES DE QUALITÉ POUR RÉUNIR TOUS LES INGRÉDIENTS QUE NOUS AVONS CHOISIS. FAIRE SON CHOCOLAT, TREMPER LES FRUITS ET LES ENROBER SONT UN JEU D'ENFANT, LE TOUT POUR UN DESSERT SPECTACULAIRE.

» 1 kg de pastèque coupée en petits quartiers
» 1 mandarine (200 g) en quartiers
» 150 g de cerises
» 130 g de fraises
» 1 kiwi (85 g) coupé en tranches
» 8 tranches d'orange déshydratées
» 8 tranches d'ananas déshydratées

CROQUANT

» 2 c. à s. de framboises lyophilisées, écrasées
» 1 c. à s. de noix de coco séchée
» 1 c. à s. de pistaches hachées
» 1 c. à s. de fleurs séchées pour salade
» 1 c. à s. de pétales de rose lyophilisés
» 1 c. à s. de gruau de sarrasin trempé 8 heures dans de l'eau
» 2 c. à c. de poudre de framboises lyopholisées
» 1 c. à c. de pollen d'abeille (facultatif, voir page 49)

GLAÇAGE AU CHOCOLAT

» 2 c. à s. d'huile de coco
» 120 g de beurre de cacao, finement haché
» 2 c. à s. de sirop d'érable pur
» ½ c. à c. d'extrait de vanille pur
» 100 g de cacao en poudre

1 Disposez les fruits sur des plaques tapissées de papier cuisson. Avec du papier absorbant, séchez la pastèque en tapotant pour retirer l'excédent d'humidité.
2 Mettez les ingrédients croquants dans des petits saladiers séparés.
3 Préparez le glaçage au chocolat.
4 En procédant par lots, et en commençant par les fruits les plus petits, trempez les fruits dans le glaçage ; laissez s'égoutter le surplus de chocolat. Saupoudrez avec les ingrédients croquants de votre choix puis disposez les fruits sur une plaque. Si le chocolat commence à épaissir, refaites-le chauffer. Mettez les fruits chocolatés 15 minutes au réfrigérateur pour que le chocolat prenne.
5 Versez le chocolat qui reste sur une plaque tapissée de papier cuisson, saupoudrez avec les ingrédients croquants. Laissez prendre 15 minutes au réfrigérateur. Cassez le chocolat en morceaux et servez le tout avec les fruits.
glaçage au chocolat Faites fondre l'huile de coco et le beurre de cacao au bain-marie ; battez jusqu'à ce que le mélange soit fluide. Ajoutez le sirop d'érable et la vanille ; retirez du feu. Ajoutez le cacao et battez jusqu'à obtenir une consistance homogène.

préparation + cuisson 55 minutes (+ repos, congélation & réfrigération)
pour 16 personnes

Gâteau cru
CHOCOLAT-CACAHUÈTE

Cette recette est à commencer la veille.

- » 80 g d'amandes entières
- » 90 g de poudre d'amandes
- » 60 g de noix de coco râpée
- » 60 ml de sirop d'érable pur
- » 2 c. à s. de purée d'amandes
- » 40 g de cacao en poudre
- » ¼ de c. à c. d'extrait de vanille pur
- » 140 g de cacahuètes torréfiées, grossièrement hachées

NOUGAT

- » 375 g de noix de cajou nature
- » 250 ml de crème de coco
- » 125 ml de sirop d'érable pur
- » 130 g de purée d'amandes
- » 80 g de noix de coco râpée
- » 100 g d'huile de coco, fondue
- » ½ c. à c. de extrait de vanille pur

CARAMEL

- » 140 g de dattes fraîches, dénoyautées
- » 140 g de beurre de cacahuète
- » 60 ml de crème de coco
- » 50 g d'huile de coco, fondue
- » 1 c. à s. de sirop d'érable pur
- » ½ c. à c. de sel fin

NAPPAGE CHOCOLAT

- » 50 g d'huile de coco
- » 60 g de beurre de cacao, haché
- » 60 ml de sirop d'érable pur
- » 70 g de cacao en poudre

1 Préparez le nougat.
2 Graissez un moule à charnière de 23 cm de diamètre. Chemisez-le de papier cuisson.
3 Mixez grossièrement les amandes. Ajoutez la poudre d'amandes, la noix de coco, le sirop d'érable, la purée d'amandes, 2 cuillerées à soupe de cacao et la vanille. Mixez jusqu'à ce que le mélange soit lisse. Versez dans le moule et pressez au fond. Égalisez la surface avec une spatule. Placez au congélateur.
4 Versez deux tiers du nougat sur la base. Congelez 30 minutes.
5 Versez le reste de cacao dans le tiers de nougat restant. Mixez. Étalez ce mélange sur la couche de nougat. Égalisez la surface. Congelez 3 heures.
6 Préparez le caramel. Étalez-le sur le gâteau. Parsemez de cacahuètes concassées. Laissez raffermir 30 minutes au congélateur.
7 Préparez le nappage chocolat.
8 Démoulez le gâteau sur un plat. Arrosez-le de nappage chocolat. Utilisez un couteau à palette pour lisser le chocolat sur le gâteau. Laissez prendre 30 minutes au réfrigérateur.
nougat Faites tremper les noix de cajou dans de l'eau froide au moins 4 heures, à couvert. Égouttez-les, rincez à l'eau froide, égouttez-les de nouveau. Mixez-les avec la crème de coco, le sirop d'érable et la purée d'amandes. Ajoutez les ingrédients restants, puis mixez.
caramel Couvrez les dattes d'eau froide dans un petit bol et laissez reposer 30 minutes. Égouttez. Mixez-les avec les ingrédients restants afin d'obtenir une préparation lisse.
nappage chocolat Faites fondre l'huile de coco et le beurre de cacao au bain-marie. Fouettez pour obtenir un mélange lisse. Incorporez le sirop d'érable puis le cacao en fouettant.

préparation + cuisson 40 minutes pour 4 personnes

Salade de pastèque à l'eau de rose

SIROP DE CYNORRHODON

- » 4 sachets d'infusion cynorrhodon & hibiscus
- » 160 ml d'eau chaude
- » 1 c. à s. de poudre cristallisée Pure Via®
- » 2 c. à s. d'eau de rose
- » 800 g de pastèque sans pépins
- » 4 nectarines (680 g)
- » 500 g de fraises
- » 45 g de pistaches, grossièrement hachées
- » ½ petit bouquet de menthe, finement hachée
- » 1 c. à s. de petites feuilles de menthe

1 Faites infuser les sachets d'infusion dans l'eau chaude pendant 30 minutes. Jetez les sachets. Versez l'infusion dans une casserole à fond épais, ajoutez le Pure Via® et portez à ébullition sur feu moyen-vif. Laissez réduire 8 minutes pour obtenir un sirop épais. Hors du feu, incorporez l'eau de rose et laissez refroidir.

2 Retirez la peau de la pastèque et coupez la chair en petits morceaux. Coupez les nectarines en deux, dénoyautez-les et coupez-les en fines lamelles. Coupez les fraises en deux.

3 Transférez les fruits dans un saladier avec 30 g de pistaches et la menthe hachée. Mélangez délicatement. Arrosez avec le sirop de cynorrhodon et servez la salade parsemée du reste des pistaches et de petites feuilles de menthe.

idée Vous pouvez servir la salade dans les coque de pastèque.

préparation + cuisson 1 heure (+ repos & congélation) pour 4 personnes

Sundae à la noix de coco POP-CORN AU CARAMEL

- 8 grosses boules de glace vanille & noix de coco (voir page 102)
- 2 barres crues chocolat caramel (voir page 400), coupées en deux (facultatif)

POP-CORN AU CARAMEL

- 1 c. à s. d'huile de coco
- 60 g de maïs à pop-corn
- 160 ml de sirop de coco
- 70 g de purée de noix de cajou
- ½ c. à c. d'extrait de vanille pur
- ½ c. à c. de fleur de sel

1 Préchauffez le four à 160 °C. Tapissez une plaque de papier cuisson.
2 Préparez le pop-corn au caramel.
3 Avec une cuillère, versez le pop-corn au caramel en couche égale sur la plaque. Faites cuire 8 minutes au four jusqu'à ce qu'il soit doré, en remuant de temps en temps pour éviter que le pop-corn brûle. Laissez refroidir le mélange sur la plaque.
4 Répartissez la glace dans 4 verres de 180 ml. Nappez du reste de sauce caramel aux noix de cajou. Versez par-dessus le pop-corn au caramel et ajoutez les barres chocolatées.
pop-corn au caramel Faites chauffer l'huile de coco dans une grande casserole à feu moyen-vif. Ajoutez le pop-corn, couvrez ; secouez la casserole légèrement quand les grains commencent à éclater. Faites cuire 3 minutes jusqu'à ce que tous les grains aient éclaté, en secouant la casserole fréquemment. Transvasez le pop-corn dans un grand saladier ; retirez tout grain non éclaté. Mélangez le sirop de coco, la purée de noix de cajou, la vanille et le sel dans un saladier. Versez la moitié du caramel aux noix de cajou sur le pop-corn ; mélangez pour qu'il soit bien enrobé. Versez le caramel aux noix de cajou restant dans un pot à couvercle et réservez jusqu'à la dégustation.

astuce Si vous n'avez pas le temps de préparer la glace vous-même ou de faire les barres chocolatées, préparez le pop-corn au caramel et servez-les avec votre glace sans sucre favorite.

conservation Le pop-corn se conserve 2 jours au garde-manger dans un récipient hermétique. Le caramel aux noix de cajou se conserve 1 semaine.

préparation + cuisson 15 minutes pour 4 personnes

Gaufres au sarrasin & PÊCHES GRILLÉES

» 60 g d'huile de coco
» 2 c. à s. d'édulcorant du fruit du moine
» 3 œufs, blancs et jaunes séparés
» 200 g de farine
» 50 g de farine de sarrasin
» 50 g de fécule de maïs
» 1 c. à c. de levure chimique
» 1 c. à c. de bicarbonate de soude
» ½ c. à c. de sel
» ½ c. à c. de gingembre moulu
» 375 ml de lait
» 1 ½ c. à c. de vinaigre blanc
» huile en vaporisateur
» 4 pêches jaunes (600 g), coupées en deux et dénoyautées
» 280 g de yaourt grec
» 1 poignée de toutes petites feuilles de menthe
» 90 g de miel cru

1 Fouettez l'huile de coco et l'édulcorant dans un saladier, au batteur électrique. Incorporez les jaunes d'œufs un à un.
2 Montez les blancs en neige au batteur électrique jusqu'à ce qu'ils soient presque fermes. Incorporez-les délicatement à la préparation précédente.
3 Incorporez les ingrédients secs tamisés, le lait et le vinaigre, sans mélanger plus que nécessaire (la pâte peut être grumeleuse à ce stade).
4 Huilez un gaufrier avec le vaporisateur d'huile, versez 60 ml de pâte sur la plaque. Fermez le gaufrier et faites cuire 2 minutes. Transférez la gaufre sur une assiette et couvrez-la de papier d'aluminium pour qu'elle reste chaude. Répétez l'opération pour préparer 8 gaufres.
5 Faites chauffer une poêle-gril huilée à feu vif et faites griller les moitiés de pêche 3 minutes de chaque côté pour qu'elles aient les marques du gril.
6 Servez les gaufres garnies de pêches, de yaourt et de menthe, nappez de miel.

préparation + cuisson 35 minutes (+ repos, réfrigération & congélation)
pour 4 personnes

Gelée de kombucha
GLACE NOIX DE CAJOU & CANNELLE

Cette recette est à commencer la veille.

» 250 ml de jus de pomme
» 2 cm de gingembre (10 g) coupé en fines tranches
» 4 c. à c. (14 g) de gélatine en poudre
» 500 ml de kombucha à l'hibiscus
» 125 g de framboises fraîches
» 125 g de myrtilles fraîches, coupées en deux si elles sont grosses

GLACE NOIX DE CAJOU & CANNELLE

» 225 g de noix de cajou nature
» 310 ml d'eau
» 2 c. à s. de sirop d'érable pur
» 1 c. à c. de pâte de vanille
» ½ c. à c. de cannelle
» ¼ de c. à c. de sel marin fin

1 Faites chauffer le jus de pomme et le gingembre dans une petite casserole à feu moyen jusqu'à frémissement. Retirez du feu, ajoutez rapidement la gélatine et fouettez pour la dissoudre. Versez dans un grand saladier et laissez refroidir à température ambiante.
2 Retirez les tranches de gingembre. Ajoutez le kombucha au mélange à la gélatine (voir l'astuce) ; mélangez. Laissez reposer 5 minutes jusqu'à ce que les bulles disparaissent.
3 Répartissez trois quarts des fruits rouges dans 4 moules bundt de 250 ml. Versez le mélange par-dessus et mettez au moins 4 heures au réfrigérateur.
4 Préparez la glace noix de cajou & cannelle.
5 Trempez rapidement les moules dans de l'eau bouillante pour démouler les gelées. Retournez-les sur des plats. Servez avec des boules de glace noix de cajou & cannelle et le reste de fruits rouges.
glace noix de cajou & cannelle Faites tremper les noix de cajou au moins 2 heures dans de l'eau froide, à couvert. Égouttez-les, rincez-les à l'eau froide, égouttez-les de nouveau. Mixez les noix de cajou avec les autres ingrédients jusqu'à obtenir une consistance homogène. Passez le mélange dans une turbine à glace, en suivant les instructions du fabricant, jusqu'à ce que la glace soit assez molle pour être dégustée. Avec une cuillère, versez-la dans un moule à pain de 750 ml, couvrez et placez 2 heures au congélateur. Retirez du congélateur 15 minutes avant de servir.

astuce Assurez-vous que le mélange de gélatine soit bien refroidi avant d'y ajouter le kombucha, sinon l'excès de chaleur détruira les probiotiques du kombucha.
Pour faire cette glace sans turbine, versez le mélange des noix de cajou dans un grand sachet en plastique à glissière ; fermez-le. Mettez-le 1 heure au congélateur, côté plat sur le dessous, sur une grande plaque, jusqu'à ce que le mélange soit à moitié congelé. Mixez le mélange jusqu'à obtenir une consistance homogène. Remettez à congeler et mixez une fois de plus. Avec une cuillère, versez le tout dans le moule à pain et mettez 2 heures au congélateur.

préparation 25 minutes (+ repos & congélation) pour 14 parts

Cheesecake vegan AUX AGRUMES

Cette recette est à commencer la veille.

- 450 g de noix de cajou nature
- 140 g de noix de macadamia nature
- 120 g d'amandes nature
- 40 g de noix de coco râpée
- 6 dattes fraîches (120 g), dénoyautées
- ¼ de c. à c. de fleur de sel
- 160 ml de sirop de riz
- 80 ml de crème de coco
- ½ c. à c. d'extrait de vanille pur
- 2 c. à s. de zeste de citron râpé
- 80 ml de jus de citron
- 200 g d'huile de coco, fondue
- ½ c. à c. de curcuma moulu
- 2 c. à s. de zeste d'orange râpé
- 2 c. à s. de jus d'orange
- 2 c. à s. de noix de macadamia nature supplémentaires, finement hachées
- 7 tranches d'orange déshydratées, coupées en quarts (facultatif ; voir l'astuce)

1 Faites tremper les noix de cajou au moins 4 heures dans de l'eau froide, à couvert. Égouttez-les, rincez-les à l'eau froide, égouttez-les de nouveau.

2 Graissez un plat de 18 × 28 cm, tapissez le fond et les côtés de papier cuisson en laissant des bords dépasser de 5 cm.

3 Mixez les noix de macadamia, les amandes, la noix de coco râpée, les dattes et le sel jusqu'à l'obtention d'une chapelure grossière. Tassez le mélange sur le fond du plat à l'aide d'une spatule. Mettez à congeler le temps nécessaire.

4 Préparez la garniture au citron. Mixez les noix de cajou égouttées, le sirop de riz, la crème de coco, la vanille, le zeste et le jus de citron. Ajoutez trois quarts de l'huile de coco et mixez jusqu'à obtenir une consistance homogène. Versez deux tiers de la garniture au citron sur le fond, égalisez la surface. Placez le gâteau 1 heure au congélateur.

5 Ajoutez le curcuma, le zeste d'orange et le jus d'orange dans le reste de garniture au citron et mixez. Ajoutez le reste d'huile de coco, mixez. Versez la garniture à l'orange sur la couche de citron ; inclinez le moule pour bien la répartir. Mettez le gâteau 4 heures au congélateur.

6 Coupez le gâteau en 14 rectangles. Servez les parts agrémentées de noix de macadamia hachées et des morceaux d'orange déshydratée coupés en quarts, si vous le souhaitez.

astuce Vous trouverez des tranches d'orange déshydratées dans les magasins bio. Pour les préparer vous-même, suivez la recette de la page 425.

conservation Ce gâteau ce conserve 5 jours au réfrigérateur et 2 mois au congélateur.

préparation + cuisson 30 minutes (+ congélation) pour 10 personnes

Semifreddo à la noix de coco & AU FRUIT DE LA PASSION

- 500 ml de crème de coco (voir l'astuce)
- 6 œufs, blancs et jaunes séparés
- 115 g de miel ou de sirop d'érable pur
- 2 c. à c. d'extrait de vanille pur
- 50 g de noix de coco râpée
- 1 c. à c. de fleur de sel
- 80 ml de pulpe de fruit de la Passion
- 25 g de copeaux de noix de coco, non sucrés
- 60 ml de pulpe de fruit de la Passion supplémentaire
- 1 c. à s. de petites feuilles de menthe

1 Versez la crème de coco dans un saladier métallique et placez-la 30 minutes environ au congélateur pour qu'elle soit bien froide.
2 Graissez un moule à cake de 20 × 11,5 × 9 cm. Chemisez-le de papier cuisson en le laissant dépasser de 5 cm sur les côtés les plus longs.
3 Dans un bol, battez les jaunes d'œufs avec 2 cuillerées à soupe de miel et l'extrait de vanille au batteur électrique, à puissance maximale pendant 5 minutes, jusqu'à l'obtention d'une préparation épaisse et claire. Transférez-la dans un saladier.
4 Montez les blancs d'œufs en neige ferme. Incorporez progressivement le miel restant, en fouettant, jusqu'à l'obtention d'un mélange ferme et brillant.
5 Dans un saladier, fouettez la crème de coco avec la noix de coco râpée et le sel jusqu'à ce que la préparation épaississe légèrement. Incorporez délicatement les blancs d'œufs et la crème de coco montée à la préparation à base de jaunes d'œufs.
6 Versez dans le moule et placez 1 heure au congélateur pour que la préparation épaississe légèrement. Incorporez 80 ml de pulpe de fruit de la Passion en faisant des marbrures et placez au moins 3 heures au congélateur.
7 Sortez le semifreddo du congélateur et laissez-le 5 minutes à température ambiante avant de le démouler sur un plat. Garnissez-le de copeaux de noix de coco, de la pulpe de fruit de la Passion et de menthe.

astuce Vérifiez que la crème de noix de coco est 100 % naturelle ; la crème de coco contenant des additifs risque de se séparer en plusieurs couches. Pour réaliser cette recette, il vous faudra environ 9 fruits de la Passion. Vous pouvez remplacer les copeaux de noix de coco par de la chair de noix de coco fraîche, prélevée à l'aide d'un économe.

préparation + cuisson 50 minutes (+ repos, congélation & réfrigération) pour 16 parts

Gâteau CHOCOLAT NOISETTE

CE GÂTEAU GÉNÉREUX ET RICHE, AVEC SA BASE CROQUANTE DE FRUITS À COQUE ET DE SARRASIN, EST INSPIRÉ DES ROCHERS TANT AIMÉS.

Cette recette est à commencer la veille.

» 300 g de noix de cajou nature
» 280 g de noisettes mondées
» 60 g de poudre d'amandes
» 35 g de cacao en poudre
» 2 c. à c. d'extrait de vanille pur
» 150 g de gruau de sarrasin trempé 8 heures dans de l'eau
» 80 ml de sirop de coco
» 140 g d'huile de coco, fondue
» 140 g de pâte à tartiner chocolat noisette
» 125 ml de sirop d'érable pur
» 60 ml de crème de coco
» 1/8 de c. à c. d'arôme naturel de noisette
» 1/4 de c. à c. de sel fin

GANACHE CHOCOLAT

» 75 g de cacao en poudre
» 70 g d'huile de coco, fondue
» 180 ml de sirop d'érable pur
» 1/2 c. à c. d'extrait de vanille pur

1 Faites tremper les noix de cajou au moins 4 heures dans de l'eau froide, à couvert. Égouttez-les, rincez-les à l'eau froide, égouttez-les de nouveau.
2 Graissez légèrement un moule de 18 × 28 cm. Chemisez le fond et les parois de papier cuisson, en le faisant dépasser de 5 cm sur les côtés.
3 Mixez 140 g de noisettes avec la poudre d'amandes, le cacao et la moitié de la vanille en une chapelure grossière. Ajoutez le gruau de sarrasin, le sirop de coco et 2 cuillerées à soupe d'huile. Mixez tous les ingrédients. Tassez ce mélange au fond du moule, avec une maryse. Réservez au congélateur.
4 Mixez les noix de cajou avec l'huile restante, la pâte à tartiner, le sirop d'érable, la crème, la vanille restante, l'arôme de noisette et le sel en un mélange lisse. Versez la moitié de ce mélange sur la base, dans le moule.
5 Hachez finement 95 g de noisettes restantes et saupoudrez-les sur la garniture. Versez par-dessus le reste de la préparation. Égalisez la surface. Couvrez et placez 3 heures au congélateur.
6 Préparez la ganache au chocolat.
7 Versez-la sur le gâteau. Égalisez la surface. Placez le gâteau 20 minutes au réfrigérateur.
8 Hachez grossièrement les noisettes restantes. Saupoudrez-les sur le gâteau.
9 Coupez le gâteau en rectangles.
ganache au chocolat Mixez les ingrédients jusqu'à obtenir le mélange le plus lisse possible.

conservation Ce gâteau se conserve 6 jours dans une boîte hermétique au réfrigérateur et 2 mois au congélateur.

préparation + cuisson 20 minutes (+ réfrigération) pour 36 boules

Boules d'énergie AU CHOCOLAT

- 25 g de riz soufflé
- 40 g de millet soufflé
- 75 g de graines de tournesol
- 90 g de baies de goji ou de canneberges séchées non sucrées
- 35 g de graines de chia
- 100 g d'huile de coco, fondue
- 180 g de miel cru
- 125 g de cacao en poudre

1 Mélangez le riz et le millet soufflés, les graines de tournesol, les baies de goji et les graines de chia dans un saladier.

2 Mélangez l'huile de coco et le miel dans une petite casserole et faites chauffer à feu doux, pour qu'ils soient presque fondus. Hors du feu, ajoutez le cacao et fouettez. Versez sur les ingrédients secs et mélangez bien.

3 Chemisez une plaque avec du papier cuisson. Avec les mains humides, roulez des cuillerées à soupe de préparation pour former des boulettes. Posez-les sur la plaque et placez-les 30 minutes au réfrigérateur. Conservez-les dans une boîte hermétique.

préparation + cuisson 20 minutes (+ trempage & réfrigération) pour 10 personnes

Cheesecake vegan
CHOCOLAT & THÉ EARL GREY

CETTE RECETTE NE CONTIENT PAS DE FROMAGE. LA GARNITURE EST À BASE DE FRUITS À COQUE, QUI APPORTENT ONCTUOSITÉ ET SAVEUR. SI CE N'EST PAS LA SAISON DES FIGUES, GARNISSEZ CE GÂTEAU DE FRAMBOISES ET D'AMANDES EFFILÉES.

Cette recette doit être commencée la veille.

» 600 g de noix de cajou non salées
» 8 sachets de thé Earl Grey
» 25 g de cacao en poudre
» 230 g de dattes fraîches dénoyautées
» 200 g d'huile de coco
» 2 c. à c. d'extrait de vanille
» 8 petites figues (400 g), ouvertes en deux
» 2 c. à c. de cacao en poudre supplémentaire

BASE DE CHEESECAKE

» 170 g de gruau de sarrasin trempé 8 heures dans de l'eau
» 80 g d'amandes mondées
» 35 g de cacao en poudre
» 230 g de dattes fraîches dénoyautées
» 50 g d'huile de coco
» 2 c. à s. d'eau tiède
» 1 c. à c. d'extrait de vanille pur

1 Placez les noix de cajou et les sachets de thé dans un bol rempli d'eau froide. Faites tremper 24 heures.
2 Graissez un moule à charnière de 22 cm de diamètre et chemisez-le de papier cuisson.
3 Préparez la base du cheesecake. Avec le dos d'une cuillère, étalez-la en couche uniforme dans le fond du moule. Placez-le 15 minutes au réfrigérateur pour que la préparation se raffermisse.
4 Égouttez les noix de cajou et les sachets de thé, réservez 125 ml de liquide de trempage. Placez les noix de cajou dans le bol d'un robot, ouvrez les sachets de thé et ajoutez les feuilles. Ajoutez le liquide de trempage réservé, le cacao, les dattes, l'huile de coco et la vanille. Mixez jusqu'à l'obtention d'une consistance lisse. Étalez cette garniture sur la base puis laissez raffermir 4 heures au réfrigérateur.
5 Au moment de servir, décorez le gâteau avec les figues et saupoudrez-le de cacao tamisé.
base de cheesecake Mixez le gruau de sarrasin avec les amandes et le cacao jusqu'à l'obtention d'une poudre fine. Sans arrêter le moteur, ajoutez les dattes, l'huile de coco, l'eau et l'extrait de vanille. Continuez à mixer jusqu'à ce que la préparation s'agglomère.

astuce Pour faciliter la découpe du cheesecake, trempez la lame du couteau dans de l'eau chaude. Vous trouverez le gruau de sarrasin dans les magasins bio.

préparation 35 minutes (+ repos & congélation) pour 20 barres

Barres crues CHOCOLAT CARAMEL

- 140 g de noix de macadamia nature
- 60 g de noix de pécan
- 60 g de noix de coco râpée
- 70 g d'huile de coco, fondue
- 1 c. à s. de sirop d'érable pur
- ¼ de c. à c. de fleur de sel

CARAMEL

- 9 dattes fraîches (180 g), dénoyautées
- 95 g de beurre de cacahuète (voir l'astuce)
- 50 g d'huile de coco, fondue
- 60 ml de crème de coco
- ½ c. à c. de fleur de sel

GLAÇAGE AU CHOCOLAT

- 50 g d'huile de coco
- 60 g de beurre de cacao, finement haché
- 2 c. à s. de sirop d'érable pur
- 50 g de cacao en poudre

1 Préparez le caramel.
2 Graissez un moule à gâteau carré de 20 cm de côté, tapissez le fond et les côtés de papier cuisson en laissant des bords dépasser de 5 cm.
3 Préparez la couche de sablé cru. À l'aide d'un robot, mixez les noix, la noix de coco râpée, l'huile de coco, le sirop d'érable et le sel jusqu'à l'obtention d'une chapelure grossière. Tassez sur le fond du moule à l'aide d'une spatule. Laissez prendre 20 minutes au congélateur.
4 Étalez le caramel sur le sablé, égalisez le dessus. Mettez 1 heure au congélateur.
5 Démoulez le sablé recouvert de caramel. Coupez-le en 20 barres de 10 cm de long et d'un peu moins de 2 cm de large. Disposez-les sur une plaque tapissée de papier cuisson et remettez au congélateur.
6 Préparez le glaçage au chocolat.
7 En les prenant une à une, avec des pincettes, trempez les barres dans le glaçage au chocolat en les tournant pour bien les enrober. Retirez l'excédent de chocolat en secouant doucement les barres et remettez-les sur la plaque. Laissez prendre 10 minutes au congélateur.
8 Retirez tout excédent de chocolat des barres. Avec une cuillère, versez le reste de chocolat sur celles-ci. (Si le glaçage a trop épaissi, remettez-le à chauffer.) Remettez 5 minutes au congélateur.
caramel Faites tremper les dattes 30 minutes dans de l'eau froide ; égouttez-les. Mixez les dattes avec les autres ingrédients jusqu'à obtenir une consistance homogène.
glaçage au chocolat Faites fondre l'huile de coco et le beurre de cacao au bain-marie. Lissez le mélange puis ajoutez le sirop d'érable. Hors du feu, ajoutez le cacao. Le glaçage doit être homogène.

astuce Choisissez un beurre de cacahuète de bonne qualité, 100 % cacahuètes.

conservation Les barres se conservent 5 jours au réfrigérateur dans un récipient hermétique, ou 2 mois au congélateur.

Boissons chaudes

préparation + cuisson 15 minutes
pour 2 personnes

TONIC AU CURCUMA & AU MIEL

Faites chauffer 500 ml de lait d'amande sans sucre, 1 cuillerée à soupe de miel cru, 2 cuillerées à café de curcuma frais râpé, 1 bâton de cannelle et 4 tranches de gingembre frais dans une petite casserole à feu doux-moyen ; portez presque à ébullition. Laissez infuser 10 minutes hors du feu. Passez le mélange au travers d'une fine passoire dans des verres résistants à la chaleur. Saupoudrez de 1 pincée de cannelle.

préparation + cuisson 10 minutes
pour 2 personnes

DÉLICE TURC DU SOIR

Mélangez 500 ml de lait entier, 1 cuillerée à soupe de miel cru et 2 bâtons de cannelle dans une petite casserole à feu doux-moyen ; laissez mijoter 10 minutes sans faire bouillir. Laissez infuser 10 minutes hors du feu. Retirez la cannelle. Remettez sur feu doux et laissez mijoter 5 minutes. Ajoutez 1 cuillerée à café d'eau de rose ou selon votre goût (voir l'astuce). Versez le mélange dans des verres résistants à la chaleur. Saupoudrez de cannelle.

astuce L'intensité de l'eau de rose varie selon les marques, commencez par en mettre un peu moins, goûtez, puis ajustez.

préparation + cuisson 20 minutes
pour 2 personnes

CHOCOLAT CHAUD AU PIMENT

Fendez 1 gousse de vanille dans la longueur, retirez les graines avec la pointe d'un couteau ; mettez les graines et la gousse dans une casserole. Coupez 1 long piment rouge frais en quatre. Mettez-en 3 morceaux dans la casserole. Émincez le reste de piment, réservez. Versez 750 ml de boisson riz coco dans la casserole ; portez à ébullition. Laissez infuser 5 minutes hors du feu. Retirez le piment et la gousse de vanille. Ajoutez 2 cuillerées à soupe de cacao en poudre cru et 1 cuillerée à soupe de sirop de riz dans la boisson infusée. Laissez mijoter 2 minutes en remuant jusqu'à ce que le cacao soit dissous. Servez agrémenté du reste de piment.

préparation + cuisson 10 minutes
pour 2 personnes

LATTE CHAUD À LA CAROUBE

Fendez 1 gousse de vanille dans la longueur, retirez les graines avec la pointe d'un couteau ; mettez les graines et la gousse dans une casserole. Versez 750 ml de boisson de soja, 1 ½ cuillerée à soupe de poudre de caroube, 1 pincée de fleur de sel et 1 cuillerée à soupe de miel cru dans la casserole. Faites chauffer sur feu doux-moyen ; laissez mijoter 5 minutes en remuant jusqu'à ce que la poudre de caroube soit dissoute. Retirez la gousse de vanille. Transvasez dans un mixeur ; mixez jusqu'à obtenir une consistance mousseuse. Versez dans des verres. Saupoudrez avec ¼ de cuillerée à café de poudre de caroube.

préparation + cuisson 15 minutes pour 4 personnes

Croques à la prune & À LA RICOTTA

- 2 c. à s. d'huile de coco, fondue
- 2 c. à c. d'édulcorant à la stévia
- 1 c. à c. de gingembre moulu
- 4 prunes rouges (340 g), coupées en deux et dénoyautées
- 1 c. à s. de sirop d'érable pur
- 8 tranches de pain au levain de 2 cm d'épaisseur
- 240 g de ricotta ferme

1 Préchauffez un appareil à croque-monsieur. Huilez les plaques avec la moitié de l'huile de coco.
2 Mélangez l'édulcorant et le gingembre dans un bol.
3 Posez les prunes sur les plaques de l'appareil, face coupée vers le bas. Faites-les cuire 6 minutes environ, en appuyant de temps en temps, pour qu'elles soient tendres et dorées. Réservez-les et nettoyez l'appareil.
4 Mélangez le sirop d'érable et le reste d'huile de coco dans un bol. Badigeonnez une face de chaque tranche de pain de ce mélange, au pinceau.
5 Posez 4 tranches de pain sur une planche, sur la face huilée. Garnissez-les de ricotta et de prunes. Recouvrez avec les 4 tranches de pain restantes, face huilée vers l'extérieur. Faites cuire les croques 3 minutes pour qu'ils soient dorés. Servez-les saupoudrés de stévia au gingembre.

préparation 40 minutes (+ repos & congélation) pour 20 biscuits

Biscuits crues FOURRÉS À LA FRAISE

Cette recette est à commencer la veille.

- 140 g de noix de macadamia nature
- 90 g de noix de pécan
- 65 g de noix de coco râpée
- 70 g d'huile de coco, fondue
- 1 c. à s. de miel cru
- ½ c. à c. d'extrait de vanille pur

CRÈME À LA FRAISE

- 150 g de noix de cajou nature
- 250 g de fraises
- 100 g d'huile de coco, fondue
- 90 g de miel cru
- 1 c. à s. de poudre de fraises lyophilisées (facultatif)

GLAÇAGE AU CHOCOLAT

- 50 g d'huile de coco
- 180 g de beurre de cacao, finement haché
- 80 ml de sirop d'érable pur
- ½ c. à c. d'extrait de vanille pur
- 100 g de cacao en poudre

1 Faites tremper les noix de cajou pour la crème à la fraise au moins 4 heures dans de l'eau froide, à couvert. Égouttez-les, rincez-les à l'eau froide, égouttez-les de nouveau.
2 Préparez la crème à la fraise.
3 Graissez un moule de 20 × 30 cm, tapissez-le de film alimentaire en laissant des bords dépasser de 5 cm.
4 À l'aide d'un robot, mixez les noix de macadamia, les noix de pécan, la noix de coco râpée, l'huile de coco, le miel et la vanille jusqu'à l'obtention d'une chapelure grossière. Tassez le mélange sur le fond du moule. Laissez raffermir 15 minutes au congélateur.
5 Démoulez le biscuit et mettez-le sur une planche à découper. Découpez 20 disques à l'aide d'un emporte-pièce de 5 cm de diamètre ; réutilisez les chutes. Disposez les disques sur une plaque tapissée de papier cuisson.
6 Versez la crème à la fraise avec une cuillère dans une poche à douille munie d'un embout lisse de 1 cm de diamètre. Pochez des petites boules de crème de 5 cm de diamètre sur les biscuits. Remettez les biscuits au congélateur.
7 Préparez le glaçage au chocolat.
8 Avec une fourchette, trempez les biscuits un à un dans le glaçage au chocolat. Versez dessus le chocolat avec une cuillère ; laissez l'excédent s'égoutter. Mettez les biscuits sur la plaque et placez 10 minutes au congélateur. Répétez l'opération pour enrober les biscuits une deuxième fois, si nécessaire. Si le chocolat a trop épaissi, réchauffez-le un peu. Remettez les biscuits 10 minutes au congélateur. Retirez l'excédent de chocolat.
crème à la fraise Mixez les noix de cajou avec les autres ingrédients jusqu'à obtenir une consistance homogène. Versez le tout dans un saladier ; mettez 1 h 15 au congélateur. Battez jusqu'à obtenir une consistance homogène.
glaçage au chocolat Faites fondre l'huile de coco et le beurre de cacao au bain-marie. Lissez le mélange et ajoutez le sirop d'érable et la vanille. Hors du feu, ajoutez le cacao. Le glaçage doit être homogène.

préparation + cuisson 1 h 30 (+ congélation) pour 8 personnes

Bûche glacée au yaourt
FRUITS ROUGES GRILLÉS

» 300 g de myrtilles fraîches
» 260 g de fraises fraîches
» 220 g de poudre cristallisée Pure Via®
» 500 ml d'eau
» 1 gousse de vanille coupée en trois
» 1 ½ c. à s. de gélatine en poudre
» 840 g de yaourt grec
» 120 g de bananes mûres écrasées
» 55 g d'amandes grillées, grossièrement hachées
» cerises, fraises, myrtilles fraîches ou surgelées, pour servir (facultatif)

1 Préchauffez le four à 190 °C. Tapissez 2 plaques de papier cuisson. Tapissez un moule à pain de 14 × 24 × 7 cm (1,5 litre) de film alimentaire en le laissant dépasser 3 cm sur les côtés.
2 Mettez les myrtilles sur une plaque. Nettoyez les fraises et coupez-les en quatre ; disposez-les sur l'autre plaque. Enfournez les 2 plaques pendant 15 minutes puis laissez les fruits refroidir sur les plaques.
3 Mélangez 75 g de Pure Via®, 160 ml d'eau et un tiers de la gousse de vanille dans une petite casserole. Remuez 4 minutes à feu doux jusqu'à ce que le Pure Via® soit dissous. Portez à ébullition sans remuer ; baissez le feu, laissez mijoter 15 minutes pour réduire à 80 ml. Retirez la gousse de vanille. Saupoudrez le sirop chaud de 2 cuillerées à café de gélatine et fouettez jusqu'à ce que la gélatine soir dissoute.
4 En procédant rapidement pour que la gélatine ne prenne pas, mixez le mélange avec 280 g de yaourt. Ajoutez les fruits rouges et mixez. Versez dans le moule et mettez 30 minutes au congélateur.
5 Répétez l'étape 3.
6 En procédant rapidement, mélangez la préparation et les bananes écrasées dans un saladier. Ajoutez 280 g de yaourt et les amandes. Versez sur la couche de myrtilles et mettez 30 minutes au congélateur.
7 Répétez l'étape 3.
8 En procédant rapidement, mixez la préparation avec les fraises dans un robot propre. Ajoutez le reste de yaourt ; mixez pour bien mélanger le tout. Versez sur la couche de banane et mettez au moins 3 heures au congélateur.
9 Retirez la bûche du congélateur 15 minutes avant de servir. Renversez-la sur une planche à découper, retirez le film et découpez-la en tranches. Servez avec des cerises et des fruits rouges.

astuce Cette bûche glacée se conserve 1 mois au congélateur, dans un récipient hermétique.

variante Remplacez les amandes de la couche de banane par la même quantité de flocons de noix de coco grillés ou par des cacahuètes non salées grossièrement hachées, si vous le souhaitez.

préparation + cuisson 15 minutes (+ congélation) pour 10 esquimaux

Esquimaux au matcha & CHOCOLAT

Il vous faudra 10 moules à sucettes glacées de 125 ml et 10 bâtonnets pour cette recette. Plus le chocolat contient de cacao sous forme solide, moins il y a de la place pour les additifs, comme le sucre, et plus le goût du chocolat est intense.

» 1 litre de lait de coco
» 240 g de miel
» 1 c. à s. de poudre de matcha (thé vert) (voir l'astuce)
» 80 g de chocolat noir cru, bio, 85 % de cacao

1 Battez le lait de coco, le miel et la poudre de matcha dans un grand pot. Répartissez le mélange dans 10 moules à esquimaux de 125 ml. Mettez 2 heures au congélateur jusqu'à ce que le mélange commence à prendre. Insérez les bâtonnets aux deux tiers au centre de chaque esquimau. Remettez au moins 4 heures au congélateur.
2 Mettez les moules dans un saladier rempli d'eau à température ambiante, tirez rapidement sur les bâtonnets pour démouler les glaces. Placez les glaces sur une plaque tapissée de papier cuisson et remettez au congélateur.
3 Faites fondre le chocolat au bain-marie. Laissez refroidir 5 minutes. En procédant rapidement, trempez une cuillère dans le chocolat, versez un filet de chocolat sur chaque esquimau. Remettez 5 minutes au congélateur pour que le chocolat prenne.

astuce Le matcha est une sorte de thé vert mixé en fine poudre. Vous le trouverez dans des boutiques de thés et dans les magasins bio.

préparation 20 minutes (+ repos & congélation) pour 12 personnes

Gâteau violet AUX FRUITS ROUGES

Cette recette est à commencer la veille.

- 300 g de noix de cajou nature
- 150 g de framboises surgelées
- 150 g de myrtilles surgelées
- 125 ml de sirop de riz
- 60 ml de crème de coco
- 1 c. à s. de zeste de citron râpé
- 60 ml de jus de citron
- 140 g d'huile de coco, fondue
- 150 g de mélange de fruits rouges frais ou surgelés, pour servir

BASE AUX AMANDES

- 80 g d'amandes nature
- 85 g de gruau de sarrasin trempé 8 heures dans de l'eau
- 40 g de poudre d'amandes
- 25 g de cacao en poudre
- 2 c. à s. de sirop de yacon ou de sirop de riz (voir l'astuce)
- 1 c. à s. d'huile de coco, fondue
- 1 c. à c. d'extrait de vanille pur

1 Faites tremper les noix de cajou au moins 4 heures dans de l'eau froide, à couvert. Égouttez-les, rincez-les à l'eau froide, égouttez-les de nouveau.
2 Mettez à décongeler les framboises et les myrtilles dans un saladier à température ambiante pendant 1 heure, ne les égouttez pas.
3 Graissez un moule à manqué de 20 cm de diamètre.
4 Préparez la base aux amandes.
5 Mixez les noix de cajou, les baies décongelées, le sirop de riz, la crème de coco, le zeste et le jus de citron. Ajoutez l'huile de coco et mixez jusqu'à obtenir une consistance homogène.
6 Versez deux tiers de la garniture sur la base, égalisez le dessus. Placez 4 heures au congélateur. Transvasez le reste de garniture dans un petit saladier et mettez au réfrigérateur.
7 À l'aide d'un couteau à palette, étalez le reste de garniture sur le gâteau en faisant des spirales.
8 Décorez de fruits rouges juste avant de servir.
base aux amandes À l'aide d'un robot, mixez tous les ingrédients jusqu'à l'obtention d'une chapelure grossière. Tassez le mélange sur le fond du moule à l'aide d'une spatule. Placez au congélateur pendant que vous préparez la garniture.

astuce Vous trouverez du sirop de yacon dans certains magasins bio. Sa consistance rappelle celle du sirop de riz avec, en plus, un goût de mélasse et une légère saveur sucrée. Il est considéré par beaucoup comme l'un des édulcorants les plus sains.

conservation Ce gâteau se conserve 5 jours au réfrigérateur et 2 mois au congélateur sans les décorations.

préparation + cuisson 30 minutes (+ repos & congélation) pour 12 esquimaux

Esquimaux CARAMEL CHOCOLAT

Cette recette est à commencer 2 jours à l'avance.

- 300 g de noix de cajou nature
- 250 ml de crème de coco
- 2 c. à s. d'huile de coco, fondue
- 60 ml de sirop d'érable pur
- 140 g d'amandes effilées, grillées, grossièrement hachées

SAUCE CARAMEL

- 250 ml de crème de coco
- 80 ml de sirop d'érable pur
- 1 gousse de vanille, fendue en deux, les graines grattées

GLAÇAGE AU CHOCOLAT

- 75 g de beurre de cacao, finement haché
- 2 c. à s. de sirop d'érable pur
- 50 g de cacao en poudre

1 Faites tremper les noix de cajou au moins 4 heures dans de l'eau froide, à couvert.
2 Préparez la sauce caramel.
3 Égouttez les noix de cajou, rincez-les à l'eau froide, égouttez-les de nouveau. Mixez les noix de cajou avec la crème de coco, l'huile de coco et le sirop d'érable.
4 Versez des cuillerées des mélanges aux noix de cajou et au caramel en alternant dans chaque alvéole de 2 moules à esquimaux à 6 alvéoles (80 ml). Insérez 1 bâtonnet dans chaque alvéole. Placez toute une nuit au congélateur.
5 Préparez le glaçage au chocolat juste avant d'enrober les esquimaux.
6 Tapissez une plaque de papier cuisson, mettez-la au congélateur. Versez le glaçage au chocolat dans un petit pot. Mettez les amandes dans un petit saladier. Trempez rapidement les moules dans de l'eau chaude et démoulez les esquimaux. Trempez-les dans le glaçage au chocolat, puis dans les amandes.
7 Mettez les esquimaux sur la plaque refroidie. Remettez 5 minutes au congélateur pour que le glaçage prenne.

sauce caramel Mettez tous les ingrédients dans une petite casserole. Portez à ébullition à feu moyen. Baissez sur feu doux et laissez mijoter 25 minutes, en remuant de temps en temps, jusqu'à épaississement. Retirez la vanille. Transvasez le tout dans un petit saladier, couvrez de film alimentaire. Laissez refroidir au réfrigérateur. (Pour environ 180 ml)

glaçage au chocolat Mettez le beurre de cacao dans un saladier résistant à la chaleur sur un bain-marie, battez jusqu'à ce qu'il soit homogène ; ajoutez le sirop d'érable. Versez la cacao en poudre et battez jusqu'à ce que le glaçage soit bien mélangé et homogène. Laissez refroidir à température ambiante.

préparation + cuisson 30 minutes (+ repos & congélation) pour 12 personnes

Cheesecake vegan AUX MYRTILLES & AU CITRON

Cette recette est à commencer la veille.

» 450 g de noix de cajou nature
» 140 g de noix de macadamia
» 40 g de noix de coco râpée
» 5 dattes fraîches (100 g), dénoyautées
» 60 g de noix de pécan
» ¼ de c. à c. de sel fin
» 80 ml de crème de coco
» 160 ml de sirop d'érable pur ou 125 ml de sirop d'agave clair
» 1 ½ c. à s. de zeste de citron râpé
» 80 ml de jus de citron
» ½ c. à c. d'extrait de vanille pur
» 140 g d'huile de coco, fondue
» 40 g de beurre de cacao, fondu
» 225 g de myrtilles surgelées
» 125 g de myrtilles fraîches
» 1 gros citron, coupé en fines rondelles

1 Faites tremper les noix de cajou au moins 4 heures dans de l'eau froide, à couvert. Égouttez-les, rincez-les à l'eau froide, égouttez-les de nouveau.
2 Graissez un moule à charnière de 20 cm de diamètre. Chemisez le fond et les parois de papier cuisson.
3 Mixez les noix de macadamia, la noix de coco râpée et les dattes en une chapelure grossière. Ajoutez les noix de pécan et le sel. Mixez jusqu'à ce que l'appareil commence à s'agglomérer. Versez dans le moule et pressez-le sur le fond avec une maryse. Réservez au congélateur.
4 Mixez les noix de cajou avec la crème de coco, le sirop d'érable, le zeste et le jus de citron, et la vanille en un mélange lisse. Ajoutez l'huile de coco et le beurre de cacao, mixez.
5 Versez deux tiers de cette garniture au citron sur le fond du cheesecake. Égalisez le dessus. Parsemez 75 g de myrtilles surgelées. Enfoncez-les un peu dans la garniture. Placez 1 heure au congélateur.
6 Décongelez les myrtilles restantes. Mixez-les avec leur jus et la garniture au citron restante en un mélange lisse. Étalez cet appareil sur la garniture au citron dans le moule. Égalisez la surface. Remettez 4 heures au congélateur.
7 Démoulez le gâteau. Décorez avec les myrtilles fraîches et les rondelles de citron.

variante Remplacez les myrtilles par un mélange de fruits rouges.

conservation Ce gâteau se conserve 5 jours au réfrigérateur ou 2 mois au congélateur, sans la décoration.

préparation 15 minutes (+ réfrigération) pour 12 cupcakes

Cupcakes crus à la pomme
FAÇON PAIN D'ÉPICE

Commencez à préparer le labné la veille. Ces cupcakes sont sans gluten ; pour les faire sans lactose, voir variante ci-dessous.

» 130 g de tranches de pomme séchées
» 330 g de noix grossièrement hachées
» 12 dattes fraîches (240 g), dénoyautées
» 60 g de beurre fondu
» 1 c. à s. de gingembre frais, râpé
» 1 ½ c. à c. d'extrait de vanille pur
» ½ c. à c. de fleur de sel
» ½ c. à c. de quatre-épices
» 2 c. à s. de tranches de pomme séchées, grossièrement hachées supplémentaires
» 2 c. à s. de pétales de rose lyophilisés (facultatif)

LABNÉ ÉPICÉ AU MIEL

» 560 g de yaourt grec
» 1 ½ c. à s. de miel cru
» 1 ½ c. à c. de gingembre frais, râpé

1 Préparez le labné épicé au miel.
2 Chemisez un moule à muffins à 12 alvéoles (80 ml) avec des moules en papier.
3 Mettez les tranches de pomme dans un saladier, couvrez d'eau bouillante. Laissez reposer 5 minutes. Égouttez, en réservant 1 ½ cuillerée à soupe de liquide.
4 À l'aide d'un robot, mixez les pommes, l'eau réservée, les noix, les dattes, le beurre, le gingembre, la vanille, le sel et ¼ de cuillerée à café de quatre-épices. Tassez le mélange dans les moules en papier. Couvrez de film alimentaire et mettez au moins 4 heures au réfrigérateur.
5 Garnissez les cupcakes avec du labné épicé au miel. Saupoudrez avec le reste de quatre-épices, les pommes séchées et les pétales de rose, si vous le souhaitez.
labné épicé au miel Tapissez une petite passoire d'un linge (ou d'un chiffon propre en coton aux mailles pas trop serrées) ; mettez-la au-dessus d'un saladier. Avec une cuillère, versez le yaourt dans la passoire, couvrez et laissez s'égoutter toute une nuit au réfrigérateur. Transvasez le yaourt dans un saladier. Ajoutez le miel et le gingembre. Couvrez de film alimentaire et placez au réfrigérateur jusqu'à utilisation.

variante Remplacez la pomme par des tranches de poire séchées. Pour une variante sans lactose, remplacez le beurre par de l'huile de coco et le labné épicé au miel par du yaourt de coco sans sucre.

conservation Ces cupcakes se conservent 1 semaine dans un récipient hermétique au réfrigérateur.

préparation + cuisson 1 h 15 (+ repos & congélation) pour 16 personnes

Cheesecake vegan
POIRE GINGEMBRE

Cette recette est à commencer la veille.

» 300 g de noix de cajou nature
» 140 g de noix de macadamia nature
» 5 poires brunes (1,2 kg), des beurré bosc par exemple
» 125 ml de sirop de coco
» 180 g de noix de pécan
» 50 g de noix
» 100 g de figues séchées, finement hachées
» 1 pincée de fleur de sel
» 130 g de gingembre frais, râpé
» 250 ml de crème de coco
» 80 ml de sirop de coco supplémentaire
» 2 c. à c. d'extrait de vanille pur
» 2 ½ c. à c. de cannelle
» 150 g d'huile de coco, fondue
» 1 c. à s. de pétales de rose lyophilisés (facultatif)
» 2 c. à c. de grué de cacao (facultatif)

1 Faites tremper les noix de cajou et les noix de macadamia au moins 4 heures dans de l'eau froide, à couvert. Égouttez-les, rincez-les à l'eau froide, égouttez-les de nouveau.
2 Préchauffez le four à 160 °C. Graissez un moule à charnière de 22 cm de diamètre. Tapissez 3 plaques de papier cuisson.
3 Pelez et coupez 3 poires en dés de 1 cm de côté ; disposez-les sur une plaque. Versez dessus 80 ml de sirop de coco, remuez pour bien enrober le tout. Enfournez 40 minutes. Laissez les poires refroidir sur une grille.
4 Coupez les poires restantes en fines tranches dans la longueur avec une mandoline ou un couteau pointu. Disposez les tranches en une seule couche sur les autres plaques. Versez dessus le reste de sirop de coco, remuez pour bien les enrober. Faites cuire 20 minutes au four. Retournez les tranches et faites cuire encore 15 minutes (surveillez la cuisson pour éviter qu'elles ne brûlent). Laissez refroidir sur une grille. Conservez-les dans un récipient hermétique jusqu'à la dégustation.
5 À l'aide d'un robot, mixez les noix de pecan, les noix, les figues et le sel jusqu'à obtenir une chapelure fine. Tassez le mélange au fond du moule avec le dos d'une cuillère. Mettez au congélateur pendant que vous préparez la garniture.
6 Pressez le gingembre râpé au travers d'une passoire fine au-dessus d'un petit saladier : il vous faudra 60 ml de jus. Jetez la pulpe. Mixez le jus du gingembre avec les noix de cajou et les noix de macadamia égouttées, la crème de coco, le sirop de coco supplémentaire, la vanille et 2 cuillerées à café de cannelle. Ajoutez l'huile de coco et mixez.
7 Versez la moitié de la garniture sur la base. Répartissez les dés de poire. Versez le reste de la garniture et égalisez la surface. Mettez le gâteau 5 heures au congélateur.
8 Saupoudrez la cannelle restante sur le gâteau, disposez des tranches de poire sur le dessus. Décorez de pétales de rose et de grué de cacao.

préparation 25 minutes (+ refroidissement & congélation) pour 6 personnes

Granité de chocolat ORANGE & GRENADE

- » 2 grosses grenades (860 g)
- » 450 ml de jus d'orange fraîchement pressé
- » 360 g de sirop de riz
- » 1 gousse de vanille
- » 750 ml d'eau
- » 100 g de cacao en poudre
- » 125 ml de crème liquide

1 Coupez les grenades en deux dans la largeur ; avec une cuillère, retirez les graines et mettez-les dans le bol d'un robot. Mixez 10 secondes pour que les graines rendent leur jus. Filtrez le jus à travers un tamis : il vous en faudra 160 ml.
2 Versez le jus de grenade, le jus d'orange et 180 g du sirop de riz dans une casserole. Portez à ébullition à feu vif, en remuant, jusqu'à ce que le sirop se dissolve. Versez dans un moule à gâteau carré de 22 cm de côté et de 4 cm de profondeur. Laissez refroidir 15 minutes, puis mettez 4 heures au congélateur.
3 Fendez la gousse de vanille en deux, retirez les graines avec la pointe d'un couteau. Mettez-les dans une casserole avec l'eau, le cacao et le reste de sirop. Portez à ébullition, mettez sur feu doux ; laissez mijoter 2 minutes en battant jusqu'à ce que le cacao soit dissous. Ajoutez la crème. Versez dans un moule à gâteau carré de 22 cm de côté et de 4 cm de profondeur. Laissez refroidir 15 minutes, puis mettez 4 heures au congélateur.
4 Retirez les deux granités du congélateur. Avec une fourchette, cassez les cristaux de glace ; remettez au congélateur jusqu'à la dégustation.
5 Sortez les granités du congélateur 10 minutes avant de servir. Faites des couches avec les granités dans des petits verres. Décorez de graines de grenade, si vous le souhaitez.

astuce Vous pouvez remplacer le jus de grenade par 180 ml de jus d'orange sanguine fraîchement pressé quand la saison le permet ; filtrez le jus pour retirer toute la pulpe qui pourrait altérer la texture du granité.

préparation + cuisson 30 minutes (+ repos, réfrigération, congélation & déshydratation)
pour 16 personnes

Jaffa cake cru

Cette recette est à commencer la veille.

- 120 g d'amandes entières
- 40 g de poudre d'amandes
- 25 g de cacao en poudre
- 100 g de gruau de sarrasin trempé 8 heures dans de l'eau
- 60 ml de sirop de coco
- 20 g d'huile de coco, fondue
- ¾ de c. à c. d'extrait de vanille pur

TRANCHES D'ORANGE AU CHOCOLAT

- 1 orange (240 g)
- 100 g de chocolat noir vegan 70 % de cacao, râpé

GARNITURE

- 300 g de noix de cajou nature
- 125 ml de sirop d'érable pur
- 100 g d'huile de coco, fondue
- 35 g de cacao pur en poudre
- 1 ½ c. à s. de zeste d'orange râpé
- 180 ml de jus d'orange frais
- 40 g de beurre de cacao, fondu
- ½ de c. à c. d'extrait de vanille pur

GANACHE AU CHOCOLAT

- 50 g de cacao en poudre
- 125 ml de sirop d'érable pur
- 50 g d'huile de coco, fondue
- 1 c. à c. d'extrait de vanille pur

1 Préparez les tranches d'orange au chocolat et la garniture.

2 Graissez un moule à charnière de 23 cm de diamètre. Chemisez de papier cuisson le fond et les parois.

3 Mixez les amandes avec la poudre d'amandes et le cacao en une chapelure grossière. Ajoutez le sarrasin, le sirop de coco, l'huile de coco et la vanille. Mixez bien. Tassez cette préparation dans le moule avec une spatule. Mettez 15 minutes au congélateur.

4 Versez la garniture par-dessus. Laissez raffermir 2 h 30 au congélateur.

5 Préparez la ganache au chocolat. Versez-la sur le gâteau de façon égale. Mettez le gâteau 15 minutes au réfrigérateur, le temps que le chocolat fige.

6 Démoulez le gâteau. Servez avec des tranches d'orange au chocolat.

tranches d'orange au chocolat Préchauffez le déshydrateur à 46 °C. Coupez l'orange en tranches de 3 mm d'épaisseur, retirez tous les pépins. Disposez les tranches sur les grilles du déshydrateur. Déshydratez-les 12 à 24 heures, en les retournant au milieu du processus. Elles doivent être sèches et cassantes. (Si vous n'avez pas de déshydrateur, préchauffez le four à température la plus basse, idéalement 50 °C. Chemisez une plaque de four de papier cuisson. Disposez une grille rectangulaire huilée sur la plaque. Disposez les tranches d'orange sur la grille, puis enfournez 12 heures, en retournant les tranches de temps en temps, jusqu'à ce qu'elles soient sèches et cassantes. Laissez la porte du four légèrement entrebâillée pour que l'air circule et que l'humidité s'échappe.) Faites fondre le chocolat au bain-marie. Plongez à moitié les tranches d'orange dans le chocolat fondu. Secouez un peu pour retirer l'excédent de chocolat. Disposez-les sur une plaque recouverte de papier cuisson puis laissez prendre 15 minutes au réfrigérateur.

garniture Faites tremper les noix de cajou au moins 4 heures dans de l'eau froide, à couvert. Égouttez-les, rincez à l'eau froide, égouttez-les de nouveau. Mixez-les avec les ingrédients restants jusqu'à l'obtention d'un mélange lisse.

ganache au chocolat Mixez tous les ingrédients en une ganache soyeuse.

Gâteaux maison

C'EST MOI QUI L'AI FAIT !

préparation + cuisson 45 minutes pour 8 escargots

Escargots aux framboises
POLENTA & BAIES ROSES

» 300 g de farine d'épeautre blanche
  + un peu pour le plan de travail
» 85 g de polenta fine
» 1 ½ c. à c. de levure chimique
» 1 pincée de sel
» 125 ml de lait fermenté
» 85 g de sirop de riz
» 1 c. à c. de baies roses
» 1 c. à c. d'extrait de vanille pur
» 1 c. à s. de zeste d'orange râpé
» 2 c. à s. de sirop de riz supplémentaire
» 75 g de framboises fraîches

1 Préchauffez le four à 180 °C. Graissez une plaque et chemisez-la de papier cuisson.
2 Dans un saladier, mélangez la farine, la polenta, la levure et le sel. Creusez un puits au centre. Versez-y le lait ribot et le sirop de riz. Avec un couteau à beurre, amalgamez la préparation jusqu'à l'obtention d'une pâte.
3 Écrasez les baies roses dans un mortier à l'aide d'un pilon. Ajoutez l'extrait de vanille, le zeste et 1 cuillerée à soupe de sirop de riz.
4 Posez la pâte sur un plan de travail légèrement fariné et pétrissez-la quelques instants. Étalez-la en formant un rectangle de 18 × 28 cm. Recouvrez-le de préparation aux baies roses. Cassez les framboises en morceaux à la main et parsemez-les sur la pâte.
5 Roulez la pâte sur la longueur. Coupez le rouleau en 8 tranches. Posez-les sur une plaque, côté coupé vers le haut, en les espaçant de 5 cm. Faites cuire les escargots 25 minutes environ jusqu'à ce qu'ils soient gonflés et légèrement dorés. À l'aide d'un pinceau, badigeonnez-les avec le sirop restant. Servez-les tièdes.

astuce Les baies roses sont aussi appelées « poivre rose », elles ne sont pas piquantes. Elles ont un léger goût boisé, comme les baies de genévrier. Dégustez ces escargots tièdes, le jour de la cuisson, ils n'en seront que meilleurs. Si vous les préparez la veille, réchauffez-les au four avant de les servir.

préparation + cuisson 1 h 30 pour 6 personnes

Crumble aux poires
GINGEMBRE & PISTACHES

- 6 poires fermes (1,4 kg), coupées en morceaux
- 125 g de framboises fraîches ou surgelées
- 2 c. à s. de fécule de maïs ou d'arrow-root
- 1 c. à s. de gingembre frais, finement râpé
- 60 ml de sirop d'érable pur
- 1 c. à s. de jus de citron
- 1 c. à c. d'extrait de vanille pur
- 140 g de pistaches
- 120 g de noix de pécan
- 90 g de flocons d'avoine
- 60 ml d'huile d'olive
- 60 ml de sirop d'érable pur supplémentaire
- 1 c. à c. d'extrait de vanille pur supplémentaire
- 2 c. à s. de graines de grenade fraîches ou séchées
- 560 g de yaourt épais à la vanille, sans sucre ajouté

1 Préchauffez le four à 160 °C.

2 Dans un saladier, mélangez les morceaux de poire, les framboises, la fécule de maïs, le gingembre, le sirop d'érable, le jus de citron et l'extrait de vanille. Répartissez la préparation dans 6 ramequins de 250 ml allant au four.

3 Mixez grossièrement les pistaches et les noix de pécan. Transférez la poudre dans un saladier et ajoutez les flocons d'avoine, l'huile, le sirop d'érable supplémentaire et l'extrait de vanille supplémentaire. Étalez sur les fruits.

4 Faites cuire 1 heure, puis couvrez de papier d'aluminium et poursuivez la cuisson 15 minutes environ jusqu'à ce que le crumble soit doré et les poires tendres.

5 Juste avant de servir, parsemez de graines de grenade. Servez avec du yaourt.

variante Si vous ne trouvez pas de yaourt à la vanille sans sucre, mélangez du yaourt grec nature avec de l'extrait de vanille. Vous trouverez des graines de grenade séchés dans les magasins bio. Vous pouvez les remplacer par des canneberges sans sucre, plus riches en antioxydants.

préparation + cuisson 30 minutes (+ repos) pour 6 doughnuts

Doughnuts à la pêche & à la crème

CES DOUGHNUTS SANS GLUTEN NI LACTOSE SONT TRÈS RAPIDES À FAIRE. POUR CETTE RECETTE, IL VOUS FAUDRA TOUTEFOIS UN MOULE SPÉCIAL À DOUGHNUTS. VOUS EN TROUVEREZ DANS LES MAGASINS DE CUISINE.

» 120 g de tranches de pêche en boîte dans leur jus, égouttées ; réservez le jus (voir l'astuce)
» 60 ml de crème de coco
» 1 œuf
» 1 c. à c. d'extrait de vanille pur
» 180 g de poudre d'amandes
» 2 c. à s. de stévia en poudre
» 1 c. à c. de levure chimique
» 50 g de pêches séchées, finement hachées
» 2 c. à s. de noix de pécan finement hachées
» 1 c. à s. de pétales de bleuet séchés (facultatif)

GLAÇAGE À LA PÊCHE

» 125 ml de jus de pêche en boîte (voir l'astuce)
» 50 g de lait de coco en poudre
» 1 c. à c. de fécule de maïs
» ½ c. à c. d'extrait de vanille pur

1 Préchauffez le four à 180 °C. Graissez un moule à doughnuts antiadhésif de 6 alvéoles (80 ml).
2 À l'aide d'un mixeur ou d'un robot, mixez les pêches, la crème de coco, l'œuf et la vanille jusqu'à obtenir une consistance homogène. Ajoutez la poudre d'amandes, la stévia et la levure chimique, mixez. Avec une cuillère, répartissez le mélange dans le moule.
3 Enfournez 20 minutes : la pointe d'un couteau doit ressortir propre quand vous l'insérez dans un doughnut. Laissez reposer les doughnuts 5 minutes dans le moule. Démoulez-les et placez-les, sur une grille posée par-dessus une plaque.
4 Préparez le glaçage à la pêche.
5 Trempez les doughnuts dans le glaçage chaud. Parsemez de pêches séchées, de noix de pécan et de pétales de bleuet. Laissez refroidir sur une grille.
glaçage à la pêche Mettez tous les ingrédients dans une petite casserole à fond épais, fouettez jusqu'à ce que le mélange soit homogène. Faites frémir à feu vif, en remuant, jusqu'à ce que le mélange épaississe.

astuce Il vous faudra 1 boîte de 400 g de pêches en tranches dans leur jus naturel ; réservez 3 cuillerées à soupe de fruits égouttés pour les doughnuts et 60 ml de sirop filtré pour le glaçage. Certaines marques d'extrait de vanille contiennent une très petite quantité de saccharose ajouté. Vous trouverez des fleurs de bleuet comestibles dans les épiceries fines ou en ligne.

variante Remplacez les tranches de pêche dans leur jus naturel par des tranches et du jus de prune, et la poudre d'amandes par de la poudre de noisettes. Ne mettez pas de pêches séchées mais des pétales de rose lyophilisés et des pistaches hachées.

préparation + cuisson 50 minutes (+ repos & refroidissement) pour 20 biscuits

Biscuits fourrés À LA CRÈME AU THÉ

» 200 g de flocons d'avoine
» 40 g de noix de coco râpée
» 40 g de noix de pécan grossièrement hachées
» 55 g de poudre cristallisée Pure Via®
» 1 ½ c. à c. de gingembre moulu
» 100 g d'huile de coco, fondue
» 1 c. à s. de purée d'amandes
» ½ c. à c. de fleur de sel

CRÈME AU THÉ

» 4 sachets de thé English breakfast
» 150 g de noix de cajou nature
» 500 ml d'eau bouillante
» 1 c. à s. de poudre cristallisée Pure Via®

1 Préchauffez le four à 180 °C. Graissez 2 grandes plaques, tapissez-les de papier cuisson.
2 Préparez la crème au thé.
3 À l'aide d'un robot, mixez les flocons d'avoine, la noix de coco, les noix de pécan, le Pure Via®, le gingembre, l'huile de coco, la purée d'amandes et le sel pendant 45 secondes. En faisant 2 fournées, étalez le mélange entre 2 feuilles de papier cuisson sur une épaisseur de 5 mm. (Le mélange sera humide et collant mais il sèchera à la cuisson. S'il est trop humide pour être étalé, laissez-le raffermir 15 minutes au congélateur.) Avec un emporte-pièce de 5 cm de diamètre, découpez 40 disques ; réutilisez les chutes. Avec un couteau à palette, déposez les biscuits sur les plaques en les espaçant de 1 cm.
4 Enfournez 15 minutes : les biscuits doivent être légèrement dorées. Laissez-les reposer 10 minutes sur les plaques, puis mettez-les à refroidir sur une grille.
5 Versez environ 2 cuillerées à café de crème au thé sur la moitié des biscuits. Refermez avec l'autre moitié des biscuits.
crème au thé Mettez 3 sachets de thé et les noix de cajou dans un saladier. Couvrez d'eau bouillante et laissez reposer 20 minutes. Égouttez au-dessus d'un saladier ; réservez 80 ml de liquide au thé. Jetez les sachets utilisés. Ouvrez le sachet restant, prenez ½ cuillerée à café de feuilles ; jetez le reste. Dans un petit robot, mixez la quantité mesurée de thé, les noix de cajou égouttées, 60 ml de liquide réservé et le Pure Via® jusqu'à obtenir une consistance homogène. Si le mélange est trop épais, mixez avec 1 cuillerée à soupe de liquide de trempage. Versez le mélange dans une poche à douille munie d'un embout lisse de 1 cm de diamètre. Placez 1 heure au réfrigérateur.

conservation Ces biscuits fourrés se conservent 1 semaine dans un récipient hermétique au réfrigérateur.

préparation + cuisson 40 minutes (+ repos) pour 16 parts

Moelleux

- 180 g de flocons d'avoine
- 100 g de noix de coco râpée
- 80 g de farine complète
- 50 g de graines de courge
- 30 g d'amandes effilées nature
- 40 g de raisins de Smyrne
- 30 g de baies de goji
- 35 g de canneberges séchées
- 1 c. à c. de bicarbonate de soude
- ¼ de c. à c. de fleur de sel
- 75 g d'huile de coco
- 180 ml de sirop de riz
- ½ c. à c. d'extrait de vanille pur (voir l'astuce)
- 2 c. à s. de noix de coco râpée supplémentaire
- 2 c. à s. de graines de courge supplémentaires

1 Préchauffez le four à 170 °C. Graissez un moule de 20 × 30 cm, tapissez le fond de papier cuisson en le laissant dépasser de 5 cm sur les petits côtés.
2 Mélangez les ingrédients secs dans un grand saladier.
3 Portez l'huile de coco et le sirop de riz à ébullition dans une petite casserole. Faites bouillir jusqu'à ce que l'huile soit fondue. Retirez du feu et ajoutez la vanille.
4 Ajoutez le mélange d'huile aux ingrédients secs, mélangez (le mélange sera assez dur, malaxez-le avec des mains propres si nécessaire). Avec une cuillère, versez le mélange dans le moule, tassez avec une spatule ou avec des mains humides pour bien égaliser. Parsemez la noix de coco et les graines de courge supplémentaires.
5 Enfournez 25 minutes. Éteignez le four et laissez le gâteau dedans encore 5 minutes pour qu'il sèche légèrement. Retirez-le du four et laissez-le reposer 15 minutes dans le moule.
6 En vous servant du papier cuisson, démoulez le gâteau et mettez-le à refroidir sur une grille. Laissez refroidir complètement. Retirez le papier puis coupez le gâteau en 16 parts.

astuce L'extrait de vanille contient une infime quantité de sucre raffiné. Si vous le préférez, servez-vous des graines d'une gousse ou bien de poudre de vanille que l'on trouve dans les magasins bio.

conservation Les parts du moelleux se conservent 1 semaine dans un récipient hermétique. Si elles deviennent collantes, mettez-les 5 minutes au four à 150 °C ; éteignez le four et laissez-les dedans encore 5 minutes.

préparation + cuisson 1 h 20 (+ réfrigération) pour 6 tartelettes

Tartelettes POMMES & ÉPICES

- 4 grosses pommes vertes (800 g), épluchées, épépinées et coupées en lamelles épaisses
- 90 g de sucre de coco + un peu pour saupoudrer
- 40 g de farine d'épeautre
- 1 c. à c. de cannelle
- ½ c. à c. de gingembre moulu
- 1 c. à c. de cardamome moulue
- ½ c. à c. de fleur de sel
- 30 g de beurre, en petits dés
- 2 c. à s. de vinaigre de cidre
- 280 g de yaourt grec
- 1 c. à c. de zeste d'orange râpé

PÂTE À L'ÉPEAUTRE

- 450 g de farine d'épeautre
- 1 gousse de vanille fendue en deux, graines grattées
- 40 g de sucre de coco
- ½ c. à c. de noix de muscade
- ½ c. à c. de fleur de sel
- 200 g de beurre, en petits dés
- 2 c. à s. d'eau glacée, environ

1 Préparez la pâte à l'épeautre.
2 Mélangez les pommes, le sucre de coco, la farine, les épices, le sel, le beurre et le vinaigre dans un saladier.
3 Préchauffez le four à 180 °C. Chemisez 2 plaques de papier cuisson.
4 Coupez la pâte en deux et étalez chaque morceau entre 2 feuilles de papier cuisson légèrement farinées, sur une épaisseur de 3 mm. Décollez la feuille du dessus. En vous aidant d'une assiette ou d'un plat de 17 cm de diamètre, découpez 3 disques dans chaque morceau de pâte. Déposez un peu de garniture au centre de chacun, en laissant un bord libre de 3 cm. Réservez le jus de la garniture. Repliez les bords de pâte vers l'intérieur, en recouvrant partiellement la garniture et en faisant onduler les bords.
5 Placez les tartelettes sur les plaques et badigeonnez la pâte avec le liquide de la garniture, au pinceau. Faites cuire 50 minutes.
6 Mélangez le yaourt et le zeste d'orange dans un bol.
7 Avec une pelle en métal, déposez délicatement une tartelette sur chaque assiette. Servez-les avec du yaourt à l'orange.
pâte à l'épeautre Mixez la farine avec les graines de vanille, le sucre de coco, la noix de muscade, le sel et le beurre jusqu'à l'obtention d'une pâte sableuse. Ajoutez l'eau glacée et mixez pour que la pâte s'agglomère. Formez un disque, enveloppez-le dans du film alimentaire et placez-le 1 heure au réfrigérateur.

préparation + cuisson 30 minutes pour 18 cookies

Cookies CACAO & NOISETTES

- 80 g de dattes fraîches dénoyautées
- 200 g de poudre de noisettes
- 225 g de farine d'épeautre complète
- 50 g de graines de chia
- 1 c. à c. de cannelle
- 1 pincée de fleur de sel
- 50 g d'huile de coco, à température ambiante
- 170 g de sirop de riz
- 1 œuf
- 2 c. à c. d'extrait de vanille
- 50 g d'éclats de fèves de cacao

1 Préchauffez le four à 160 °C. Chemisez 2 plaques de papier cuisson.
2 Couvrez les dattes d'eau bouillante et laissez-les ramollir 5 minutes. Égouttez-les.
3 Mixez les dattes avec la poudre de noisettes, la farine, les graines de chia, la cannelle, le sel, l'huile de coco, le sirop de riz, l'œuf et l'extrait de vanille. Incorporez les éclats de fèves de cacao.
4 Humidifiez vos mains et formez des boules avec 2 cuillerées à soupe de pâte. Posez-les sur les plaques, aplatissez-les pour obtenir des disques de 6 cm de diamètre. Striez chaque biscuit avec les dents d'une fourchette. Faites-les cuire 15 minutes environ jusqu'à ce que vous puissiez les décoller sans qu'ils se cassent. Laissez-les refroidir sur les plaques.

astuce Les éclats de fèves de cacao sont produits au début de la fabrication du chocolat, lorsque les fèves sont séchées, puis torréfiées et concassées en éclats. Ces éclats sont ensuite moulus pour séparer le beurre de cacao de la matière sèche. Ils sont croquants et ont un goût de chocolat sans être sucrés. Vous en trouverez dans les magasins bio et les épiceries fines.

préparation + cuisson 1 h 30 (+ repos) pour 12 gâteaux

Petits gâteaux à la carotte
GLAÇAGE AUX DATTES

- 35 g de raisins de Smyrne
- 60 ml d'eau bouillante
- 2 œufs
- 185 g de stévia en poudre
- 85 g de sirop de riz
- 140 g d'huile de coco, fondue
- 2 c. à c. d'extrait de vanille pur
- 340 g de carottes grossièrement râpées
- 60 g de noix de pécan, torréfiées
- 250 g de farine
- 2 c. à c. de levure chimique
- ½ c. à c. de bicarbonate de soude
- 1 c. à c. de poivre de la Jamaïque moulu
- 3 c. à c. de cannelle
- 1 c. à c. de gingembre moulu

GLAÇAGE CREAM CHEESE & DATTES

- 125 g de dattes séchées, dénoyautées et finement hachées
- 2 c. à s. d'eau bouillante
- 250 g de cream cheese
- 125 g de beurre ramolli

1 Préchauffez le four à 180 °C. Graissez 6 gros moules à muffins (180 ml).
2 Faites gonfler les raisins 10 minutes dans l'eau bouillante.
3 À l'aide d'un batteur électrique, fouettez les œufs avec la stévia, le sirop de riz, l'huile de coco et l'extrait de vanille pendant 5 minutes. Transférez la préparation dans un saladier et ajoutez les carottes, les raisins et leur eau de trempage, les noix de pécan et les ingrédients secs tamisés. Versez la préparation dans les moules.
4 Faites cuire les gâteaux 35 minutes environ : la lame d'un couteau piquée au centre doit ressortir propre. Laissez-les refroidir 5 minutes. Démoulez-les et placez-les sur une grille.
5 Préparez le glaçage. Garnissez-en les muffins.

glaçage cream cheese & dattes Mixez les dattes avec l'eau bouillante, jusqu'à l'obtention d'une préparation assez homogène, en raclant les parois du bol. Ajoutez le cream cheese et le beurre, et mixez : le glaçage doit être léger et mousseux.

astuce Pour réaliser cette recette, il vous faudra 2 ou 3 carottes. Vous pouvez également préparer un grand gâteau dans un moule de 20 × 30 × 3 cm. Chemisez le moule de papier cuisson en le laissant dépasser de 5 cm sur les côtés les plus longs. Faites cuire le gâteau 25 minutes.

préparation + cuisson 1 h 45 pour 6 personnes

Cake sans farine
AMANDES, PRUNES & FLEUR D'ORANGER

- 2 pommes vertes (300 g) grossièrement râpées
- 2 œufs légèrement battus
- 60 ml de lait d'amande sans sucre
- 2 c. à s. de miel cru ou de sirop d'érable pur
- 2 c. à c. d'extrait de vanille
- 1 c. à c. d'eau de fleur d'oranger
- 240 g de poudre d'amandes
- 2 c. à c. de levure chimique sans gluten
- 5 petites prunes (375 g) coupées en deux
- 2 c. à c. de miel cru ou de sirop d'érable pur supplémentaire
- 2 c. à s. de copeaux de noix de coco torréfiés

1 Préchauffez le four à 160 °C. Graissez légèrement un moule à cake de 10,5 × 21 × 6 cm et chemisez-le de papier cuisson.
2 Dans un saladier, mélangez les pommes, les œufs, le lait d'amande, 2 cuillerées à soupe de miel, l'extrait de vanille et l'eau de fleur d'oranger. Ajoutez la poudre d'amandes et la levure. Mélangez.
3 Versez la pâte dans le moule et lissez la surface. Recouvrez-la avec les demi-prunes, face coupée vers le haut. Enfoncez les prunes légèrement dans la pâte. Arrosez avec le miel restant. Faites cuire 1 h 45 jusqu'à ce que la lame d'un couteau piquée au centre ressorte propre. Parsemez de noix de coco et servez tiède.

astuce Vous pouvez préparer ce cake avec d'autres fruits à noyau, comme des pêches ou des abricots. Pour éviter que la surface du gâteau ne brunisse trop, recouvrez-la de papier cuisson durant les 10 dernières minutes de cuisson.

préparation + cuisson 40 minutes pour 6 personnes

Pommes au four AUX FIGUES & À LA CANNELLE

- 35 g de noisettes grillées, mondées
- 3 figues séchées
- 6 pruneaux dénoyautés
- ½ c. à c. de cannelle
- 1 c. à c. d'extrait de vanille pur
- 6 grosses pommes rouges (1,2 kg), épépinées

CRÈME À LA RICOTTA

- 240 g de ricotta
- 125 ml de lait
- 1 c. à c. d'extrait de vanille pur
- ½ c. à c. de zeste de mandarine râpé

SAUCE AU SIROP D'ÉRABLE

- 2 grosses mandarines (500 g)
- 60 ml de sirop d'érable pur
- 30 g de beurre froid, coupé en petits dés

1 Préchauffez le four à 160 °C. Chemisez une plaque de papier cuisson.
2 Hachez les noisettes au robot avec les figues, les pruneaux, la cannelle et l'extrait de vanille.
3 À l'aide d'un petit couteau bien aiguisé, entaillez et videz les pommes sur toute leur circonférence, à mi-hauteur. Garnissez l'intérieur de préparation aux noisettes, en tassant bien. Posez les pommes bien droites sur la plaque. Faites-les cuire 30 minutes jusqu'à ce qu'elles soient tendres.
4 Préparez la crème à la ricotta et la sauce au sirop d'érable.
5 Servez les pommes avec la crème et la sauce.

crème à la ricotta Mixez la ricotta, le lait et l'extrait de vanille pour obtenir une préparation onctueuse. Ajoutez le zeste.

sauce au sirop d'érable Pressez les mandarines pour récupérer leur jus : vous aurez besoin de 160 ml. Dans une petite casserole, faites chauffer le jus avec le sirop d'érable, sur feu moyen, jusqu'à ce que la préparation réduise de moitié. Hors du feu, incorporez le beurre, dé par dé, en fouettant pour qu'il fonde et soit bien incorporé.

Muffins

préparation + cuisson 40 minutes
pour 12 muffins

MUFFINS COCO-VANILLE

Préchauffez le four à 180 °C. Chemisez 12 moules à muffin (80 ml) de caissettes en papier. Tamisez 260 g de farine d'épeautre et 2 cuillerées à café de levure chimique dans un saladier. Fouettez 1 cuillerée à café d'extrait de vanille (voir l'astuce) avec 240 g de yaourt, 125 ml d'huile de coco fondue et refroidie, 125 ml de sirop d'érable pur et 2 œufs. Versez sur les ingrédients secs et mélangez à la fourchette. Garnissez les moules de pâte et parsemez les muffins de 50 g de copeaux de noix de coco. Faites cuire 30 minutes.

astuce L'extrait de vanille contient une petite quantité de sucre raffiné. Si vous le préférez, remplacez-le par les graines de 1 gousse de vanille ou de la vanille en poudre, vendue dans les magasins bio.

préparation + cuisson 40 minutes
pour 12 muffins

MUFFINS PÊCHE & GINGEMBRE

Préchauffez le four à 180 °C. Chemisez 12 moules à muffin (80 ml) de caissettes en papier. Tamisez 260 g de farine d'épeautre, 2 cuillerées à café de levure chimique, 1 ½ cuillerée à café de gingembre moulu et 1 cuillerée à café de cannelle dans un saladier. Incorporez 2 petites pêches (250 g) coupées en dés. Fouettez 1 cuillerée à café d'extrait de vanille (voir l'astuce ci-contre) avec 240 g de yaourt, 125 ml d'huile de coco fondue et refroidie, 125 ml de sirop d'érable pur et 2 œufs. Versez sur les ingrédients secs et mélangez à la fourchette. Garnissez les moules de pâte. Mélangez 50 g de sucre de coco, 65 g de farine d'épeautre et 1 cuillerée à café de cannelle dans un bol. Incorporez 60 g de dés de beurre froid, du bout des doigts. Parsemez les miettes obtenues sur les muffins. Faites cuire les muffins 30 minutes.

préparation + cuisson 40 minutes
pour 12 muffins

MUFFINS CITRON, THYM & FETA

Préchauffez le four à 180 °C. Chemisez 12 moules à muffin (80 ml) de caissettes en papier. Tamisez 260 g de farine d'épeautre et 2 cuillerées à café de levure chimique dans un saladier. Ajoutez 2 cuillerées à café de zeste de citron râpé et 1 cuillerée à soupe de thym frais finement haché. Fouettez 300 g de yaourt avec 65 ml d'huile de coco fondue et refroidie, 65 ml de sirop d'érable pur et 2 œufs. Versez sur les ingrédients secs et mélangez à la fourchette. Incorporez 60 g de feta émiettée. Remplissez les moules de pâte et garnissez les muffins avec 110 g de feta émiettée mélangée avec 70 g de graines de courge et 2 cuillerées à soupe de feuilles de thym frais. Faites cuire 30 minutes.

préparation + cuisson 40 minutes
pour 12 muffins

MUFFINS CHOCOLAT, BETTERAVE & NOIX

Préchauffez le four à 180 °C. Chemisez 12 moules à muffin (80 ml) de caissettes en papier. Tamisez 260 g de farine d'épeautre, 35 g de cacao en poudre et 2 ½ cuillerées à café de levure chimique dans un saladier. Râpez grossièrement 1 betterave (130 g), lavée et non épluchée. Mettez-la dans un saladier. Ajoutez 360 g de yaourt, 125 ml d'huile de coco fondue et refroidie, 125 ml de sirop d'érable pur et 2 œufs. Mélangez à la fourchette. Versez sur les ingrédients secs et mélangez à la fourchette. Ajoutez 8 dattes medjool fraîches, dénoyautées et hachées, et 50 g de noix grillées hachées. Garnissez les moules de pâte. Faites cuire les muffins 30 minutes.

préparation + cuisson 1 h 30 (+ réfrigération & refroidissement) pour 8 personnes

Tarte aux oranges LABNÉ & ROMARIN

Cette recette est à commencer la veille.

- 800 g de yaourt grec
- 3 œufs
- 2 c. à s. de miel cru
- 1 c. à c. d'extrait de vanille
- 2 c. à c. de feuilles de romarin frais finement hachées
- 500 ml de jus de pomme filtré, sans sucre ajouté
- 1 branche de romarin frais
- 3 petites oranges (540 g), en fines rondelles

PÂTE À L'AMARANTE

- 225 g de farine d'amarante
- 2 c. à s. d'arrow-root
- 1 pincée de sel
- 70 g d'huile de coco
- 125 ml d'eau glacée

1 Préparez le labné. Placez une mousseline dans un tamis, et posez ce dernier au-dessus d'un récipient. Versez le yaourt dans le tamis, couvrez de film alimentaire et placez au réfrigérateur pendant une nuit.

2 Préparez la pâte à l'amarante.

3 Graissez un moule à tarte de 11 × 34 cm à fond amovible et aux bords ondulés. Étalez la pâte sur une épaisseur de 3 mm entre 2 feuilles de papier cuisson. Foncez la pâte dans le moule et coupez l'excédent. Piquez la pâte avec une fourchette. Couvrez et placez 30 minutes au réfrigérateur.

4 Préchauffez le four à 200 °C.

5 Posez le moule sur une plaque. Recouvrez la pâte de papier cuisson et de haricots secs ou de riz. Faites cuire 15 minutes à blanc. Retirez le papier et les haricots, et poursuivez la cuisson 5 minutes. Laissez refroidir.

6 Baissez la température du four à 140 °C.

7 Égouttez le labné et fouettez-le avec les œufs, le miel, l'extrait de vanille et le romarin haché. Étalez cette garniture sur le fond de tarte froid. Enfournez 25 minutes : la garniture doit être juste prise. Laissez revenir à température ambiante, puis placez la tarte au réfrigérateur.

8 Portez le jus de pomme et la branche de romarin à ébullition dans une casserole, sur feu moyen. Ajoutez les rondelles d'orange, baissez à feu doux et laissez mijoter 15 minutes. Laissez refroidir. Juste avant de servir, égouttez les rondelles d'orange et disposez-les sur la tarte froide.

pâte à l'amarante Mixez la farine, l'arrow-root, le sel et l'huile de coco. Sans arrêter le moteur, incorporez progressivement l'eau glacée en filet fin jusqu'à l'obtention d'une boule de pâte. Aplatissez-la, enveloppez-la de film alimentaire et placez-la 30 minutes au réfrigérateur.

conservation Vous pouvez préparer la tarte la veille et la conserver au réfrigérateur. Garnissez-la d'oranges juste avant de la servir.

préparation + cuisson 1 heure (+ réfrigération) pour 12 muffins

Muffins aux épices
TOPPING DE PATATE DOUCE

» 75 g de poudre cristallisée Pure Via®
» 265 g de farine d'épeautre
» 40 g de poudre d'amandes
» 2 c. à s. de gingembre moulu
» 1 c. à c. de cannelle
» 1 c. à c. de mélange d'épices à pain d'épice
» 1 ½ c. à c. de levure chimique
» 1 c. à c. de bicarbonate de soude
» 3 œufs
» 80 ml d'huile d'olive
» 180 ml de lait d'amande sans sucre
» 1 c. à c. d'extrait de vanille

TOPPING DE PATATE DOUCE
» 400 g de patates douces coupées en gros morceaux
» 50 g d'huile de coco
» 1 c. à c. d'extrait de vanille
» 1 pincée de sel

1 Préparez le topping de patate douce.
2 Préchauffez le four à 160 °C. Graissez 12 moules à muffin d'une contenance de 80 ml. Découpez des carrés de papier cuisson de 12 cm de côté, pliez-les en quatre et rouvrez-les.
3 Mixez le Pure Via® pour obtenir une consistance du sucre glace.
4 Dans un saladier, tamisez la farine, la poudre d'amandes, le Pure Via®, le gingembre, la cannelle, le mélange d'épices, la levure chimique et le bicarbonate de soude.
Dans unautre saladier, fouettez les œufs avec l'huile, le lait d'amande et l'extrait de vanille. Versez sur les ingrédients secs et mélangez.
5 Placez un carré de papier cuisson dans chaque moule et versez 60 ml de pâte.
6 Faites cuire les muffins 15 minutes environ : la lame d'un couteau piquée au centre doit ressortir sèche. Servez les muffins tièdes, avec du topping de patate douce.
topping de patate douce Faites cuire les patates douces dans de l'eau 12 minutes à partir de l'ébullition. Égouttez, remettez les patates douces dans la casserole et écrasez-les en une purée onctueuse. Incorporez l'huile, l'extrait de vanille et le sel. Versez dans un bol, couvrez de film alimentaire et placez au réfrigérateur afin que le beurre durcisse.

astuce Vous pouvez chemiser les moules de caissettes en papier.

conservation Les muffins sont meilleurs le jour même. Ils peuvent se garder 3 jours dans une boîte hermétique, et le topping de patate douce 3 jours au réfrigérateur.

préparation + cuisson 1 heure pour 4 personnes

Crumble
ABRICOTS & NOISETTES

- 4 abricots (325 g)
- 2 poires (460 g)
- 80 g de figues séchées
- 10 g de beurre
- 180 ml d'eau
- 125 ml de sirop d'érable pur
- 60 g de flocons de quinoa
- 30 g de poudre de noisettes
- 70 g de noisettes mondées, grossièrement hachées et grillées
- ½ c. à c. de fleur de sel
- 280 g de yaourt grec
- 2 c. à c. de zeste d'orange coupé en fines bandes

1 Préchauffez le four à 180 °C.
2 Coupez les abricots en deux et dénoyautez-les. Coupez les poires en deux sans les éplucher, épépinez-les et coupez chaque moitié en trois quartiers. Retirez la queue des figues et coupez-les en quatre.
3 Mélangez les abricots avec les poires, les figues séchées, le beurre et l'eau dans une casserole, et faites chauffer 6 minutes à feu moyen, en remuant de temps en temps, pour que les poires ramollissent un peu. Versez la préparation dans un plat à gratin de 1,5 litre.
4 Mélangez le sirop d'érable, les flocons de quinoa, la poudre de noisettes, les noisettes hachées et le sel dans un bol. Parsemez ce mélange sur les fruits.
5 Faites cuire 45 minutes au four. Servez le crumble garni de yaourt et de zeste d'orange.

variante Vous pouvez remplacer les poires par 3 pêches, la poudre de noisettes par de la poudre d'amandes, les noisettes hachées par des amandes et le sirop d'érable par du miel cru.

préparation + cuisson 1 h 15 (+ repos) pour 12 personnes

Gâteau à la marmelade & À L'HUILE D'OLIVE

» 160 ml d'huile d'olive vierge extra
» 285 g de marmelade d'oranges sans sucre
» 3 œufs
» 120 g de poudre d'amandes
» 100 g de farine
» 3 c. à c. de levure chimique
» 60 ml de jus d'orange

SIROP D'ORANGE
» 1 orange (240 g)
» 160 ml de jus d'orange
» 60 ml d'eau
» 85 g de sirop de riz
» 1 bâton de cannelle
» 3 clous de girofle

1 Préchauffez le four à 170 °C. Graissez et chemisez de papier cuisson un moule à gâteau de 20 cm de diamètre à bords hauts.
2 Dans un saladier, fouettez l'huile et la marmelade au batteur électrique jusqu'à l'obtention d'un mélange clair et mousseux. Ajoutez les œufs un à un, en mélangeant bien entre chaque ajout.
3 Tamisez la poudre d'amandes, la farine et la levure chimique. Incorporez ces ingrédients secs et le jus d'orange à la préparation liquide, en fouettant à vitesse lente, sans trop mélanger.
4 Versez la pâte dans le moule. Faites cuire 55 minutes environ : la lame d'un couteau piquée au centre doit ressortir propre. Laissez le gâteau refroidir 30 minutes dans son moule avant de le démouler sur une grille.
5 Préparez le sirop d'orange.
6 Piquez la surface du gâteau avec une brochette. Versez lentement le sirop tiède sur le gâteau pour qu'il soit entièrement absorbé. Servez le gâteau tiède ou à température ambiante.
sirop d'orange Prélevez le zeste de l'orange, sans la membrane blanche, à l'aide d'un couteau économe. Coupez-le en fines bandes. Mélangez le zeste et les ingrédients restants dans une petite casserole. Portez à ébullition. Baissez le feu et laissez mijoter 15 minutes pour que le sirop épaississe légèrement. Laissez refroidir 10 minutes hors du feu. Retirez le bâton de cannelle et les clous de girofle.

préparation + cuisson 3 h 20 (+ repos) pour 12 gâteaux

Gâteaux aux oranges & FIGUES CONFITES

- » 6 figues sèches (135 g), coupées en deux
- » 375 ml de jus de pomme fraîchement pressé
- » 2 oranges (480 g), lavées
- » 250 g de sucre de coco
- » 5 œufs
- » 280 g de poudre d'amandes
- » 1 c. à c. de levure chimique
- » 20 g d'amandes effilées

1 Faites gonfler les figues dans le jus de pomme pendant 2 heures. Sortez les figues avec une écumoire et laissez le jus dans la casserole.
2 Remplissez une autre casserole d'eau jusqu'aux deux tiers de sa hauteur et plongez-y les oranges. Portez à ébullition puis baissez le feu et laissez mijoter 2 heures, en ajoutant de l'eau, au besoin. Pour que les oranges restent immergées dans l'eau, couvrez-les avec le couvercle d'une casserole plus petite. Égouttez les oranges et laissez-les revenir à température ambiante.
3 Préchauffez le four à 180 °C. Chemisez 12 moules à muffin avec des caissettes en papier.
4 Coupez les oranges en deux et ôtez les pépins. Mixez-les (avec la peau) jusqu'à l'obtention d'une préparation onctueuse. Ajoutez le sucre de coco, les œufs, la poudre d'amandes et la levure, et mixez pour obtenir une pâte homogène. Garnissez les moules de pâte, ajoutez ½ figue dans chacun, face coupée vers le haut, et parsemez d'amandes effilées.
5 Faites cuire les gâteaux 1 heure : la lame d'un couteau piquée au centre doit ressortir sèche.
6 Faites réduire le jus de pomme réservé 8 minutes, à feu moyen, pour obtenir un sirop.
7 Badigeonnez les gâteaux chauds avec le sirop, au pinceau. Servez avec du yaourt grec et le reste de sirop, si vous le souhaitez.

astuce Vous pouvez remplacer les oranges par des mandarines. Si le dessus des gâteaux se colore trop, recouvrez-les de papier d'aluminium pendant la cuisson.

préparation + cuisson 40 minutes pour 12 barres

Barres de muesli
AUX ABRICOTS & À LA CARDAMOME

» 150 g d'abricots secs
» 185 g de flocons de quinoa
» 70 g de farine de quinoa
» 75 g de graines de tournesol
» 80 g d'amandes crues, grossièrement hachées
» 1 c. à c. de cardamome moulue
» 1 c. à c. de levure chimique sans gluten
» 1 c. à s. de zeste d'orange râpé
» 70 g d'huile de coco
» 115 g de miel cru
» 3 œufs légèrement battus
» 2 c. à c. d'extrait de vanille pur
» 2 c. à s. de confiture d'abricots sans sucre, fondue et filtrée

1 Préchauffez le four à 160 °C. Graissez un moule de 16 × 26 × 4 cm et chemisez-le de papier cuisson.
2 Hachez grossièrement la moitié des abricots, mettez-les dans un saladier. Coupez les autres abricots en deux dans la longueur et réservez-les.
3 Mélangez les flocons et la farine de quinoa, les graines de tournesol, les amandes, la cardamome, la levure et le zeste d'orange avec les abricots hachés.
4 Faites chauffer l'huile de coco et le miel dans une petite casserole sur feu moyen. Portez à ébullition sans cesser de remuer jusqu'à ce qu'ils soient fondus.
5 Versez sur les ingrédients secs, ajoutez les œufs et l'extrait de vanille. Mélangez bien. Transvasez dans le moule et lissez la surface avec le dos d'une cuillère. Garnissez avec les demi-abricots, en pressant légèrement pour les enfoncer dans la préparation.
6 Faites cuire 20 minutes jusqu'à ce que le dessus soit doré : la lame d'un couteau piquée au centre doit ressortir propre. Badigeonnez de confiture et laissez refroidir dans le moule. Coupez en barres puis servez.

variante Remplacez éventuellement les amandes par des noix, des noix de pécan, de macadamia ou de cajou.

préparation + cuisson 1 h 45 pour 12 personnes

Gâteau banane café noix
SAUCE CARAMEL

- 165 g de poudre cristallisée Pure Via®
- 185 g de beurre ramolli coupé en dés
- 3 œufs
- 335 g de farine
- 2 c. à c. de levure chimique
- ¼ de c. à c. de sel
- ¾ de c. à c. de bicarbonate de soude
- 1 ½ c. à c. de cannelle
- 525 g de bananes bien mûres écrasées
- 2 c. à c. d'extrait de vanille
- 200 g de crème fraîche
- 100 g de noix torréfiées et hachées
- 60 ml d'eau bouillante
- 3 c. à c. de café soluble en granules

SAUCE CARAMEL

- 125 g de beurre ramolli coupé en dés
- 80 ml de crème épaisse
- 2 c. à s. de poudre cristallisée Pure Via®
- 3 c. à c. de café soluble en granules

1 Préchauffez le four à 180 °C. Graissez et chemisez de papier cuisson un moule à gâteau de 22 cm de diamètre à bords hauts.

2 Mixez le Pure Via® pour avoir la consistance du sucre glace.

3 Dans un bol, fouettez le beurre et le Pure Via® au batteur électrique jusqu'à l'obtention d'un mélange clair et mousseux. Incorporez les œufs un à un, sans trop mélanger. Versez la préparation dans un saladier. Ajoutez les ingrédients secs tamisés, les bananes, l'extrait de vanille, la crème, le jus de citron, les noix et le café dissous dans l'eau bouillante. Versez l'appareil dans le moule.

4 Faites cuire le gâteau 1 h 15 : la lame d'un couteau piquée au centre doit ressortir propre. Laissez-le reposer 5 minutes avant de le démouler. Laissez-le refroidir sur une grille.

5 Préparez la sauce caramel.

6 Servez le gâteau avec la sauce.

sauce caramel Faites chauffer le beurre, la crème et le Pure Via® dans une petite casserole sur feu moyen. Portez à ébullition puis laissez sur feu doux jusqu'à ce que le Pure Via® soit dissous. Hors du feu, incorporez les granules de café.

astuce Pour réaliser cette recette, il vous faudra environ 4 ou 5 bananes.

conservation Le gâteau peut être préparé la veille. Il se conserve 4 jours au réfrigérateur dans un récipient hermétique. La sauce se conserve 4 jours également ; elle va épaissir au réfrigérateur, réchauffez-la avant de l'utiliser.

préparation + cuisson 30 minutes pour 35 crackers

Crackers à la courgette PARMESAN & ROMARIN

- 60 g de graines de courge
- 55 g de noix grossièrement hachées
- 1 petite courgette (90 g), en morceaux
- 25 g de parmesan râpé
- 1 c. à s. de graines de lin
- 1 c. à s. de graines de sésame
- 1 c. à s. de graines de pavot
- ½ c. à c. de graines de cumin
- ½ c. à c. d'origan séché
- 1 c. à c. de romarin frais finement haché
- 1 c. à s. de feuilles de romarin frais
- ½ c. à c. de fleur de sel

1 Préchauffez le four à 180 °C.
2 Mixez les graines de courge et les noix pour obtenir une poudre fine. Ajoutez la courgette et mixez. Ajoutez le parmesan, les graines, l'origan et le romarin haché puis mixez. Assaisonnez.
3 Étalez cette pâte sur une feuille de papier cuisson et recouvrez-la d'une autre feuille. Avec un rouleau, aplatissez-la pour former un rectangle de 2 mm d'épaisseur, de 25 × 35 cm. Transférez sur une plaque et décollez la feuille du dessus.
4 Avec un couteau, tracez des lignes verticales et horizontales à 5 cm d'intervalle pour obtenir des carrés de 5 cm de côté. Parsemez de romarin et de sel.
5 Faites cuire 20 minutes, en faisant pivoter la plaque à mi-cuisson, pour que les crackers soient bien dorés. S'ils se colorent trop, recouvrez-les de papier d'aluminium. Laissez refroidir sur la plaque puis détachez les carrés et servez.

conservation Ces crackers se conservent 5 jours dans une boîte hermétique.

préparation + cuisson 45 minutes pour 12 brownies

Brownie au chocolat & AUX NOISETTES

- 340 g de sirop de riz
- 140 g de dattes séchées, dénoyautées et grossièrement hachées
- ¼ de c. à c. de fleur de sel
- 125 ml d'eau
- ½ c. à c. de bicarbonate de soude
- 200 g de beurre coupé en dés
- 3 œufs
- 75 g de cacao en poudre
- 75 g de poudre de noisettes
- 75 g de farine de sarrasin
- 120 g de crème fraîche
- 1 c. à c. de jus de citron
- 70 g de noisettes entières, torréfiées, mondées et coupées en deux
- 1 ½ c. à c. de cacao en poudre supplémentaire

1 Préchauffez le four à 180 °C. Graissez un moule de 20 × 30 cm et chemisez-le de papier cuisson, en le laissant dépasser de 5 cm sur les côtés les plus longs.

2 Dans une petite casserole, faites chauffer le sirop de riz, les dattes, le sel et l'eau 5 minutes sur feu doux pour que les dattes ramollissent.

3 Ajoutez le bicarbonate de soude et versez la préparation dans le bol d'un robot. Mixez pour obtenir une préparation homogène. Transférez-la dans la casserole, ajoutez le beurre et faites chauffer à feu moyen jusqu'à ce que le beurre ait fondu. Versez le mélange dans un saladier et laissez-le refroidir 5 minutes.

4 Incorporez les œufs un à un, en fouettant, puis ajoutez le cacao tamisé, la poudre de noisettes, la farine, la crème, le jus de citron et les noisettes hachées. Versez la préparation dans le moule et lissez la surface.

5 Faites cuire le brownie 30 minutes : la lame d'un couteau piquée au centre doit ressortir couverte de petites miettes collantes. Laissez-le refroidir dans le moule puis saupoudrez-le de cacao tamisé et coupez-le en carrés.

astuce Bien qu'il soit appelé « blé noir », le sarrasin n'est pas une variété de blé, mais une graine considérée comme une céréale. Il est sans gluten, riche en fibres et en protéines.

Crumble & différentes garnitures

préparation + cuisson 40 minutes
pour 6 personnes

CRUMBLE AUX FRUITS ROUGES

Préchauffez le four à 180 °C. Graissez 6 ramequins de 10 cm de diamètre de 310 ml allant au four. Mélangez 600 g de cerises fraîches dénoyautées, 500 g de framboises fraîches ou surgelées, les graines de 1 gousse de vanille, 2 cuillerées à soupe de jus d'orange et 1 cuillerée à soupe de poudre cristallisée Pure Via® dans un grand saladier. Avec les mains, pressez les ingrédients entre vos doigts jusqu'à ce que le tout soit juste mélangé. Répartissez les fruits dans les ramequins. Choisissez une des garnitures ci-contre, versez-la sur les fruits. Faites cuire 20 minutes au four. Servez ce crumble aux fruits rouges avec de la crème, du yaourt sans sucre ou de la glace.

conservation Le crumble se garde 1 mois au congélateur, dans un récipient hermétique.

préparation 10 minutes pour 6 personnes

GRUÉ DE CACAO & NOIX DE COCO

Mettez 120 g de poudre de noisettes, 45 g de flocons d'avoine, 2 cuillerées à soupe de grué de cacao, 85 g de noix de coco râpée, 1 cuillerée à soupe de poudre cristallisée Pure Via® et 100 g d'huile de coco froide dans un saladier. Mélangez avec les doigts.

préparation 10 minutes pour 6 personnes

GRAINES

Mettez 120 g de poudre d'amandes, 45 g de flocons de quinoa, 50 g de graines de courge, 2 cuillerées à soupe de graines de chia et 2 cuillerées à soupe de graines de sésame, 1 cuillerée à soupe de poudre cristallisée Pure Via®, 1 cuillerée à soupe de purée d'amandes et 125 g de beurre froid finement haché dans un saladier. Mélangez avec les doigts.

préparation 10 minutes pour 6 personnes

GINGEMBRE & ÉPICES

Mettez 60 g de poudre d'amandes, 90 g de flocons d'avoine, 2 cuillerées à café de gingembre moulu, 1 cuillerée à café d'épices pour pain d'épices, 25 g d'amandes effilées, 1 cuillerée à soupe de poudre cristallisée Pure Via® et 125 g de beurre froid finement haché dans un saladier. Mélangez avec les doigts.

préparation 10 minutes pour 6 personnes

ORANGE & PAVOT

Mettez 120 g de poudre d'amandes, 45 g de flocons d'avoine, 2 cuillerées à soupe d'amandes nature grossièrement hachées, 2 cuillerées à soupe de graines de pavot, 2 cuillerées à café de zeste d'orange râpé, 125 g de beurre froid finement haché et 1 cuillerée à soupe de poudre cristallisée Pure Via® dans un saladier. Mélangez avec les doigts.

préparation + cuisson 1 h 10 (+ refroidissement & repos) pour 8 personnes

Gâteau aux haricots
AGRUMES & FLEUR D'ORANGER

- 55 g de poudre cristallisée Pure Via®
- 400 g de haricots cannellini en boîte, égouttés et rincés
- 1 c. à s. d'eau de fleur d'oranger
- 2 c. à c. de zeste d'orange râpé
- 2 c. à c. de zeste de citron râpé
- 1 gousse de vanille fendue en deux, les graines grattées
- 125 ml d'huile d'olive vierge extra
- 3 œufs, blancs et jaunes séparés
- 180 g de poudre d'amandes
- 2 c. à c. de levure chimique
- lanières de zeste d'orange et de citron, pour décorer (facultatif)

CRÈME FOUETTÉE À LA FLEUR D'ORANGER

- 1 c. à s. de poudre cristallisée Pure Via®
- 180 ml de crème épaissie
- 70 g de yaourt grec
- 1 c. à c. d'eau de fleur d'oranger

1 Préchauffez le four à 160 °C. Graissez un moule à gâteau de 20 cm de diamètre, tapissez de papier cuisson le fond et les parois.
2 Mixez le Pure Via® jusqu'à obtenir la consistance du sucre glace.
3 Mixez les haricots, l'eau de fleur d'oranger, les zestes des agrumes, les graines de vanille, l'huile d'olive et les jaunes d'œufs jusqu'à obtenir une consistance homogène. Transvasez le tout dans un grand saladier.
4 Montez les blancs d'œufs en neige ferme avec un batteur électrique. Tout en battant, ajoutez petit à petit le Pure Via®. Incorporez les blancs, la poudre d'amandes et la levure dans le mélange aux haricots. Avec une cuillère, versez la pâte dans le moule, égalisez le dessus.
5 Enfournez 55 minutes. Laissez le gâteau refroidir dans le moule.
6 Préparez la crème fouettée à la fleur d'oranger.
7 Étalez la crème fouettée sur le gâteau refroidi. Décorez de lanières de zestes d'agrumes, si vous le souhaitez.
crème fouettée à la fleur d'oranger Mixez le Pure Via® dans un moulin à épices jusqu'à obtenir la consistance du sucre glace. Fouettez tous les ingrédients dans un petit saladier à l'aide d'un batteur électrique.

variante Pour réaliser cette recette sans lactose, remplacez la crème fouettée à la fleur d'oranger par de la crème de coco fouettée. Remplacez les oranges par des tangelos ou des mandarines.

idée Décorez le gâteau de fleurs comestibles (capucines par exemple), si vous le souhaitez.

conservation Le gâteau glacé se conserve 4 jours au réfrigérateur dans un récipient hermétique et le gâteau non glacé 2 jours à température ambiante.

préparation + cuisson 1 heure (+ repos) pour 26 pop cakes

Pop cakes au yaourt CITRON & GRAINES DE CHIA

Pour cette recette, il vous faudra un moule à pop cakes en silicone à 20 alvéoles (1 cuillerée à soupe/20 ml ; voir l'astuce) et 26 bâtonnets de sucette ou des pailles.

» 100 g de beurre doux, ramolli
» 220 g d'édulcorant du fruit du moine
» 2 œufs
» 2 c. à s. de yaourt grec
» 1 c. à s. de zeste de citron râpé
» 2 c. à s. de jus de citron
» 135 g de farine sans gluten
» 1 ½ c. à c. de levure chimique
» ½ c. à c. de gomme xanthane
» 1 c. à s. de graines de chia noir

GLAÇAGE AU YAOURT

» 140 g de yaourt grec
» 2 c. à c. d'extrait de citron naturel
» 1 gousse de vanille fendue en deux, les graines grattées
» 90 g de édulcorant aux extraits de stévia

1 Préchauffez le four à 200 °C.

2 Battez le beurre et l'édulcorant du fruit du moine avec un mixeur pendant 4 minutes puis ajoutez les œufs un à un. Ajoutez le yaourt, le zeste et le jus de citron. Battez jusqu'à ce que le mélange soit homogène. Incorporez la farine, la levure chimique et la gomme xanthane à l'aide d'une cuillère en bois.

3 Graissez légèrement le fond d'un moule à pop cakes en silicone à 20 alvéoles (voir l'astuce). Remplissez les alvéoles situés tout le long du pourtour du moule avec 2 cuillerées à café de pâte et mettez le couvercle. Faites cuire 18 minutes au four. Laissez refroidir 2 minutes dans le moule ; retirez les pop cakes du moule et mettez-les sur une grille. Répétez l'opération avec le reste de pâte. Égalisez tout bord irrégulier à l'aide de ciseaux.

4 Préparez le glaçage au yaourt.

5 Refermez le moule en silicone vide pour l'utiliser comme support. Insérez 1 bâtonnet dans chaque pop cake. En les prenant un à un, trempez chaque pop cake dans le glaçage et saupoudrez-le de graines de chia. Mettez les pop cakes sur le support au fur et à mesure. Pour faire tenir les pop cakes qui restent, percez des trous dans une boîte à œufs en carton avec un bâtonnet en bois. Servez les pop cakes dans des pots pour qu'ils tiennent droit.

glaçage au yaourt Battez les ingrédients dans un petit saladier.

astuce Les moules à pop cakes en silicone ont 2 côtés presque identiques. L'un est rempli, tandis que l'autre forme le couvercle. Pour les utiliser, on remplit le moule du bas pour que la pâte puisse gonfler et former une boule. Nous avons constaté qu'une cuisson égale n'était possible que si l'on se servait uniquement des alvéoles du pourtour.

préparation + cuisson 45 minutes pour 12 gâteaux

Gâteaux aux pêches & AUX PISTACHES

- » 4 petites pêches (460 g), coupées en deux
- » 280 g de yaourt grec
- » 2 pommes (300 g) grossièrement râpées
- » 2 œufs légèrement battus
- » 60 ml de lait
- » 2 c. à s. de miel cru
- » 240 g de poudre d'amandes
- » 2 c. à c. de levure chimique
- » 45 g de pistaches grossièrement hachées
- » 1 ½ c. à s. de miel cru supplémentaire

1 Préchauffez le four à 180 °C. Découpez 12 carrés de 12 cm de côté dans du papier cuisson et chemisez 12 petits pots de 80 ml supportant la cuisson au four (voir l'astuce).
2 Coupez 3 pêches en fines lamelles. Hachez la dernière pêche et mixez-la pour obtenir une purée avec morceaux. Mélangez cette purée avec le yaourt dans un bol, couvrez et placez au réfrigérateur.
3 Mélangez les pommes râpées, les œufs, le lait, le miel, la poudre d'amandes et la levure dans un saladier. Répartissez cette préparation dans les pots et enfoncez des lamelles de pêche dans la pâte, sur 2 cm.
4 Faites cuire 30 minutes jusqu'à ce la lame d'un couteau piquée au centre ressorte sèche.
5 Parsemez les gâteaux de pistaches et arrosez-les de miel. Servez tiède ou à température ambiante, avec le yaourt à la pêche.

astuce Nous avons utilisé des pots à plantations en tourbe, que vous trouverez dans les magasins de bricolage et de jardinage. Vous pouvez aussi faire cuire ces gâteaux dans des moules à muffins chemisés de carrés de papier cuisson. Ces gâteaux sont meilleurs lorsqu'ils sont dégustés le jour même.

préparation + cuisson 1 heure (+ repos) pour 6 personnes

Pain perdu
CARAMEL AU SUCRE DE COCO

» 80 g de sucre de coco
» 250 ml de crème de coco
» 2 c. à s. de sirop d'érable pur
» 3 c. à c. de fécule de maïs
» 2 c. à c. d'extrait de vanille pur
» 500 ml de lait d'amande
» 125 g de compote de pommes
» ½ c. à c. d'épices pour pain d'épices
» 620 g de pain complet au levain, sans la croûte, haché grossièrement
» 55 g de raisins sultanines
» 60 g de noix de pécan
» 25 g de copeaux de noix de coco, grillés

1 Mélangez 50 g de sucre de coco, 160 ml de crème de coco, le sirop d'érable, la fécule de maïs et la moitié de la vanille dans une petite casserole. Remuez jusqu'à l'obtention d'un mélange lisse. Portez doucement à ébullition, à feu moyen, jusqu'à ce que le mélange épaississe. Retirez la sauce caramel du feu.
2 Versez la moitié du caramel à la noix de coco dans un pichet résistant à la chaleur. Incorporez graduellement le lait d'amande, la compote de pommes, les épices et la vanille restante.
3 Préchauffez le four à 180 °C. Graissez un plat à gratin de 22 × 30 cm. Étalez les morceaux de pain dans le plat, parsemez les raisins et les noix de pécan. Arrosez avec le mélange à base de lait d'amande. Assurez-vous que le pain est bien trempé. Laissez reposer 15 minutes.
4 Saupoudrez le pain avec le sucre de coco restant. Enfournez 40 minutes jusqu'à ce que la sauce ait pris.
5 Servez le pain perdu chaud ou refroidi, avec la sauce caramel réservée, la crème de coco restante et les copeaux de noix de coco.

astuce Si la sauce caramel devient épaisse en reposant, incorporez un peu de crème de coco ou de lait d'amande et réchauffez-la très lentement, à feu doux, pour lui redonner sa consistance de sauce.

préparation + cuisson 25 minutes pour 12 cookies

Cookies au chocolat AUX HARICOTS NOIRS

LES HARICOTS NOIRS SONT L'INGRÉDIENT INATTENDU DE CETTE RECETTE SANS GLUTEN. ILS RENDENT CES COOKIES TENDRES ET MOELLEUX ET GARANTISSENT UNE BONNE DOSE DE NUTRIMENTS.

» 400 g de haricots noirs en boîte, égouttés et rincés
» 4 dattes fraîches dénoyautées (80 g)
» 2 c. à s. d'huile de coco, à température ambiante
» 50 g de cacao en poudre
» 2 œufs
» 60 ml de sirop d'érable pur
» 1 c. à c. d'extrait de vanille
» 50 g de cerises séchées, grossièrement hachées
» 100 g de chocolat noir sans sucre, grossièrement haché
» ¼ de c. à c. de fleur de sel

1 Préchauffez le four à 200 °C. Tapissez 2 plaques de papier cuisson.
2 À l'aide d'un robot, mixez les haricots, les dattes, l'huile de coco et le cacao jusqu'à obtenir un mélange homogène. Ajoutez les œufs, le sirop d'érable, la vanille et les cerises puis mixez. Ajoutez le chocolat.
3 Déposez des petits tas de pâte de 2 cuillerées à soupe sur les plaques. Espacez-les de 4 cm car les biscuits s'étaleront pendant la cuisson. Saupoudrez de fleur sel.
4 Faites cuire les cookies 12 minutes au four jusqu'à ce que les bords soient fermes. Laissez refroidir sur les plaques.

astuce Si vous remplacez les cerises séchées par des canneberges ou des myrtilles, vérifiez qu'elles ne contiennent pas de sucre. Vous pouvez aussi utilisez des raisins de Smyrne et des figues séchées hachées à la place des cerises.

conservation Ces cookies se conservent 2 jours dans une boîte hermétique.

Glossaire

AMANDE
bâtonnets amandes mondées taillées en bâtonnets.
effilées amandes émincées dans le sens de la longueur.
mondées amandes dont on a retiré la peau brune.
poudre d'amandes amandes moulues en une texture de farine grossière.
ANCHOIS petit poisson huileux. Les filets d'anchois sont conservés dans de l'huile ou du sel, dans de petites boîtes ou des petits pots, et ont un goût fort. Les anchois frais ont un goût bien plus doux.
ANETH s'utilise frais ou séché, sous forme de graines ou moulu. Son arôme doux anisé rappelant le céleri parfume la cuisine des pays scandinaves, de l'Allemagne et de la Grèce. Ses feuilles plumeuses ont un goût plus herbacé et subtil que les graines.
ANIS ÉTOILÉ gousse séchée en forme d'étoile au goût fort d'anis ; sert à aromatiser les bouillons et les marinades. Disponible entière ou moulue, c'est un ingrédient essentiel de la poudre cinq-épices.
AUBERGINE vont des toutes petites aux très grosses et du vert pâle ou violet foncé.
BAIE DE GOJI petite baie rouge sucrée (séchée), très juteuse, qui pousse sur un certain type d'arbuste au Tibet. On lui attribue une forte concentration de nutriments et d'antioxydants.
BASILIC
doux type le plus connu de basilic ; très courant dans les plats italiens et l'un des principaux ingrédients du pesto.
thaï différent du basilic ordinaire par son aspect et son goût, avec des feuilles plus petites et des tiges violacées. Son goût est légèrement anisé, il donne aux plats l'un des arômes les plus caractéristiques de la cuisine thaïe.
BETTERAVE légume-racine ferme et rond.
BEURRE existe doux, salé ou demi-sel.
BICARBONATE DE SOUDE agent levant.
BOCAUX STÉRILISÉS
Il est important que les bocaux soient le plus propres possible ; assurez-vous que vos mains, le plan de travail, les torchons et les chiffons soient propres également. Le but est de terminer la stérilisation des bocaux et des couvercles au moment où les aliments sont prêts à être mis en pots. Les ingrédient chauds doivent être mis en pot dans des bocaux chauds, propres et secs. Les bocaux non stérilisés correctement peuvent détériorer les ingrédients conservés. Commencez toujours par avoir des bocaux et des couvercles nettoyés et propres et suivez l'une des méthodes suivantes :
(1) Passez les bocaux et les couvercles au lave-vaisselle en choisissant le cycle le plus chaud sans utiliser de détergents.
(2) Mettez les bocaux et les couvercles dans une marmite, couvrez-les d'eau froide et fermez le récipient avec un couvercle. Portez à ébullition sur feu vif et faites bouillir les bocaux pendant 20 minutes.
(3) Disposez les bocaux droits, sans qu'ils ne se touchent, sur une planche en bois au niveau le plus bas du four. Mettez le four à la température la plus basse possible ; gardez les bocaux 30 minutes dans le four.
Retirez les bocaux du four ou du lave-vaisselle à l'aide d'un torchon, munissez-vous de pinces et de gants en caoutchouc pour les retirer de l'eau bouillante ; l'eau s'évaporera des bocaux humides chauds assez rapidement. Laissez les bocaux droits sans qu'ils ne se touchent sur la planche en bois, ou sur un plan de travail recouvert d'un torchon pour protéger et isoler la surface. Remplissez les bocaux comme indiqué dans la recette ; fermez bien les couvercles, en tenant les bocaux fermement avec un torchon ou une manique. Laissez-les refroidir à température ambiante.
BROCCOLINI croisement du brocoli avec le chou chinois. Il a de longues tiges semblables à des asperges avec une longue inflorescence souple, les tiges et les fleurs sont comestibles. Il ressemble au brocoli mais son goût est plus doux et plus sucré.
CACAO EN POUDRE produit en extrayant le beurre de cacao à l'aide du procédé du pressage à froid. Celui-ci permet de conserver un plus grand nombre de nutriments que le pressage à chaud ; il permet d'obtenir un goût plus fort, légèrement amer.

CANNEBERGE SÉCHÉE elle a le même goût succulent légèrement acide que la canneberge fraîche.

CANNELLE disponible en bâtons ou moulue. L'une des épices les plus répandues au monde, universellement utilisée comme arôme parfumé et sucré pour des plats sucrés et salés. Il s'agit de l'écorce interne sèche des rameaux du cannelier du Sri Lanka ; mais ce qui est surtout vendu est en fait du cassia, de la cannelle chinoise issue de l'écorce du cassia. Moins chère à produire, elle est parfois mélangée à de la cannelle du Sri Lanka pour obtenir le type de cannelle que vous trouvez d'habitude dans les supermarchés.

CÂPRE bouton gris-vert d'un arbuste des climats chauds (méditerranéens en général). Les câpres sont vendues séchées et salées ou marinées dans une saumure de vinaigre. Il faut les rincer avant de les utiliser.

CARDAMOME épice originaire d'Inde très utilisée dans ce pays ; on peut l'acheter en gousse, en graines ou moulue. Elle a un goût distinct et une saveur riche et sucrée. C'est l'une des épices les plus chères au monde.

CÉLERI-RAVE racine tubéreuse à peau marron noueuse, à la chair blanche et au goût de céleri. Conservez le céleri-rave épluché dans de l'eau acidulée pour freiner son oxydation.

CINQ-ÉPICES bien que les ingrédients varient selon les pays, le cinq-épices est en général un mélange composé de cannelle, de clous de girofle, d'anis étoilé, de poivre du Sichuan et de graines de fenouil.

CHAMPIGNONS

champignon de Paris blanc petit champignon blanc cultivé à la saveur douce.

champignon de Paris brun champignon marron foncé ou clair à la saveur prononcée ; convient pour les plats mijotés, les farces ou la cuisson au four.

enoki minuscule champignon pâle à longue tige qui est cultivé et vendu en touffes, et qui peut s'utiliser tel quel ou séparé au niveau de sa base. Il a un goût fruité et une texture légèrement croustillante.

portobello champignon mûr, à grand chapeau marron foncé, à la saveur corsée. Idéal en garniture ou pour les barbecues.

shiitake frais, connu aussi sous le nom « lentin du chêne ». Bien qu'il soit cultivé, il possède l'arôme terreux et le goût des champignons sauvages. Grand et charnu, il peut remplacer la viande dans certains plats végétariens asiatiques.

CIBOULETTE de la famille de l'oignon et du poireau ; possède un goût subtil d'oignon. Surtout utilisée pour parfumer ou décorer les plats. Finement hachée, elle convient aux sauces, aux vinaigrettes, aux omelettes ou pour la décoration.

CITRONNELLE grande herbe poussant en touffe au goût de citron, taillée en pointe. On n'utilise que la partie blanche de la tige, finement hachée, pour parfumer les plats.

CLOU DE GIROFLE bouton de fleur séché d'un arbre tropical ; s'utilise entier ou moulu. Possède un parfum et un goût forts. À utiliser avec parcimonie.

CORIANDRE herbe aromatique d'un vert éclatant, au goût âcre. Les tiges et les racines sont également utilisés en cuisine ; veillez à bien les laver avant de les utiliser. Disponible également moulue ou en graines. Ces deux formes de coriandre ne remplacent pas la coriandre fraîche, leur goût est totalement différent.

COURGETTE petit légume jaune, vert pale ou vert foncé de la famille des courges.

CRÈME FRAÎCHE peut-être liquide, semi-épaisse ou épaisse.

liquide convient pour les veloutés, les sauces blanches, la chantilly et les ganaches.

CUMIN ressemble au carvi par sa taille. Le cumin est la graine séchée d'une plante de la famille des persils. Son goût épicé qui rappelle presque le curry est essentiel dans la cuisine traditionnelle du Mexique, de l'Inde, de l'Afrique du Nord et du Moyen-Orient. Les graines de cumin noir sont plus petites que celle du cumin ordinaire, et plutôt marron que noires.

CURCUMA est un rhizome apparenté au galanga et au gingembre. On doit le râper ou le broyer pour libérer ses arômes âcres et piquants. Connu pour la couleur dorée qu'il donne aux plats, le curcuma frais peut être remplacé par la poudre séchée, plus courante. Quand une recette fait appel à du curcuma frais, vous pouvez choisir du curcuma moulu également : 1 cuillerée à café de curcuma moulu correspond à 20 g de curcuma frais. Attention, le curcuma frais tâche les mains et les ustensiles en plastique.

DAIKON également appelé « radis blanc ». Ce long radis blanc a un goût doux merveilleux. Sa chair est blanche mais sa peau peut être blanche ou noire ; choisissez-le ferme et non fripé. Il est disponible chez les primeurs, dans les magasins bio et les épiceries asiatiques.

ÉCRASER UNE GOUSSE D'AIL posez la gousse d'ail sur une planche à découper, appuyez dessus avec le côté plat d'un couteau ou d'un hachoir pour l'écraser et libérer ses arômes.

ESSENCE/EXTRAIT une essence est soit une concentration distillée d'une caractéristique d'un aliment, soit une création artificielle de celle-ci. Les essences de noix de coco et d'amandes sont des substances obtenues synthétiquement utilisées en petite quantité pour donner aux aliments leurs arômes respectifs. Un extrait est obtenu en extrayant l'arôme d'une denrée alimentaire. Dans le cas de la vanille, les gousses sont trempées, en général dans de l'alcool, pour extraire l'arôme authentique.
Les essences et les extraits se gardent très longtemps s'ils sont conservés dans un lieu sombre et frais.

FARINE

avec levure incorporée farine ordinaire ou complète contenant de la levure chimique et du sel. Faites votre propre farine en prenant 2 cuillerées à café de levure chimique pour 150 g de farine.

complète ou de blé entier ; moulue avec le germe de blé, elle est donc plus riche en fibres et plus nourrissante que la farine ordinaire.

de pois chiche (besan) farine jaune obtenue à partir de pois chiches, très nourrissante.

de riz farine sans gluten, fine, presque poudreuse, produite à partir de riz blanc moulu.

ordinaire farine de blé commune pour tout usage.

sans gluten mélange de farines sans gluten et de fécules. Peut contenir du maïs, de la pomme de terre, du tapioca, du pois chiche et du riz.

FÉCULE DE MAÏS amidon de maïs. Agent épaississant.

FENOUIL légume arrondi blanc à vert pâle, ferme, croquant de 8 à 12 cm de diamètre. Le bulbe a un goût légèrement sucré et anisé mais ses feuilles ont un goût plus marqué. Désigne aussi des graines séchées à la saveur de réglisse.

FEUILLE DE CITRON KAFFIR ou combava. Deux feuilles vert foncé brillantes mises bout à bout, en forme de sablier. Vendues fraîches, séchées ou congelées. Les feuilles séchées ont un goût moins prononcé ; si vous les utilisez à la place de feuilles fraîches, multipliez par deux leur quantité ; 1 lamelle de zeste de citron vert frais remplace 1 feuille de citron kaffir.

FEUILLE DE LAURIER feuilles aromatiques du laurier, disponibles fraîche ou séchées ; donne une saveur forte et légèrement poivrée.

FROMAGE

cheddar le fromage goûteux au lait de vache le plus connu ; il doit être vieilli, dur et avoir un mordant prononcé.

de chèvre fabriqué à partir du lait de chèvre, il a un goût terreux fort. Disponible mou ou dur, sous diverses formes et diverses tailles, parfois roulé dans de la cendre ou des herbes.

feta d'origine grecque. Fromage de chèvre ou de brebis à la texture friable ayant un goût salé fort. Il mûrit et il est conservé dans un petit-lait salé.

mascarpone crème fraîche italienne préparée presque comme le yaourt. Il va de la couleur blanche au jaune crémeux, et possède une texture savoureuse beurrée. Doux, crémeux et pouvant être étalé, on l'utilise dans les desserts italiens et pour accompagner des fruits frais.

parmesan ou parmigiano. Fromage au lait de vache dur, granuleux, originaire d'Italie.

pecorino nom générique italien pour les fromages produits à base de lait de brebis. Fromages à pâte dure, blancs ou jaune pâle. Si vous n'en trouvez pas, prenez du parmesan à la place.

ricotta fromage de lait de vache, mou, doux, humide qui a une faible teneur en graisse et une texture un peu granuleuse. Le nom signifie « recuit » et fait allusion à la production du fromage à partir d'un petit-lait, qui est lui-même un sous-produit de la fabrication d'autres fromages.

GARAM MASALA mélange d'épices indien qui comprend la cardamome, la cannelle, la coriandre, les clous de girofle, le fenouil et le cumin. Pour relever les épices, on peut ajouter du poivre noir et du piment.

GÉLATINE nous avons utilisé de la gélatine en poudre dans cet ouvrage ; elle existe aussi en feuilles. Il s'agit d'un agent épaississant fait à partir soit de collagène soit d'une certaine algue (agar-agar). Les gélatines en poudre et en feuilles sont interchangeables, il suffit de respecter le grammage.

GHEE type de beurre clarifié utilisé dans la cuisine indienne. Les éléments solides du lait sont cuits jusqu'à ce qu'ils deviennent marron, ce qui confère au ghee un goût noisette et un arôme sucré. Il peut être chauffé à très haute température sans brûler.

GINGEMBRE

frais racine épaisse et noueuse d'une plante tropicale.

mariné rose ou rouge, copeaux très fins de gingembre mariné dans un mélange de vinaigre, de sucre et de colorant naturel. Disponible dans les boutiques asiatiques.

moulu s'utilise comme arôme en pâtisserie mais ne peut pas remplacer le gingembre frais.

GLUTEN est une association de deux protéines présentes dans le blé (y compris l'épeautre), le seigle, l'orge et l'avoine. Quand du liquide est ajouté à la farine, ces deux protéines se lient pour produire du gluten. Le gluten donne de l'élasticité à la pâte, l'aide à lever et à conserver sa forme ; il donne aussi au produit fini sa texture moelleuse.

GOMME XANTHANE additif alimentaire d'origine naturelle, agent épaississant issu de la fermentation de sucre de maïs, en général.

GRAINES DE CARVI petites graines séchées, en forme de demi-lune, issues d'un membre de la famille du persil. Elles ajoutent un goût anisé prononcé quand on les utilise dans des plats sucrés et salés. Très utilisé, le carvi apparaît dans le pain de seigle, la harissa et dans le fromage frais hongrois, le liptauer.

GRAINES DE CHIA contiennent des protéines et tous les acides aminés essentiels ainsi qu'une bonne quantité de vitamines, de minéraux et d'antioxydants, tout en étant riches en fibres.

GRAINES DE COURGE sont les noyaux vert pâle de graines de courges séchées. On les achète décortiquées, nature ou salées.

GRAINES DE LIN il s'agit de la source végétale la plus importante d'omégas 3, lesquels sont essentiels pour le bon fonctionnement du cerveau, du cœur, des articulations et du système immunitaire.

GRAINES DE SÉSAME les graines noires et blanches sont les sortes les plus connues de cette petite graine ovale, mais elles peuvent aussi être rouges ou marron. On les utilise comme ingrédient et comme condiment.

GRENADE fruit rouge foncé à la peau comme du cuir, de la taille d'une orange, rempli de centaines de graines, chacune enveloppée dans une pulpe de couleur rouge, dont le goût unique est acide et piquant.

HARICOTS

cannellini petit haricot blanc semblable en apparence et en goût aux autres haricots blancs, les uns pouvant remplacer les autres. Disponible secs ou en boîte.

fève disponible sèche, fraîche, en bocal et surgelée. Les fèves fraîches sont à éplucher deux fois (en retirant la grande gousse verte de l'extérieur et l'enveloppe dure, verte ou beige, de l'intérieur) ; les fèves surgelées n'ont plus de gousse verte mais il faut enlever l'enveloppe beige.

germes de haricot nouvelles pousses tendres d'un assortiment de haricots et de graines germées pour être consommées en tant que germes.

vert ce grand haricot mince frais est consommé entier une fois cuit.

HUILE

d'olive produite à partir d'olives à maturité. Les huiles vierge extra et vierge proviennent respectivement du premier et du second pressage des olives. L'huile d'olive dite « légère » est plus légère en goût, pas à la teneur en graisse.

de coco *voir NOIX DE COCO.*

de sésame utilisée pour parfumer plutôt que pour cuisiner.

en vaporisateur nous utilisons une huile sans cholestérol en vaporisateur faite à partir d'huile de colza.

végétale huile provenant de graisses végétales.

LAIT FERMENTÉ à l'origine désigne le liquide un peu aigre qui reste une fois que le beurre a été extrait de la crème. Aujourd'hui, il est fait de lait non gras ou à faible teneur en graisse auquel des cultures de bactéries spécifiques ont été ajoutées. Il est pauvre en graisses.

LENTILLES (ROUGE, BRUNES, JAUNES) légumineuses séchées souvent identifiées et désignées d'après leur couleur.

lentilles vertes de la famille des lentilles du Puy. Ces lentilles bleu-vert ont un goût de terre et de noisette ; elles sont robustes ce qui leur permet de cuire rapidement sans se désintégrer.

LEVURE CHIMIQUE poudre à lever qui contient principalement 2 parts de crème de tartre et 1 part de bicarbonate de soude.

LEVURE DE BOULANGER sèche et fraîche. Agent levant utilisé pour faire les pâtes à pain, à pizza, à brioche… La levure en granulés (sachets de 5 à 11 g) et la levure fraîche compressée (cubes de 42 g) sont presque toujours interchangeables.

LINGE tissu en coton non teinté à mailles fines qui sert en cuisine à passer les bouillons et les sauces. Si vous n'en trouvez pas, utilisez des filtres en papier pour le café.

MARANTE amidon issu du rhizome d'une plante d'Amérique centrale, utilisée surtout comme agent épaississant.

MÉLANGE D'ÉPICES POUR PAIN D'ÉPICES mélange d'épices moulues comprenant en général de la cannelle, du piment de la Jamaïque et de la muscade.

MIRIN vin japonais de la couleur du champagne ; fait à partir de riz collant et d'alcool et utilisé uniquement en cuisine. À ne pas confondre avec le saké.

MISO pâte de soja fermentée. Il existe plusieurs sortes de miso, chacune a son propre arôme, son goût, sa couleur et sa texture ; on peut le conserver 1 an au réfrigérateur dans un récipient hermétique. En général, plus il est foncé, plus son goût sera salé et plus sa texture sera dense. Il existe du miso à faible teneur en sel. Disponible en tubes ou dans des emballages plastiques.

MORTIER ET PILON ustensile de cuisine dont la conception est restée la même au fil des siècles : le mortier est le récipient en forme de bol, et le pilon est un outil en forme de batte arrondie. Utilisés ensemble, ils permettent de broyer et de réduire en poudre les épices, les herbes et d'autres aliments. Le pilon est pressé contre le mortier en tournant ce qui permet d'écraser les ingrédients entre les deux surfaces. Essentiel pour les pâtes de curry et pour broyer les épices.

NOISETTES pour retirer la peau marron des noisettes, frottez les noisettes chaudes les unes contre les autres vigoureusement dans un torchon.
poudre de noisettes elle est obtenue en broyant les noisettes en une farine grossière que l'on utilise dans les pâtisseries ou comme agent épaississant.

NOIX DE CAJOU noix en forme de rein, marron dorée, qui a un goût beurré particulier et qui contient 48 % de graisse. À cause de cette forte teneur, elles doivent être conservées dans un récipient fermé, au froid, pour éviter qu'elles ne rancissent. Nous avons utilisé des noix de cajou grillées non salées dans cet ouvrage, sauf indication contraire.

NOIX DE COCO
crème vient du premier pressage de la chair de noix de coco, sans addition d'eau ; le second pressage (moins riche) est vendu en tant que lait de coco. Choisissez de la crème de coco à 100 %, sans émulsifiants.
chips lamelles fines de noix de coco séchée.
copeaux flocons séchés de chair de noix de coco.
eau c'est le liquide qui se trouve à l'intérieur d'une jeune noix de coco verte. Elle est moins calorique qu'un jus de fruit, car elle ne contient aucune graisse ni protéine. Elle contient des sucres mais ils sont lentement absorbés ce qui confère à l'eau de coco un faible IG.
huile est extraite de la chair de noix de coco donc sans les fibres, les protéines et les glucides de la noix de coco entière. La meilleure est l'huile de coco vierge, qui est l'huile pressée à partir de la chair de noix de coco séchée et qui ne comprend pas l'utilisation de solvants ou d'autres procédés de raffinage.
lait il ne s'agit pas du liquide qui se trouve dans le fruit (eau de coco), mais d'un liquide dilué à partir du second pressage de la chair blanche d'une noix de coco mûre (le premier pressage donne la crème de coco).
râpée chair de noix de coco séchée, non sucrée, finement râpée.
sirop produit à partir des fleurs du cocotier. Il a un IG faible et est une bonne alternative au sucre pour les personnes sensibles au fructose.
sucre ne provient pas des noix de coco mais de la sève des fleurs du cocotier. La sève raffinée ressemble un peu à du sucre brut ou brun et elle a un goût semblable au caramel. Le sucre de coco apporte à peu près le même nombre de calories que le sucre blanc.

NOIX DE MUSCADE épice au goût fort et âcre moulue à partir de la noix séchée d'un arbre à feuillage persistant originaire d'Indonésie. On la trouve en général moulue, mais le goût de la noix entière est plus intense, alors il est préférable de la râper soi-même.

NOIX DE PÉCAN originaires des États-Unis. Les noix de pécan sont marron doré et riches en graisse. Elles conviennent aux plats salés et sucrés ; les noix peuvent les remplacer.

NORI sorte d'algue séchée utilisée pour relever ou garnir de plats et pour les sushis. Vendue sous forme de minces feuilles, nature ou grillées (yaki-nori).

ŒUFS certaines recettes de cet ouvrage exigent des œufs crus ou à peine cuits ; prenez garde s'il existe des cas de salmonelle dans votre région. Le risque est grand surtout pour les femmes enceintes, les personnes âgées, les jeunes enfants et les personnes ayant un système immunitaire déficient.

OIGNONS
échalote petit oignon marron.
rouge gros oignon rouge-violet à la saveur douce.
vert oignon non mûr récolté avant que le bulbe ne soit formé, il a une longue tige vert vif.

PAPIER CUISSON ou papier sulfurisé. Papier enduit de silicone dont on se sert pour tapisser les moules et les plaques de sorte que la nourriture cuite n'attache pas et qui permet de retirer les aliments facilement.

PAPRIKA poivron rouge doux moulu et séché. Il en existe de différentes sortes, sucré, épicé, doux et fumé.

PIGNONS DE PIN il ne s'agit pas d'une noix mais de la petite graine couleur crème des cônes des pins. Faites-les griller avant de les utiliser pour libérer leurs arômes.

PIMENT utilisez des gants de caoutchouc quand vous épépinez et hachez des piments frais car ils peuvent vous brûler la peau. Nous utilisons des piments épépinés car c'est leurs graines qui rendent les plats pimentés ; si vous préférez un plat moins épicé, utilisez moins de piments plutôt que de les épépiner.

flocons piments rouges séchés avec des graines, broyés en flocons.

jalapeño prononcé « ra-la-pe-gno ». Piment assez épicé, de taille moyenne, charnu, vert foncé ; disponible mariné, en boîte ou en pots, et frais, auprès des marchands de légumes.

long disponible à la fois frais et sec. Terme générique pour tout piment modérément épicé, fin et long (6 à 8 cm).

poivre de Cayenne piment rouge long et extrêmement épicé à la chair fine, généralement vendu séché et moulu.

vert tout piment non mûr et certaines variétés vertes mais mûres comme le jalapeño, le habanero, le poblano ou le serrano.

PIMENT DE LA JAMAÏQUE ou poivre de la Jamaïque. Son goût rappelle l'association de la muscade, du cumin, du clou de girofle et de la cannelle. Il existe entier ou moulu.

POIREAU appartient à la famille des oignons, le poireau ressemble à un oignon vert en plus grand et en plus subtil d'un point de vue gustatif. Les jeunes pousses de poireau peuvent être mangées sans grande préparation mais il convient de retirer le haut des feuilles vertes des poireaux adultes avant de les émincer.

POIS CHICHE légumineuse ronde, irrégulière, de couleur sable. Il a une texture ferme même après la cuisson, il est farineux en bouche avec une saveur noisette prononcée ; disponible en boîte ou sec. Si vous utilisez des pois chiches secs, faites-les tremper pendant plusieurs heures à l'eau froide avant de les cuire.

POIVRON existe en différentes couleurs : rouge, vert, jaune, orange et noir violacé. Assurez-vous de bien retirer les pépins et les membranes avant de les utiliser.

POLENTA également appelée « semoule de maïs » ; céréale rappelant la farine, faite à partir de maïs broyé. Désigne aussi le plat préparé à partir de celle-ci.

QUINOA c'est la graine d'une plante feuillue semblable aux épinards. Elle a un goût délicat qui rappelle la noisette et une texture moelleuse.

flocons graines que l'on a cuites à la vapeur et aplaties.

soufflé a été passé à la vapeur jusqu'à être soufflé.

RAIFORT légume doté de feuilles vertes comestibles mais le plus souvent cultivé pour sa longue racine blanche âcre. Vendu en général en bocal au supermarché sous deux formes : au vinaigre et en crème. Ces deux variantes ne sont pas interchangeables mais les deux peuvent servir de condiment.

RAISINS DE CORINTHE raisins secs tout petits, presque noirs, ainsi dénommés car ils proviennent d'une variété originaire de Corinthe en Grèce.

SAFRAN disponible moulu ou en filaments ; une fois infusé, donne une teinte jaune orangé aux aliments. Leur qualité est très variable ; le meilleur en fait l'épice la plus chère au monde.

SARRASIN herbe de la même famille que la rhubarbe ; ce n'est pas une céréale, elle est donc sans gluten. Disponible sous forme de farine ; moulu (concassé) en granulés de taille moyenne, grosse ou fine (kasha) et utilisé comme de la polenta ; ou sous forme de gruau, le grain entier étant vendu grillé comme une céréale.

SAUCE DE POISSON appelée aussi « nuoc nam » (en vietnamien) ou « nam pla » (en thaïlandais). Issu de poisons fermentés, salés, réduits en poudre, le plus souvent des anchois. Son odeur est âcre et son goût est relevé, ne l'utilisez qu'en petites quantités.

SAUCE SOJA obtenue à partir de graines de soja fermentées. On en trouve de plusieurs sortes dans les supermarchés et les épiceries asiatiques. Nous utilisons de la sauce soja japonaise sauf indication contraire.

SIROP D'AGAVE issu de l'agave. Présente un IG bas, mais cela est dû à un fort pourcentage en fructose, qui peut être nocif en grandes quantités.

SIROP D'ÉRABLE PUR distillé à partir de la sève des érables à sucre, présents uniquement au Canada et aux États-Unis.

SUMAC épice âcre, rouge violet, issue des baies d'un arbuste sauvage du pourtour méditerranéen ; donne un goût acide et citronné aux aliments. Disponible dans certains supermarchés et les épiceries fines.

TAHINI pâte riche issue des graines de sésame, utilisée dans la plupart des pays du Moyen-Orient, surtout au Liban, dans les sauces crudités notamment.

TAMARI sauce soja épaisse et de couleur sombre, fabriquée à partir des graines de soja mais dépourvu du blé qui est présent dans la plupart des sauces soja ordinaires.

TAMARIN le tamarinier produit des grappes de gousses marron duvetées, chacune remplie de graines et d'une pulpe visqueuse qui sont séchées et pressées pour former les blocs de tamarin que l'on trouve dans les boutiques asiatiques. Il apporte une saveur sucrée-salée légèrement âcre aux marinades, aux pâtes, aux sauces et aux vinaigrettes.

TOFU ou « fromage de soja ». Produit blanchâtre rappelant la crème, obtenu à partir du « lait » des graines de soja broyées.

ferme provient de la compression du caillé opérée pour retirer l'excédent d'eau. Il convient aux plats sautés puisqu'on peut le mélanger aux autres ingrédients sans qu'il ne se désagrège. Il peut aussi être aromatisé, conservé dans du vin de riz ou dans de la saumure.

mou à la texture délicate ; ne conserve pas sa forme s'il est trop travaillé.

soyeux ne désigne pas un type de tofu mais le procédé de fabrication qui consiste à égoutter le liquide des graines de soja au travers de la soie ; synonyme de la meilleure qualité.

VANILLE

extrait obtenu à partir de gousses de vanille infusées dans de l'eau ; version non alcoolisée de l'essence.

gousse enveloppe mince et longue, séchée, d'une orchidée dorée tropicale ; les minuscules graines noires à l'intérieur donnent une saveur riche aux pâtisseries et aux desserts.

pâte faite à partir des gousses de vanille, contient les vraies graines. Elle est très concentrée : 1 cuillerée à café remplace 1 gousse.

VIN DE CUISINE CHINOIS ou Shaoxing. Obtenu à partir de riz fermenté, de blé, de sucre et de sel, contient 13,5 % d'alcool. Bon marché et disponible dans les boutiques asiatiques ; si vous n'en trouvez pas, remplacez-le par du mirin ou du xérès.

VINAIGRE

balsamique provident de Modène, en Italie. Il existe des vinaigres balsamiques sur le marché qui varient en acidité et en qualité selon leur durée et leur méthode de maturation.

blanc fait à partir de l'alcool du sucre de canne.

de cidre produit à partir de pommes broyées fermentées.

de riz vinaigre non coloré issu de la fermentation du riz et auquel on a ajouté du sucre et du sel.

de vin fait à partir d'un mélange de vins blancs ou rouges.

YAOURT GREC yaourt nature égoutté dans un linge (de la mousseline) pour extraire le petit-lait et lui donner cette consistance crémeuse.

Index

Q

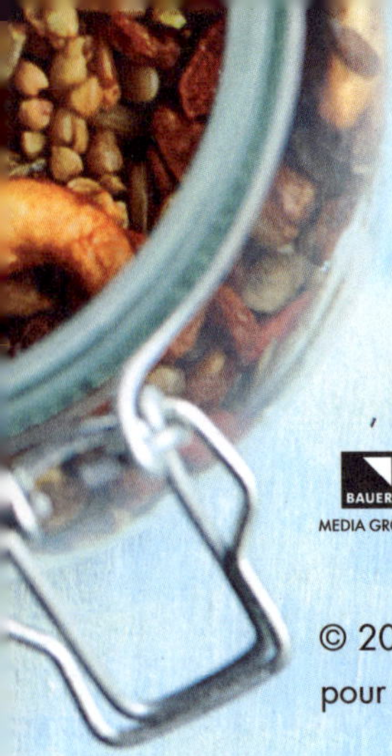

BAUER
MEDIA GROUP

Publié pour la première fois en Australie en 2018 par Bauer Media Books, sous le titre *Sugar Free, The Complete Collection*.

Bauer Media Books,
un département de Bauer Media Pty Limited,
54 Park St, Sydney; GPO Box 4088,
Sydney, NSW 2001. Australie
Tel : +61 2 9282 8618;
Fax : +61 2 9126 3702
www.awwcookbooks.com.au

58 rue Jean Bleuzen
92178 Vanves Cedex

Pour l'édition française :
Traduction : Dominique Dravet, Audrey Favre, Delphine Hurier-Michaud, Anne-Claire Levaux, Florence Raffy
Adaptation et relecture : Natacha Kotchetkova
Mise en pages : Graph'm

4198764/01
ISBN : 978-2-501-14216-8
Dépôt légal : mai 2019
Achevé d'imprimer en Espagne par Graficas Estella en avril 2019.

PAPIER À BASE DE
FIBRES CERTIFIÉES

MARABOUT
s'engage pour l'environnement en réduisant l'empreinte carbone de ses livres.
Celle de cet exemplaire est de :
5,500 kg éq. CO_2
Rendez-vous sur
www.marabout-durable.fr